Imprimerie de MM. Febvre, à Bredn.

LE ROYAL MARTYR
DU 19ᵉ SIÈCLE.

RÉPLIQUE HISTORIQUE

À Monsieur DUPANLOUP, Evêque d'Orléans,

apologiste de l'œuvre mensongère de M. DE BEAUCHESNE :

LOUIS XVII, SA VIE, SON AGONIE, SA MORT ;

par M. Gruau de la Barre,
ANCIEN PROCUREUR DU ROI.

PREMIÈRE PARTIE.

BREDA, 1869.
Tous droits réservés.

Monsieur l'évêque,

Un de mes amis vient de me communiquer la cinquième édition de l'histoire de Louis XVII par M. de Beauchesne. C'est donc aujourd'hui, pour la première fois, que je lis votre lettre à votre cher ami, en réponse à la demande qu'il vous avait faite de vos impressions, de vos sentimens sur cette histoire. Ainsi vous la prenez sous votre patronage. Je n'en suis point étonné; parce que les princes des prêtres, les scribes et les pharisiens modernes, comme leurs devanciers qui crucifièrent le fils de Dieu pour étouffer sa parole importune, ont frappé de leurs anathèmes le fils des rois, pour cacher au monde les hontes, les scandales, les abominations, dont son existence proscrite était la révélation et la preuve vivante. Déjà avant vous des évêques, des archevêques, des cardinaux, le pape Grégoire XVI lui-même, par un bref adressé à l'évêque de Bayeux, et reproduit dans des almanachs religieux, ont soulevé dès le principe la haine du catholicisme contre le fils de Louis XVI, commandé de le méconnaître, et défendu en sa faveur l'exercice de la charité chrétienne. M. Blanquart de Bailleul, évêque de Versailles, a même été plus loin : il a ordonné au confesseur du Prince de ne lui administrer aucun des sacremens de l'église, et comme ce digne ecclésiastique, dans le véritable sens des mots, préférait obéir à Dieu plutôt qu'aux hommes, il a été interdit et privé du traitement de curé de canton, dont la loi ne permettait pas qu'on le dépouillât.

Votre voix manquait aux clameurs de la multitude contre Louis XVII, vous l'avez fait entendre, et aujourd'hui elle illustre une imposture historique, qui n'a plus cours que dans les palais des souverains, dans les ambassades, dans les ministères, dans les cabinets de nombreux journalistes, dans les rangs de la noblesse et des faux légitimistes, et dans les saintes demeures des seigneurs de l'église romaine.

Comme les mensonges, Monsieur l'évêque, se perpétuent par les rumeurs de la politique et des sommités religieuses, et continuent à égarer des consciences droites, qui n'ont besoin que de lumières pour voir clair dans les ténèbres dont les enveloppent de grands noms et de grands talens, votre lettre, placée en tête de la cinquième édition de l'histoire fabuleuse de M. de Beauchesne, ne me permet pas de garder le silence, et m'impose le devoir de vous répondre.

Devenu fameux dans le catholicisme ultramontain, vos écrits, votre nom, et votre caractère de prélat ont trop d'autorité et de prépondérance pour que je laisse passer sans réplique votre apologie d'un livre prôné par toutes les coteries hostiles à la branche aînée des Bourbons ; aussi, tout petit écrivain que je sois, en me comparant à vous, j'ose avoir la hardiesse de me poser votre antagoniste. La vérité fera ma force ; et quoique vous me dominiez de toute la hauteur d'une éloquence fascinatrice et subjuguante pour votre public, votre supériorité sur moi disparaîtra devant la puissance des faits et de la raison.

Vous avez écrit de belles phrases, Monsieur l'évêque, d'une splendide et émouvante éloquence ; mais qui perdent tout leur mérite par leur alliance avec celles qui préconisent si pompeusement des erreurs grossières et des faussetés palpables. Comment est-il possible que vous, qu'on dit être doué d'une capacité éminente et d'une intelligence supérieure, vous ayez pu accepter tout ce qu'écrit M. de Beauchesne, avec une crédulité complaisante, sans examen, sans vérification, sans contrôle ? Comment n'avez-vous pas discerné ce qu'il y a d'inadmissible, de controuvé, d'incompatible avec l'esprit et les hommes de 1793, avec les ombrageuses et féroces autorités de l'époque révolutionnaire ? Où et dans quels livres avez-vous donc étudié notre histoire de France, depuis l'Assemblée Nationale jusqu'à nos jours, pour n'avoir pas remarqué que l'évasion du Dauphin hors du Temple a laissé des traces ineffaçables sous la Convention, sous le Directoire, sous le premier Empire, sous les deux fausses Restaurations, sous Louis-Philippe, et même sous le gouvernement actuel ? Etes-vous donc si étranger aux événemens qui se sont passés en France depuis la révolution de Juillet, que vous ne sachiez pas que la croyance à la conservation du fils de Louis XVI est devenue générale, d'une notoriété incontestable, et qu'elle est admise maintenant par des écrivains non suspects de partialité, et des notabilités telles que Louis Blanc, le grand historien de la révolution française ?

L'histoire de Louis XVII par M. de Beauchesne, que vous dites *admirable, un chef-d'œuvre, illuminante,* et qui vous a aussi sérieusement éclairé, eh bien ? Monsieur l'évêque, cette histoire pèche par sa base. Elle roule toute entière sur les bavardages de *Lasne* et de *Gomin*, que l'auteur a transformés en faits historiques. Mais avant de leur donner dérisoirement *la valeur de preuves matérielles,* il aurait dû commencer par nous démontrer que l'enfant, dont ses deux compères ont été constitués gardiens, était le Dauphin. Or il est positif, historiquement établi, hors de controverse depuis que la lumière s'est faite par la réapparition de l'Orphelin du Temple, il est d'une évidence éblouissante, pour quiconque étudie la question avec sincérité de conscience, que c'était un enfant substitué au Dauphin, caché par *Laurent*, son premier gardien, au quatrième étage de la tour du Temple. D'après le témoignage de ce dernier, écrit dans trois lettres de lui, le Prince, à la fin d'Octobre 1794, n'était plus dans sa prison. *Gomin* et *Lasne* ne sont entrés au Temple qu'après cette époque : vous en serez bientôt convaincu.

Ainsi, à partir de là, M. de Beauchesne est constamment dans le faux, dans l'invention, et marche en aveugle conduit, je ne dirai pas par des aveugles, mais par deux menteurs effrontés qui, pour se donner de l'importance, ont mis à profit sa puérile crédulité ! Que signifient alors ces paroles de vrai charlatanisme, que vous répétez avec lui ?

« Du reste, les recherches les plus consciencieuses, aux sources
» les plus pures et les plus curieuses, ont présidé à ce travail.
» M. de Beauchesne a eu tout en main et a tout fouillé : toutes
» les archives de l'Empire, tout ce qui reste de la Convention,
» de la Commune, tous les dossiers du tribunal révolutionnaire,
» tous les procès-verbaux du Temple ; *il a vu, connu, entretenu*
» *tout ce qui survivait des acteurs du temps*, les gardiens du

» Temple, ceux-là mêmes qui reçurent le dernier soupir de l'en-
» fant, les Commissaires de la Commune, et jusqu'à trois femmes,
» *amies intimes de la veuve Simon elle-même*, laquelle ne mourut
» qu'en 1819 aux *Incurables, où la Restauration l'avait recueillie.*
» *L'auteur a tout vu, tout interrogé, tout découvert ;* il a consacré
» sa vie entière à ce livre. »

Alors, Monsieur l'évêque, conférant à cette œuvre l'autorité d'un livre religieux, vous en recommandez la lecture à vos fidèles, et, joignant l'exemple au précepte, vous dites que « *pendant un an, vous en avez fait une demi-heure chaque jour le sujet de vos méditations spirituelles* ». On a débité bien des sottises, bien des niaiseries, imaginé bien des non-sens et fabriqué bien des impostures, pour effacer dans l'esprit du public l'existence de Louis XVII : il vous était réservé de consacrer, en quelque sorte, les mensonges qui le font mourir au Temple.

M. de Beauchesne nous introduit dans son histoire par les paroles suivantes, aussi étranges qu'inconcevables devant les faits nombreux qui les démentent : « nous ne saurions dire le charme
» triste et douloureux que nous avons trouvé à parcourir ce la-
» byrinthe où la vérité était près de l'erreur, et d'où nous n'avons
» pu sortir qu'en rattachant avec soin les fils à demi brisés de mille
» souvenirs et en *recourant à toutes les lumières qui pouvaient*
» *y descendre pour nous éclairer.* Nous avons compris, au com-
» mencement de nos recherches, comment il se faisait que l'opinion
» publique n'eût jamais été bien définitivement fixée sur ce fait
» obscur, secondaire en apparence et pourtant considérable : la
» mort d'un enfant. La France et l'Europe n'ont assisté que de
» loin au drame de la Tour du Temple ; elles n'en ont appris
» le lamentable dénouement que de manière à pouvoir presque
» en douter encore. Devant ce voile qui a enveloppé la fin tragique
» du fils de Louis XVI, *on ne s'étonne plus d'entendre dire avec*
» *la chaleur d'une profonde conviction, que la jeune victime est*
» *sortie vivante de sa prison ;* on accorde bien qu'un enfant est
» *réellement mort au Temple, mais on ajoute que nul ne saurait*
» *affirmer que ce fut le rejeton de nos rois ; on prétend que si*
» *les médecins ont constaté la mort, ils n'ont point constaté l'iden-*
» *tité ;* qu'on n'a jamais su comment l'homme au Masque de Fer
» est arrivé sur la terre, qu'on ne saura jamais comment l'enfant du
» Temple en est parti, et que la tombe de l'un sera aussi mysté-
» rieuse que le berceau de l'autre.

» Il était naturel après cela que des imposteurs se crussent
» autorisés à se poser comme les héritiers d'un nom saint et
» glorieux. Indépendamment de quelques prétentions éphémères,
» dont les tribunaux n'ont pas eu à s'occuper, nous avons vu
» depuis le commencement de ce siècle apparaître quatre can-
» didatures sérieuses qui, tour à tour, ont vivement excité l'atten-
» tion publique. Hervagault, Mathurin Bruneau, Naundorff,
» Richemont ont successivement joué le même rôle avec tant
» de constance, de candeur apparente, de fermeté et d'audace,
» qu'ils sont parvenus à s'emparer de quelques consciences et à
» en troubler un grand nombre.

» *Je n'ai épargné ni soins ni recherches pour arriver à la vérité;*
» *j'ai remonté à la source de tous les faits déjà connus; je me*
» *suis mis en relation avec les personnes encore vivantes aux-*
» *quelles le hasard de leur position avait ouvert les portes du*
» *Temple;* j'ai eu beaucoup de renseignemens à recueillir, beau-
» coup d'erreurs à rectifier. *J'ai particulièrement connu Lasne*
» *et Gomin, ces deux derniers gardiens* de la Tour, entre les bras
» desquels Louis XVII est mort.

» Je me trouve donc en position d'exposer, après une enquête
» personnelle et avec certitude, la moindre circonstance des événe-
» mens que je raconte. *J'apporterai dans mon récit la plus exacte*
» *impartialité, m'abstenant de rien hasarder de douteux.*

» *Mes mains restent pleines de documens officiels, presque tous*
» *inédits, et qui viendraient au besoin confirmer la scrupuleuse*
» *exactitude de mon récit. Ceux que je reproduis suffiront, je*
» *l'espère, au lecteur. Guidé par sa conscience, il trouvera, tout*
» *aussi bien que nous, des inductions infaillibles, des témoignages*
» *positifs, des garanties irrécusables. Il verra de quel poids peuvent*
» *peser quelques erreurs grossières et inexpliquées, auprès des*
» *documens irréfragables que nous leur opposons;* et il pensera,
» je l'espère aussi, que *nous apportons à l'histoire non seulement*
» *la certitude, mais encore la preuve matérielle, authentique, que*
» *le Dauphin de France, fils de Louis XVI, est bien réellement*
» *mort au Temple.*»

Certes, après un étalage aussi fastueux, des affirmations aussi
redondantes, on doit s'attendre à voir apparaître, dans l'ouvrage
analysé d'avance avec une hablerie si confiante, de merveilleuses
découvertes. Les vérités démontrées, que l'auteur qualifie *erreurs*
grossières inexpliquées, vont sans aucun doute s'évanouir comme
une ombre.

Il va clairement manifester l'imposture des cinquante années d'existence du duc de Normandie après sa sortie du Temple;

Par quelles ruses le nommé Naundorff a pu forcer au silence le gouvernement prussien, celui de Louis Philippe, les Bourbons, malgré les accusations les plus véhémentes et les plus flétrissantes pour leur honneur;

Comment il a pu être assez adroit pour s'identifier avec le Dauphin, au point d'avoir la ressemblance de Louis XVI, et de porter sur son corps les signes remarquables connus pour être sur celui de Louis XVII;

Comment il a pu donner à ses enfans la plus frappante ressemblance avec les portraits du Dauphin enfant, à plusieurs d'entre eux la ressemblance avec le comte de Provence et le duc de Berri, et à sa fille aînée celle de Marie-Antoinette et de la duchesse d'Angoulême;

Comment il a pu, de mémoire, rebâtir la Tour du Temple, oh! bien des années avant la description qu'en donne M. de Beauchesne, et qui ne peut pas être de lui, car la Tour n'existait plus dès 1812;

Par quelle magie il a pu convaincre qu'il était le fils de Louis XVI : Mme. de Rambaud, qui fut une des femmes de chambre du Dauphin; Mme. Marco de S^t. Hilaire, attachée au service de la princesse Victoire; M. Marco de S^t. Hilaire, huissier de la chambre du roi; M. de Joly, dernier ministre de Louis XVI, qui accompagna la famille royale à la loge du Logographe; M. le marquis de Lafeuillade, ancien page de Louis XVI; Mme. de Forbin de Janson; Mme. la comtesse de Falloux; M. Bremont, qui fut secrétaire particulier de Louis XVI; M. le général de la Roche-Aymon; Mme. la marquise de Broglio-Solari, qui fut attachée au service de la princesse de Lamballe; et tant d'autres personnes, toutes compétentes pour décider la question.

Hé bien! non! rien de tout cela. M. de Beauchesne se contente de dire que *ce sont là des erreurs grossières non expliquées;* et il ne les explique pas! bien qu'il ait les mains pleines de documens officiels, inédits, qui pourraient au besoin confirmer l'exactitude de son récit. Ce besoin il ne l'a pas senti, car il n'a pas ouvert les mains pour laisser tomber ces documens mystérieux sous les yeux de ses lecteurs. Disons plutôt qu'il n'a pas osé regarder la vérité en face, ou que s'il la connaît, il la tait, parce qu'il n'aurait pas eu le courage d'écrire son livre, et qu'il eût perdu de bons bénifices, par la vente, et une superbe place qu'il a obtenue après sa publication, m'a dit un grand fonctionnaire du gouvernement impérial.

M. de Beauchesne, dans sa répugnance pour la vérité, commet en outre une erreur impardonnable en assimilant Naundorff aux imposteurs, dont les tribunaux ont eu à s'occuper. Tous ceux qu'il nomme, *excepté le bourgeois prussien*, ont été judiciairement reconnus pour de misérables fourbes. Ce ne sont pas eux qui ont été au devant de la justice. La justice les a recherchés, arrêtés, poursuivis, condamnés, et *n'a pas voulu s'occuper de Naundorff. Naundorff, par une assignation régulière, a appelé les Bourbons déchus devant le tribunal de première instance de la Seine*. On l'avait laissé tranquille jusque-là. Aussitôt on l'arrête, on saisit ses papiers, on n'ose pas l'interroger ; on l'enlève administrativement à ses juges naturels, et on l'expulse de France ! Pourquoi l'historien d'un Louis XVII *rachitique* et *scrophuleux* ne l'a-t-il pas dit, lui qui se targue si emphatiquement de sa bonne foi ? c'est que, s'il avait voulu dénier cette reconnaissance d'identité du demandeur en réclamation d'état avec le fils de Louis XVI, par le plus odieux des dénis de justice, il aurait eu contre lui tous les esprits raisonnables. C'est qu'il est devenu manifeste que cette illégalité, qui aurait donné à l'imposture l'apparente sanction de la vérité, révélait avec quelle épouvante on étouffait la parole publique de Naundorff. On ne fait pas à un imposteur les honneurs de mesures arbitraires, déshonorantes pour le pouvoir qui s'en rend coupable ; on le juge et *on* le condamne, surtout lorsque *lui-même réclame un jugement légal*. N'est-il pas vrai, Monsieur l'évêque ?

M. de Beauchesne, qui parle de *quatre candidatures sérieuses*, prouve par son langage qu'il n'a pas étudié la question, qu'il traite et résout avec une simplicité de confiance qui fait vraiment pitié. Où prend-il donc ses quatre candidatures sérieuses ? La vérité n'en admet qu'une, celle de *Naundorff*. Hervagault, Bruneau, Richemont, ainsi que je l'ai établi dans les *Intrigues dévoilées*, sont un seul faux Dauphin en trois personnes confondues dans celle de l'agent salarié de toutes les polices depuis 1795, et dont l'ancien préfet de police Gisquet a écrit, en désignant Richemont :
« C'était un adroit coquin, un hypocrite fieffé, jouant avec habileté
» le rôle qu'il s'attribuait pour jeter la division dans le pays,
» s'enrichir de la libéralité de ses dupes, et gagner les fonds

» secrets DE LA PUISSANCE QUELCONQUE DONT IL FUT L'INSTRU-
» MENT ; » puissance régulatrice de ses actes et de ses écrits, qu'on nomme Fouché et qui s'appela Decazes et Thiers après lui.

L'instrument du mensonge, sous ses trois pseudonymes et sous trois gouvernemens, a été condamné par la justice comme fourbe, et nous n'avons jamais vu cette trinité de personnes, faux Dauphins, ni comme Hervagault, ni comme Marthurin Bruneau, ni comme Richemont, *chercher à se faire reconnaître en offrant de se soumettre à l'examen des Bourbons, à l'investigation des anciens serviteurs de la cour de Louis XVI, à l'appréciation des tribunaux;* ils n'ont pas provoqué eux-mêmes une publicité judiciaire; s'ils ont été poursuivis, l'action occulte de la haute police, en les affichant avec éclat, n'avait pour but évident, aux époques des trois condamnations signalées, que d'attirer l'attention publique du côté de l'imposture singeant la vérité, afin de parer aux inconvéniens de laisser se former une opinion véridique en faveur du véritable Dauphin.

Voilà ce que l'étude raisonnée de l'histoire apprend aux esprits clairvoyans.

Un rôle de faux Dauphin ne s'improvise pas; il exige une longue étude et dans la pratique des moyens de séduction acquis par l'habitude, ainsi que l'assistance de la police. L'imitation d'un personnage historique, de l'importance d'un roi, réclame un acteur habilement dressé, pour qu'il ne soit pas sifflé à son début, et des conditions toutes particulières d'existence. Une fois formé, on le métamorphose dans ses moyens de mystifier le public; mais on ne le change pas. Hervagault, Bruneau et Richemont ont induit en erreur des gens distingués, d'une crédulité irréfléchie, parce que, n'étant qu'un, on a employé sous ces trois noms les mêmes ressources de déception; parce que les menées ténébreuses du mensonge ne furent aperçues qu'à l'arrivée de Naundorff en France en 1833, quand ce personnage mystérieux, bourgeois des villes de Spandau, Brandenbourg, Crossen, en revendiquant officiellement devant tous les pouvoirs du gouvernement français les droits civils et la qualité de fils de Louis XVI, démasqua l'imposture, fit voir clairement aux plus aveugles que les intrigues de faux Dauphins n'étaient qu'une copie burlesque d'un Dauphin réel, dont la politique cachait l'existence, qu'elle s'efforçait de ridiculiser avant qu'il se manifestât en public, et que la facilité avec laquelle la fourberie avait pu, jusque là, faire des dupes, était la démonstration non équivoque qu'un monde bien informé ne croyait pas à la mort du Dauphin au Temple, d'après l'acte de décès de 1795.

Il faut véritablement qu'un écrivain vienne du pays des chimères pour avoir, en 1868, la naïveté de prétendre *qu'il apporte à l'histoire, non seulement la certitude, mais encore la preuve matérielle, authentique, que le Dauphin de France, fils de Louis XVI, est bien réellement mort au Temple.*

La preuve ! Où donc l'a-t-il cachée dans son livre ? On n'en saisit pas la trace. Il fait beaucoup d'étalage, il a de grands mots pour ne rien dire ; il promet monts et merveilles, et au bout du compte, que nous montre-t-il ? L'acte de décès, qui n'a pas plus de valeur que les paroles de Lasne et de Gomin, que nous connaissions, et qui n'a point empêché les anciens serviteurs de la cour de Louis XVI de reconnaître Naundorff pour l'héritier légitime de la monarchie française. Quelle dérision, que de vouloir comparer le mensonge à la vérité ! Quel est donc celui des faux Dauphins qui a osé se présenter, *comme l'a fait le véritable*, devant les juges souverains de la question en litige ; ceux dont je viens de citer les noms ?

C'est sur des autorités aussi respectables, Monsieur l'évêque, que l'opinion publique, basée sur le bon sens, forme son jugement. Ceux qui croient que le Dauphin a survécu aux horreurs de sa captivité du Temple, s'ils ne veulent pas s'afficher comme des hommes sans intelligence, ne vont pas le chercher *hors de la conviction de ces vénérables débris* de l'ancienne cour de France, et proclament avec eux, Louis XVII, l'infortuné proscrit de la politique, que Dieu avait conservé pour l'enseignement de la terre, et qu'il n'a rappelé de ce monde que lorsque son origine royale a été si invinciblement établie, qu'il y a démence aujourd'hui, *ou mauvaise foi réfléchie* à vouloir la méconnaître.

La brillante exposition des annonces de M. de Beauchesne me rappelle, comme malgré moi, ces orateurs de foires qui, montés sur leur estrade, promettent au public de lui faire voir les phénomènes les plus extraordinaires, et dont la réalité est tout autre que celle promise.

Mais ne plaisantons pas ; dans un sujet aussi sérieux le rire est hors de convenance, d'autant plus qu'on a appelé le livre de M. de Beauchesne, le livre du mouchoir. Savez-vous pourquoi ? C'est parce qu'il excite tellement la sensibilité du lecteur et des lectrices, sur la triste fin d'un pauvre enfant du peuple, tiré d'un des hôpitaux de Paris, pour le substituer au Prince, qu'il faut à chaque instant s'essuyer les yeux inondés de pleurs ; et qu'il arrive alors que ne lisant bientôt plus qu'au travers d'un brouillard épais, on cesse d'y voir et l'on ne peut plus rien discerner, à tel point que la raison, qui n'est pas de trop en fait d'histoire, comme en matière de foi, s'éclipse, et l'on se borne à une confiance aveugle.

Là vous ne me démentirez pas, Monsieur l'évêque, car vous nous dites qu'en lisant cette histoire illuminante, « on est saisi ; on ne peut se défendre ; on pleure ; on pousse des cris ! »

Toutefois qu'on ne se méprenne pas sur mes sentimens. Je ressens aussi vivement que vous les poignantes impressions qui restent dans l'esprit et l'étourdissent, quand on pense aux horreurs de la révolution française ; quand on se remet devant les yeux le long, l'héroïque martyre de Louis XVI, de Marie Antoinette, de Madame Elisabeth ; les souffrances de Marie-Thérèse et du duc de Normandie au Temple en face de l'infernale atrocité de leurs bourreaux ; et je dis aussi comme vous :

« Ce qui rejaillit de là émeut mon âme dans toutes ses puissances, et jusqu'en ses dernières profondeurs me déchire le cœur. »

Les larmes que vous répandez sur ces nobles et royales victimes, Monsieur l'évêque, je les respecte, je les approuve, elles vous honorent ; car ces royales victimes appellent en vérité sur elles toutes les larmes et tous les respects ;

En voyant tomber ce trône de France, cette antique Maison de Bourbon, qui rappelle à notre souvenir tant de majesté, tant de grandeur, et qui laissa pour l'histoire tant d'immortelles pages des plus brillans règnes de la terre ;

En contemplant l'immolation de « ce roi si bon, si doux, si honnête, qui aimait tant son peuple et voulait assurer son bonheur au prix de tous les sacrifices ; »

En se représentant la mort si révolutionnairement tragique de cette reine si aimable, si vertueuse, et pourtant si calomniée, que vous nous dépeignez telle qu'elle fut :

« Une des plus nobles, des plus grandes natures de femme et de reine qu'on ait jamais rencontrée dans l'histoire, ayant la force de l'intelligence, la bonté du cœur, l'énergie du caractère dans une harmonie étonnante ; douée d'un coup d'œil, d'un discernement, d'une fermeté de jugement, qui commandaient même l'admiration de ses ennemis ; avec une âme toujours impartiale, généreuse pour la nation française, qui sut toujours s'élever au-dessus des ressentimens et des injures ; dévouée jusqu'à la mort, toujours prête à mourir pour ceux qu'elle aime, obstinée à ne pas vouloir être sauvée seule, à vouloir demeurer toujours à son poste, au poste du péril, près de son mari et de ses enfans ; et à laquelle on a prodigué tous les outrages, des ingratitudes, des injustices, des calomnies qui dépassent tout, mourant d'une agonie d'âme et d'un martyre indécible ; »

En nous représentant encore l'immolation de cette sainte, cet ange, de cette Madame Elisabeth, si douce, si pure, si fidèle, si héroïque aussi, prête à mourir à toute heure pour son frère, pour sa sœur, pour ses pauvres enfans d'adoption ;

Enfin, Monsieur l'évêque, lorsque ma pensée se reporte vers ces temps de rage humaine, où les plus sublimes vertus luttèrent pendant cinq ans contre les plus atroces fureurs d'un peuple transformé en tigres altérés de sang, moi aussi je pousse des cris, je pleure, j'éprouve une tristesse navrante qui envahit tout mon être.

Ha ! c'est qu'il m'a été donné de voir une des victimes royales d'alors, le Dauphin, continuer durant cinquante ans son martyre, et, quand il rentra sur la terre de ses aïeux, retrouver la France restée pour lui révolutionnaire ; car il n'est pas vrai, comme vous le dites, que « la duchesse d'Angoulême soit la seule victime qui soit entrée au Temple et qui en soit sortie vivante, afin que son martyre se prolongeât à travers tous les exils et toutes les douleurs. » Si ses infortunes sont montées si haut qu'elles sont devenues une des grandeurs de la France ; que dirons-nous de celles de son frère, lui aussi sorti vivant du Temple, — et elle le savait bien — méconnu, spolié par elle de son héritage, de toute la fortune qui lui appartenait, — dont elle a enrichi le duc de Bordeaux — et subissant toutes les horreurs de la misère, des oppressions, tandis qu'elle se réjouissait dans les splendeurs de deux usurpations ? Ces infortunes, auxquelles ne sont comparables aucunes de celles retracées par l'histoire, ces infortunes, — car la vérité ne sera pas toujours étouffée par des écrivains complaisans, par le mensonge, les crimes et le silence — seront, aux siècles les plus reculés, la honte des Bourbons qui se sont placés à la tête des nouveaux révolutionnaires contre leur roi légitime ; celle des souverains qui ont sciemment répudié leur frère Louis XVII ; l'ignominie de tous ceux qui auraient dû l'accueillir avec amour, et qui l'ont poursuivi sans relâche jusqu'à sa mort véritable, de leurs ricanemens insensés, de leurs diffamations, et qui le traitent encore aujourd'hui d'imposteur, devant sa veuve et ses enfans proscrits et misérables.

Ce que vous dites avec vérité de Louis XVI, Monsieur l'évêque, moi je le dis avec non moins de raison de Louis XVII :

Jamais je n'ai mieux compris le juste aux prises avec l'adversité, avec l'injustice, l'ingratitude, les bassesses humaines, l'agonie du cœur, le crucifiement sous les yeux de tout un peuple, les haines, les envies, les lâchetés, le peuple, les juges, les scribes, les mauvais prêtres, les courtisans, les amis.

Moi aussi j'ai écrit l'histoire de Louis XVII, de ce martyr du dix-neuvième siècle : je l'ai vu mourir sur la terre de proscription, pardonnant à ses ennemis comme son auguste père. Sa veuve et huit enfans avec moi, nous l'avons déposé dans son cercueil et enterré sous les yeux du gouvernement hollandais, dont le monarque, à jamais regrettable et universellement vénéré, Guillaume II, a versé quelques pleurs en apprenant la mort du royal défunt, et laissé inscrire ses noms et qualités royales dans l'acte mortuaire, ainsi que sur la pierre qui recouvre sa tombe.

Je dis encore comme vous :

« Non, depuis la passion, dans aucune histoire des crimes et des malheurs des hommes, je ne connais rien de comparable. Ce que le fils de Louis XVI a souffert, c'est quelque chose qui dépasse tout ce qu'on connaît, tout ce qui est jamais tombé de douleurs dans des cœurs mortels. »

Si le Prince enfant a été « la douleur des douleurs, le crime des crimes, la victime incompréhensible au Temple, » destinée par la justice divine à continuer une expiation qui dure encore par ses enfans, commencée par les victimes royales de sa race qui l'ont précédé dans le sacrifice ;

Dites-moi, vous, Monsieur l'evêque, qui savez si bien sentir et exprimer si éloquemment vos douloureuses émotions sur la famille royale, assassinée par les cannibales de la révolution ;

Dites-moi comment rendre la puissance des navrantes sensations qui m'assiègent, quand je revois par la pensée Louis XVII, qui fut mon seigneur et mon roi sur la terre où il vécut proscrit, après avoir enduré la douleur des douleurs au Temple, refoulé par l'ancienne noblesse de ses pères, par ceux qui se vantent d'être légitimistes, par les souverains ses égaux, par l'immoralité et les dénis de justice de tous les gouvernemens;

Lorsque je songe aux longues années de prisons et de cachots qu'il a subis, aux cruautés qu'on a exercées sur sa personne, pour le défigurer et effacer un signe remarquable d'identité, constaté par un écrit du roi et de la reine au Temple, qui lui fut remis plus tard par un de ses libérateurs; quand je pense aux six coups de poignard dont il fut frappé en 1834 par deux assassins devant le palais de ses pères, qu'occupait le fils d'Egalité, et que les journaux légitimistes et religieux ont insulté à ses angoisses et ri de ses blessures;

Lorsque je me rappelle l'avoir relevé saignant sous des balles homicides à Londres, et qu'il est sorti, affreusement brûlé, des flammes qu'on avait allumées pour le tuer par le feu; lorsque j'ai constamment sous les yeux la veuve et les enfans de Louis XVII, menant une existence de désolation, qui n'est alimentée que par une magnanime et noble famille protestante d'Angleterre, et le dévouement sublime de la fille aînée du Prince, la princesse Amélie, qui, dès l'âge de treize ans, était déjà une bénédiction dans sa famille, pour laquelle, à la faible lueur d'une pauvre lampe, elle travaillait une partie de ses nuits à Crossen, et qui aujourd'hui, digne en tout de son illustre grand'mère, la reine de France, passe tout son temps à utiliser ses talens pour gagner le pain de sa royale Maison?

Comprenez-vous alors, Monsieur l'évêque, l'amertume de mes indignations contre ceux qui s'étudient, en dépit des vérités publiées depuis que je défends l'honneur de l'Orphelin du Temple, à vouloir le faire passer pour un aventurier, à l'assimiler aux misérables suppôts de la police payés par la politique pour le rendre ridicule et méconnaissable, et priver la terre du grand enseignement que la Providence a voulu donner aux hommes par la conservation et toute la vie souffrante de Louis XVII?

Tous les gouvernemens connaissaient l'existence de cet infortuné Prince. Réintégré dans ses droits, il devenait pour tous un principe d'ordre, et pour la France un gage de salut en réconciliant le passé avec le présent, par la réparation d'un grand crime européen et le rappel des sentimens d'amour dans les transactions publiques.

Le fils de Louis XVI, qui avait tant à pardonner, ne se manifestant au monde que pour concourir au bien-être général, était un symbole de paix et d'union entre tous les Français, de bonne intelligence avec l'étranger.

Mais ce n'est pas ainsi que l'entendaient les oppresseurs du juste. Plutôt que de reconnaître et d'accueillir cette puissance de vérité qui les eût fait sortir de la funeste voie d'un machiavélisme commencé par des anarchistes et pratiqué par eux; ils ont préféré la combattre par leurs crimes et leurs raisons d'Etat, par leur politique, seule religion des gouvernemens, par leurs machinations sataniques, en prostituant toutes les justices, par la consécration d'une iniquité permanente.

A la réapparition du duc de Normandie l'enfer de cette terre a rugi dans ses antres ténébreux; pour abattre la vérité on a fait hurler le mensonge contre le fils des rois, annihilé par l'intérêt matériel, au mépris de toutes les lois divines et humaines. On trouvait étrange qu'il eût l'audace de vouloir être vivant, quand la politique ordonnait qu'il fût mort! et pour le tuer, l'imposture débordant des sommités sociales a fait irruption dans toutes les classes de l'humanité, et le royal innocent est mort, frappé d'une réprobation générale.

Les gouvernemens ont commencé par se déshonorer en repoussant en 1814 le roi légitime de France, et tous disent avec un ministre prussien : « nous ne voudrions pas que le duc de Normandie fût reconnu ; car sa reconnaissance serait le déshonneur de toutes les têtes couronnées. »

Viennent ensuite les légitimistes de l'usurpation qui ont déclaré : « Louis XVII est un homme prescrit ; il est venu trop tard ; nous avons le duc de Bordeaux, nous n'en voulons pas d'autre ; il a été décidé entre nous que nous ne nous occuperions de cette affaire que pour la faire envisager comme une imposture. »

Les hommes politiques à leur tour objectent : « nous voulons rester neutres dans toute cette polémique assez inutile — pour la vérité seulement mais non pas pour le mensonge ! — à quoi nous servirait effectivement un prétendant de plus? N'en avons-nous pas déjà assez ? »

Enfin la masse des indifférens nous répondent : « qu'est-ce que cela nous fait, au surplus, que le fils de Louis XVI ait survécu à son emprisonnement révolutionnaire, et que sa famille soit méconnue et malheureuse ; la question n'a pas d'importance. »

Incrédules intéressés à l'être, gens de partis, égoïstes de toutes les classes, vous jouissez en paix du bien-être de votre position sociale !

Qu'est-ce que cela vous fait, en effet, que la politique ait déclaré mort un homme vivant qui la gênait, et laisse sa veuve et ses enfans frappés comme lui de réprobation, abreuvés d'amertumes, déshérités des sympathies publiques, privés de la part d'existence à laquelle ils ont droit, non moins que vous, dans la grande famille humaine ?

Leurs souffrances ne troublent pas votre repos ? Cela ne vous fait rien ! Si votre conscience de chrétien ne vous reproche pas cette cruelle indifférence, et cette révoltante individualité, à merveille ! Soyez heureux à votre manière ; c'est un genre de félicité que je n'envie pas.

Eh bien ! voyons la conséquence de cette entente de tous dans leurs moyens insidieux mis en pratique pour écarter une vérité déplaisante, qui ne s'est pas moins fait jour providentiellement : du fond de la tombe royale s'élève une voix impitoyablement accusatrice contre tous ceux qui, égarant l'opinion publique, ont couvert de leurs iniquités la conservation de l'Orphelin du Temple.

Ces réflexions, nourries dans la tristesse de mon cœur, pendant trente-trois années d'efforts stériles pour faire redonner, par une équitable dispensation de leurs droits civils, aux descendans des Martyrs royaux, une existence sociale ; ces réflexions se réveillent toujours plus péniblement en moi, toutes les fois que je me sens obligé à reprendre la plume pour défendre les droits du fils de Louis XVI, devenu orphelin par les *plus grands des crimes* de cette terre, condamné au sortir du Temple à cinquante années de souffrances de plus que la duchesse d'Angoulême, qui l'a méconnu, réduit à la misère, et dont on a béatifié la mémoire.

Vous avez des paroles prophétiques, Monsieur l'évêque, sans vous en douter, et vous dites très-bien :

« Depuis quatre-vingts ans c'est toujours à recommencer ; après tant de révolutions le sol politique et social n'est pas raffermi sous nos pas : la paix sociale n'est pas faite ; évidemment tout n'est pas dit ; et qui sait ce que la justice divine peut nous réserver encore ? La révolution française n'est pas finie, le même mal est à l'heure qu'il est vivant et menaçant parmi nous. »

Non, la révolution n'est pas finie, et ce qu'il y a de plus affreux à envisager, c'est qu'elle se continue par de fervens catholiques, par les fils de ceux qui ont eu le plus à en souffrir, et que leur répulsion de Louis XVII, leur souverain légitime, a perpétué sous nos yeux les répugnances régicides de la Convention, des révolutionnaires de 1793 qui ont repoussé Louis XVI, comme le haut clergé romain, les Bourbons, la noblesse ont repoussé Louis XVII. Cette vérité est si bien sentie, qu'un républicain me disait un jour : « C'est pourtant drôle que nous autres républicains, qui reconnaissons Louis XVII, nous devenions les légitimistes ! »

Le mystère de la méchanceté humaine, Monsieur l'évêque, l'histoire des âmes qui vous préoccupent sont incompréhensibles pour nous et restent le secret de Dieu. Si nous les connaissions, nous y verrions la cause de tous les désordres sociaux, des animosités et des crimes de la terre ; de la révolution française, dont les passions haineuses fermentent toujours, et aussi de ce décri général qui a accueilli la réapparition de Louis XVII. Cette révolution, croyez-le bien, ne finira que par la réhabilitation de la mémoire du Prince et la justice rendue à sa famille. Mais il est bien à craindre que le contre-coup en soit affreusement désastreux pour l'humanité. Vous avez religieusement raison, et je reconnais le véritable esprit apostolique dans ces paroles que vous dites, et qui sont la haute expression de mes sentimens :

« Il ne faut d'aucune manière, en aucun temps et sous aucun prétexte, laisser égarer ou affaiblir la conscience humaine, ni couvrir du silence ou de l'oubli ce qui doit être à jamais abhorré et exécré.

» Quiconque a une justification — pour les proscripteurs de Louis XVII — est le jouet de son faible esprit, ou, dans son méchant cœur, des plus détestables passions.

» Il n'y a pas de justification, d'atténuation possible ici. Il y a les lois éternelles qui réclament toujours — contre la détention de la dépouille des orphelins royaux par le comte de Chambord. —

» Il y a la vérité, la justice, la faiblesse, l'innocence, la vertu, l'honneur, qui ne doivent jamais être foulés aux pieds : *le but ne justifie jamais les moyens.*

» Ces axiômes sont sacrés, et il faut réprouver avec une indignation vigoureuse, les vaines phrases, les odieux sophismes, et tous ces enthousiasmes malsains qui, en aveuglant et débilitant les consciences, tuent le sens moral.

» Le silence —sur la méconnaissance du fils du Louis XVI, et sur ceux qui tendent à le faire disparaître, comme ont disparu les faux Dauphins qu'on lui a opposés, — n'est qu'une défaillance lamentable, une lâche et coupable complicité. *Il ne faut* flatter personne ; mais *dire à tous la vérité.* »

Oui, Monsieur l'évêque, il faut dire à tous la vérité ; c'est pourquoi je vous la dis.

Voici la vérité relativement au royal Orphelin du Temple ; c'est lui qui nous l'apprend, dans *l'Abrégé de l'histoire de ses infortunes*. La partie que j'en fais passer ici sous vos yeux est la plus éclatante lumière qui puisse éclairer votre conscience, en même temps que la réfutation la plus irrésistible de l'histoire mensongère de M. de Beauchesne.

Je laisserai le Prince parler lui-même. Il y avait quelque chose de si naturel en lui, dans ses manières, dans ses conversations ; un abandon si persuasif de pensées chez ce fils de France qui ne reçut d'autre éducation que celle du malheur, que, vouloir le traduire, ce serait ôter à son portrait ses plus beaux traits de ressemblance. C'était une de ces grandeurs qui imposent par elles-mêmes, et qui, sans rien emprunter des autres, restent toujours telles, avec le prestige de leur noble simplicité, comme ces beautés que déparent les ornemens de l'art. Son style a un charme tout particulier, auquel ajoute nécesaairement la puissance de sensations profondément senties, et dont il porte l'empreinte : car les malheurs de son enfance s'imprimèrent sur sa jeune âme en caractères ineffaçables, dont l'image, sans cesse reproduite à son esprit, dans sa vie permanente avec lui-même, loin des hommes et au fond des prisons, rattacha son passé à chaque heure de son triste présent, par une chaîne de souvenirs que la mort seule pouvait rompre. Et cette chaîne, il la traça avec une pénible contrainte, obligé qu'il était d'associer le lecteur à ses secrètes souffrances.

Au touchant intérêt du récit personnel de l'auguste affligé, combien de fois je me suis senti péniblement affecté de l'émotion si vraie, que, malgré son habitude de souffrir, il n'avait pas la force de toujours maîtriser, et qui décelaient involontairement ses angoisses de l'âme, lors de ses plus cruelles réminiscences, surtout lorsqu'il parlait de son père, de sa mère, de sa tante, et même de sa sœur quoiqu'elle le repoussât.

Parmi ceux qui ont étudié le cœur humain, plus d'un observateur attentif a reconnu le fils de Louis XVI, dans un coup d'œil lancé aux Tuileries, dans un geste, une parole, une intonation de la voix; dans un de ces mouvemens de la nature qui échappent, mais qu'on n'imite pas.

Le Royal narrateur ne cherchait point à émouvoir, malgré l'éloquence du cœur qu'il possédait au plus haut degré. En nous reproduisant quelques particularités des plus douloureuses époques de sa vie, il négligea scrupuleusement tous les détails qui pouvaient impressionner trop vivement la sensibilité; son but n'était point de persuader en attendrissant, mais de convaincre par la raison, par l'irrésistible logique des souvenirs, témoins irrécusables de la vérité dont ils sont la fidèle image.

Comme il ne se proposait que de rappeler sa famille à l'acquit de ses devoirs envers lui, il a eu l'ingénieuse pensée de s'attacher particulièrement à des circonstances de détails dont les seuls témoins fussent cette même famille. La plupart peignent la sollicitude de la mère, et les impressions du fils qui trouve un douloureux bonheur à repasser dans son esprit les caresses de celle qu'il aimait d'adoration. Cet amour réciproque, il le peint à sa sœur, non pas par la subtilité du raisonnement, mais par les émotions du cœur en faisant un appel à la sympathie du sien, dont il ne peut comprendre la sécheresse. En vérité ce n'est pas ainsi qu'on invente; les allures du mensonge n'ont pas cet abandon, et l'imposteur n'ouvre pas son cœur avec tant d'ingénuité, avec une précision qui n'était pas sans danger pour l'Orphelin royal, en cas d'erreur possible, et dont la duchesse d'Angoulême n'eût pas manqué de se prévaloir.

« Il est écrit : *cueille-t-on des raisins sur les épines, ou des figues sur des chardons?* Donc ce sont les fruits qui font connaître l'arbre. Mes ennemis se donnent assurément beaucoup de peine pour me faire du mal par des calomnies infâmes, mais ils ne réfléchissent pas qu'eux-mêmes s'exposent à être traités d'imposteurs par les gens de bien; car toute personne de probité ne peut s'empêcher d'exiger de mes calomniateurs les preuves de leurs hideuses délations. Un honnête homme ne doit parler que de ce qu'il sait, et toujours se taire sur ce qu'il ignore : sans cela il est calomniateur lui-même ou encore pire, l'instrument des misérables qui persécutent l'innocence pour la perdre, afin de cacher des crimes qui ne leur permettent plus de retourner sur le chemin de la vertu.

» Toutes les actions des hommes sont incontestablement dirigées par un moteur secret caché dans le cœur humain ; c'est là le principe qui fait agir et juger la conduite des autres ; et c'est toujours par les actions que la loyauté incorruptible des Français, dignes de ce beau nom, formera son jugement : voilà comment et pourquoi on reconnaîtra l'arbre à son fruit. Mes adversaires, pour anéantir mon existence, m'ont opposé des injures et des outrages chaque fois que j'ai fait un mouvement en faveur de mes droits. Il faut avouer que c'était le meilleur moyen d'aveugler et d'éloigner ma sœur de moi, ainsi que les bons, mais faibles Français, qui se sont toujours laissé séduire par une poignée de scélérats, même à leur préjudice, et jusqu'à l'échafaud où ils ont traîné par leurs calomnies mes vertueux parens. Qui pourra donc nier aujourd'hui cette vérité ? Et qui peut nier que des intrigans, misérables ennemis de la vérité, à cause de leur cupidité et de leurs fourberies dont ils se sont fait une habitude de routine, aient inventé tous les mensonges imaginables, pour faire croire à Madame la duchesse d'Angoulême que *je suis le fils d'une basse famille bien connue en Allemagne et cependant qu'on n'a pas pu nommer encore?*

» Il y a bien des gens qui ont la bonhommie de s'imaginer que, si j'étais le véritable fils de Louis XVI, les puissances étrangères m'auraient entouré de leurs soins empressés, pour alléger les privations et les besoins de ma position malheureuse ; ou qu'au moins la vertu de Madame la duchesse d'Angoulême, dans cette hypothèse, n'aurait jamais failli aux exigences de son devoir. Sans me jeter dans une longue et inutile discussion, ma réponse sera péremptoire. Je demanderai pourquoi ces puissances n'ont pris aucun moyen, n'ont tenté aucun effort, n'ont rien fait, en un mot, absolument rien pour sauver mon malheureux père.

» Si la démence ou la mauvaise foi voulaient répondre, que les cabinets n'ont jamais pu penser que l'audace des infâmes calomniateurs osât aller jusqu'à attenter à la vie du plus vertueux des rois, et qu'ils avaient été atterrés par la hardiesse du crime ; pourquoi donc ces cabinets ont-ils laissé assassiner une reine dont l'innocence était aussi démontrée que celle de la vertueuse Madame Elisabeth, sœur du meilleur des rois ? La famille d'Autriche ne se compose certainement que d'excellentes âmes, et pourtant son gouvernement a sacrifié en 1814 l'archiduchesse Marie-Louise ! Ne sont-ce pas là des preuves incontestables du peu de respect avec lequel l'égoïsme de la politique traite le lien sacré des familles ?

» Et moi, supprimé par les coupables succès de tant d'intrigues ; moi, persécuté par les descendans de ceux qui ont traîné à l'échafaud, au moyen des mêmes persécutions, mon père, ma mère et ma tante ; puis-je résister sans succomber ? C'est un mystère qui n'appartient qu'à Dieu. L'Europe entière sait aujourd'hui que des scélérats soldés, échappés des antres infernaux, ont précipité mes pauvres parens dans le profond abîme des derniers malheurs. Que peut donc en attendre le fils de ces victimes, qui comme elles n'a jamais fait le moindre mal à sa patrie ; qui, loin de là, n'a jamais voulu, dans l'intérêt de sa cause personnelle, troubler le bonheur présumé de sa famille usurpatrice ni la paix de la France ? Ce n'est pas avec cet esprit de justice peut-être qu'on jugera mon cœur : mais comme les actions de l'homme, ainsi que je l'ai dit, reçoivent leurs impulsions d'une cause secrète, mobile de nos volontés, on pourra se convaincre qu'il n'y a rien de faux en moi, car celui qui reçoit ses inspirations de son cœur, ouvre ainsi, pour ainsi dire, son âme au public comme un livre où chaque juge incorruptible et de bonne foi peut lire la vérité.

» Il a circulé de temps à autre des fragmens de ma véritable histoire, dont se sont emparé mes ennemis, pour en habiller l'imposture. Le mensonge s'est approprié mes paroles et mes révélations, et la presse, égarée ou vendue, a trompé fréquemment l'opinion publique sur mon compte. J'ai dû m'abstenir de répondre, jusqu'au moment où je pourrais le faire devant les tribunaux saisis de mes réclamations, et où les calomnies doivent s'effacer pour laisser la puissance des faits gouverner la justice. C'est en présence des magistrats de ma patrie seulement, et afin d'éclairer leur religion que je puis me révéler entièrement ; là je ne serai point jugé par les inspirations de la malveillance, la vérité y sera ma force, et la loi mon appui.

» Oui, Peuple Français, c'est à l'impartiale justice de tes magistrats que j'en appelle ; c'est à toi, par leur organe, de juger si je suis un mensonge ou une vérité. Je vais donc tracer ici la véritable histoire et les preuves irrécusables d'identité du plus infortuné fils de France. C'est moi-même qui écris : je n'ai d'autre guide que la droiture des sentimens de mon cœur ; voilà toute mon éloquence. Je t'appelle à mon secours ; non par l'insurrection, que je regarde comme un crime qui n'est pas fait pour moi. Que Dieu me garde d'un semblable malheur ! Mon héritage ne dût-il coûter la vie qu'à un seul et au plus petit de mes amis, ce serait l'acheter trop cher. Mais j'en appelle à toi pour me rendre une patrie et un tombeau dans la terre paternelle. Si tu me refuses l'un et l'autre, tu ajouteras à tous mes malheurs celui de voir mes droits si légitimes repoussés par l'égarement de ta justice. Je ne suis pas venu en France pour faire valoir mes droits à la couronne. Non ! non ! le véritable fils du Roi Martyr ne pourrait marcher dans les voies du trône, là où le sang des siens arrêterait à chaque instant ses pas incertains et chancelans. Comment agirait-il pour ton bonheur, lorsqu'il ne peut vivre que de ses larmes ! Hélas ! ces larmes peuvent-elles suspendre leur cours puisqu'elles descendront avec lui dans la tombe ?

» Ami du bon ordre, j'ai les factieux en horreur. Témoin de toutes les calamités que des êtres de rapine et d'orgueil ont déversées sur ma patrie et sur moi, je les ai jugés par leurs œuvres. Jamais je n'attendrai le bonheur de la France de ceux qui n'ont pas d'autres pensées que de se mettre à la place d'autrui ; ils veulent le mal parce que le mal est l'élément et le besoin de leur cœur.

» Je suis l'ennemi de toute hypocrisie et l'ami de la justice et de la vérité ; c'est pourquoi je déclare ici à tous ceux qui se disent mes amis, espérant dans l'avenir un portefeuille pour leur prétendue amitié, qu'ils se trompent, car je ne demande rien que mon nom et mon héritage civil. Si jamais la providence divine se décidait à me mettre sur le trône de mes pères, en aucun cas l'hypocrisie ni l'intrigue n'auront la récompence qui appartient au mérite : mais je le répète, je ne demande rien que mon héritage civil ; *c'est à dire les propriétés qui étaient en propres à la famille Royale de France avant la première révolution.* Aucun gouvernement n'a le droit de me priver de cet héritage. J'aurai pour moi à cet égard le suffrage de tous les Français, parce qu'il s'agit ici d'un grand acte de justice nationale ; et la nation française ne veut autre chose que la justice. Telles sont mes opinions : elles se rattachent à toute la franchise de mon âme ; c'est assez dire que j'aime à les proclamer hautement. Je prie donc ceux qui se disent mes amis, par une combinaison politique intéressée, de s'éloigner de moi et de mes affaires. Je le redis encore : je n'exposerai jamais la vie du plus petit de mes amis personnels, pour porter la couronne la plus belle de la terre aux yeux de tout le monde, et qui ne saurait l'être pour le véritable Orphelin du Temple, Charles-Louis, duc de Normandie.

» Pour éclairer mes juges naturels, il m'est nécessaire d'écrire non pas l'histoire de France, mais seulement les faits qui se sont gravés dans ma mémoire depuis mon enfance, et qui, n'ayant été imprimés nulle part jusqu'à ce jour, sont des preuves incontestables de mon identité.

» Le récit que j'entreprends est destiné à prouver que l'enfant mort au Temple n'a point été un fils de Louis XVI et de Marie-Antoinette, reine de France; que nul autre que moi n'est le véritable duc de Normandie, fils du roi Martyr.

» Né en France avant le révolution, dont les horreurs ont eu tant de retentissement, et qui a vastement étendu ses ravages, comme un torrent qui creuse des abîmes partout où roulent ses flots tumultueux; moi seul, de tant de milliers de victimes, j'ai été le plus pesamment frappé; j'ai vu périr sur l'échafaud toute ma royale, quoique innocente famille, et les artisans de ces épouvantables crimes ne se sont pas bornés à me dépouiller de l'héritage de mes pères, ils m'ont de plus écrasé sous le poids de persécutions atroces et inouïes. Je leur pardonne, car mon cœur ne sait pas haïr, mais en pardonnant à ceux-là mêmes qui ne cessent par leurs hostilités d'être coupables envers moi; si j'avais quelqu'autre chose à leur dire, je leur rappellerais ces paroles du Tout-Puissant : « malheur à celui qui est la verge de mon courroux et le bâton de ma colère ! » Puissent-ils en comprendre toute la portée, et s'identifier avec les sentimens de mon âme. Ils rentreraient alors en eux-mêmes, et réformant leur conduite par un retour sincère à la vertu évangélique, ils échapperaient aux conséquences inévitables de la justice infinie, qui a si amèrement atteint le fils pour les péchés de ses pères, commis longtemps avant sa naissance. Puisse aussi la France mettre à profit les leçons que lui apportent l'expérience de mes longues souffrances, et la malice de mes persécuteurs. Les incidens de ma longue carrière de malheurs sont gros d'enseignemens pour quiconque s'applique à en avoir l'intelligence. Il y a aussi des signes qui se lient aux événemens de la terre; ils apparaissent par intervalles, pour prévenir de fâcheux résultats, et rappeler à l'accomplissement de devoirs qu'on a méconnus : on peut y croire, sans être ni insensé, ni visionnaire. Ces signes se manifestent dans l'intégrité du jeune âge, comme à l'homme raisonnable : heureux celui qui sait en profiter !

» Personne n'ignore, qu'à l'époque à jamais lamentable où mon infortuné père fut livré à la rage des ennemis de la France, j'étais trop jeune encore, pour que mon esprit pût se former des imaginations susceptibles de troubler le sommeil de l'innocence. Néanmoins j'ai eu des rêves qui me présageaient des événemens dont la réalité s'est accomplie plus tard. Je les rapporterai tout-à-l'heure, car mes souvenirs d'enfance sont une démonstration non suspecte de la vérité de mon origine royale.

» Je me rappelle exactement jusqu'à l'époque où nous quittâmes Versailles pour venir nous fixer à Paris ; mes souvenirs se rattachent même à des faits antérieurs à cette époque. Avant le 6 Octobre, j'occupais des appartemens autrefois habités par mon frère, près des *pièces* qui servaient à Mesdames Victoire et Adélaïde. C'est là où Madame *de St. Hilaire*, qui était au service de Madame Victoire, avait l'occasion de me voir souvent : c'est *dans une de ces pièces* que je couchai, la dernière nuit que nous passâmes à Versailles : c'est là où, me portant entre ses bras, mon trop bon père venait de me réfugier pour me soustraire aux assassins. Il était suivi de Madame de Bare qui avait veillé cette nuit auprès de moi. Elle entra, avec mon père et moi, par un escalier dérobé, *dans la chambre où nous trouvâmes ma mère* qui me prit dans ses bras, en me couvrant *avec son manteau de lit* qui était d'une étoffe blanche. Une personne fut chercher mes vêtemens pour m'habiller, *ce qui se fit dans la chambre de mon père* : je n'ai point oublié cette personne. Ma sœur plus agée que moi de sept années était présente à cette scène ; elle doit demander, à celui qui se dit son véritable frère, quelle était cette personne. Pour garantie de cette vérité qui ne peut être connue que du fils de Louis XVI, j'invoque le témoignage de Madame la duchesse d'Angoulême elle-même.

» Pendant notre voyage de Versailles à Paris, *deux monstres portaient au bout de leurs piques deux têtes d'hommes ; ils marchaient devant notre voiture. Au milieu d'eux figurait un homme d'un aspect atroce ; il avait une grande barbe et portait sur l'épaule la hache ensanglantée* avec laquelle vraisemblablement il avait consommé cet horrible sacrifice ; enfin on nous fit arrêter devant une boutique où ces scélérats entrèrent, et bientôt ils sortirent *ayant poudré les têtes de leurs victimes.* Tout-à-coup un de ces misérables s'avança vers nous, et *approcha une tête de mes yeux.* J'étais debout à la portière, *sur laquelle s'appuyait un de nos amis* pour nous protéger contre la populace. Ce brave écartait tous ceux qui s'approchaient pour l'éloigner, mais il ne put empêcher les assassins de mettre une de ces têtes sous mes yeux. Je fus si fortement effrayé de cet affreux spectacle, que je m'élançai dans le sein de ma mère pour cacher mon visage. De toutes les personnes qui étaient avec moi dans la même voiture, une seule existe ; c'est ma sœur. Aurait-elle le coupable courage de nier ce fait, que personne au monde ne peut connaître que son véritable frère ? Enfin arrivés à Paris, nous fûmes enlevés par le peuple et *conduits à l'Hôtel-de-Ville.* Je montai l'escalier entre ma mère et Madame Elisabeth ; ces tendres amies me donnaient la main pour me conduire dans une vaste salle qui déjà était remplie d'hommes, dont la plupart étaient ivres. Nous y restâmes *jusqu'à une heure avancée de la nuit ;* et malgré les cris bruyans de la populace pendant la traversée de l'Hôtel-de-Ville aux Tuileries, je m'étais endormi dans la voiture sur les genoux de ma bonne mère, et je fus réveillé par les cris : *mon fils ! mon fils ! il est enlevé !* Je répondis : *Maman !* car effectivement je me trouvais entre les mains *d'un étranger* qui me remit entre les bras d'un frère de Cléry, valet de chambre de ma sœur, qui s'appelait Hannet. J'ai si bien présent à ma pensée ce fidèle serviteur, que je me rappelle, comme si le fait était d'hier, qu'il nous donnait, le soir, le spectacle d'une lanterne magique, pour nous amuser, moi et ma sœur, dans notre enfance.

» J'avais alors quatre ans ; Hannet me rendit à la tendresse inquiète de mon excellente mère qui me pressa contre son sein, en me couvrant de baisers.

» Il est sans doute bien facile, avec une bonne mémoire, de raconter ce qui est écrit par d'autres, relativement à ce qui s'est passé durant notre malheur. Mais indépendamment de ce que je n'ai jamais lu aucune histoire de la révolution, et que je m'occupe fort peu de savoir si je suis en rapport, ou non, avec les écrivains de cette époque, je suis certain de donner des détails qui n'ont jamais été publiés, et qui ne sont pas connus. L'exactitude de mes souvenirs, voilà la pierre de touche pour Madame la duchesse d'Angoulême, si elle veut se convaincre de la vérité.

» Procédons par des exemples :

» J'étais très-enfant lorsque le voyage de Varennes fut décidé ; néanmoins je me rappelle très-bien que *le comte de Provence s'entretenait devant moi avec mon père et ma mère, avant le départ;* mais je ne pensais rien. Ma mère me réveilla subitement au milieu de la nuit, et en présence de ma sœur qui, comme je le savais, couchait à un étage plus haut que moi. Lorsque je fus réveillé *par les baisers* dont ma tendre mère me couvrait en m'éveillant, je vis Madame de Tourzel auprès de moi ; *c'est elle qui m'enleva sur ses bras,* et, sans dire mot, nous descendîmes dans la chambre de ma mère, où cette tendre mère, en m'embrassant toujours, m'habilla et me *déguisa en petite fille.*

» Madame la duchesse d'Angoulême s'est laissé persuader que je pouvais avoir étudié mon rôle dans l'histoire ; mais, dirai-je à Madame, demandez donc à ceux dont tous les efforts se réunissent pour vous éloigner de moi, où de pareils détails se trouvent imprimés ?

» Je fus ensuite recouché *dans le fond d'une voiture,* où je restai assez longtemps *endormi;* quelqu'un marcha sur moi en entrant dans cette voiture ; *c'était ma tante:* j'avais peur, c'est pourquoi je ne dis rien, jusque-là où ma bonne mère vint nous rejoindre. Elle me prit sur ses genoux, et m'y garda jusqu'au moment où nous changeâmes de voiture. Notre voiture s'arrêta ; mon père parlait avec des gens qui étaient avec nous : enfin il descendit pour rechercher l'autre voiture qui n'était pas encore là, revint avec cette voiture, et fit descendre ma mère qui me remit alors sur les genoux de Madame de Tourzel, car elle était avec nous. Ensuite mon père revint à moi, *et lui-même m'enleva sur ses bras et me donna à ma mère qui était déjà remontée dans la nouvelle* voiture.

» Niez ces faits, Madame la duchesse d'Angoulême ! ou laissez-vous dire par les intrigans qui vous entourent, où cela était imprimé, avant que je vous l'eusse fait savoir par M. Morel de Saint-Didier.

» La voiture fut mise en route, et je m'endormis sur les genoux de ma mère jusqu'au lendemain. Je remarquai alors que mon père était déguisé, et je demandai à ma mère pourquoi j'étais déguisé en petite fille. Ma sœur me coupa la parole, en disant à ma tante, Madame Elisabeth, qui était avec nous dans la même voiture, *et qui n'avait pas été dans la chambre de ma mère lorsqu'on me déguisa, ni lorsque nous quittâmes les Tuileries :* «*hier il croyait que nous allions jouer la comédie...*» «Ou une tragédie,» me dit ma mère ; «mais soyez prudent, mon fils, et si on vous demandait comment vous vous appelez, dites *Aglaé*, et votre sœur s'appelle *Amélie.*» Où donc encore, Madame, de pareilles choses ont-elles été imprimées avant que je vous eusse écrit en 1816 ? Vous n'avez pas voulu recevoir les papiers que je vous ai envoyés par un brave militaire, et vous les avez fait remettre au ministre de la police. Vous n'avez pas voulu me voir ! Eh bien, Madame, c'est vous qui me forcez à tenir ce langage ! Mon histoire vous fera connaître vos aimables amis qui vous disent tous les jours combien ils vous honorent, pour vous tromper plus facilement et vous laisser mourir dans vos peines, que vous ne méritez certainement pas. Toutefois on peut pécher par omission ; et par là, chère sœur, vous sentirez que la Providence n'est point injuste ; mettez la main sur votre cœur, et regardez ceux qui vous entourent et ceux avec lesquels ils sont en correspondance. Les princes comme les princesses ont été faits pour voir par leurs propres yeux : ainsi voyons.

» Nous arrivâmes bientôt dans une ville dont toutes les maisons étaient couvertes de tuiles formant un ∽ renversé. Je demandai le nom de cette ville, que mon père me dit s'appeler *Châlons-sur-Marne*. Après, nous atteignîmes une petite ville où nous crûmes être arrêtés ; je n'en sais plus au juste le nom, mais je croyais que c'était *Epernay*. Un jeune officier de la Garde Nationale, avec lequel s'entretint beaucoup ma mère, *sans quitter la voiture*, nous préserva heureusement pour cette fois.....

» Il était déjà nuit lorsque nous arrivâmes à Varennes, où nous fûmes arrêtés et détenus provisoirement chez un homme nommé *M. Sauze*, dont la femme, qui nous servait, fut assez affable avec nous.

» Notre triste retour est assez connu pour que je ne m'occupe pas de ces détails ; néanmoins il est une circonstance que je ne dois pas omettre.

» Un sieur *Latour-Maubourg*, l'un des commissaires qui nous ramenaient à Paris, nous suivait *avec Pétion dans une autre voiture*. Quoique la populace respectât ces messieurs, ils laissèrent pourtant assassiner sous nos yeux un ami de mon père, ami qui était très-connu de M. Latour-Maubourg.

» Dans ce moment, où la populace furieuse assassinait cet ami,

Barnave qui était *dans notre voiture me prit sur ses genoux*, pour me protéger plus facilement en cas de besoin. Pendant notre voyage, il me serrait souvent les mains, et me prodigua ainsi des témoignages d'intérêt, jusqu'à notre arrivée à Paris. Dans le jardin, devant les Tuileries, Barnave me remit entre les mains d'un officier de la Garde Nationale, qui me porta au château, dans la salle de l'Assemblée. Là M. *Hue* s'empara de moi pour me porter dans mes appartemens, où je fus gardé assez longtemps par des officiers de la Garde Nationale.

» La première nuit, on me mit au lit en présence de ces officiers, auxquels je ne faisais pas attention, car la route m'avait bien cruellement fatigué. Cléry se hâta de me déshabiller. J'étais peu en état de causer beaucoup, tant j'étais épuisé : et dès qu'il m'eut donné mon vêtement du soir, il me fit coucher. Bientôt après, je dormis profondément jusqu'au lendemain. *Je vis alors, en songe, les officiers de la Garde se changer en bêtes féroces*, dont le nombre allait toujours croissant, tellement qu'à la fin, il y en eut de toute espèce qui, m'entourant, semblaient indiquer, par leurs grincemens de dents, qu'elles se disposaient à me dévorer. Mais au moment du danger le plus éminent pour moi, un être inconnu se présenta et m'arracha à l'horreur de ma situation, en me retirant du milieu de ces animaux menaçans. Ce rêve, dont l'intelligence était au-dessus de mes facultés d'enfance, n'est jamais sorti de ma mémoire, et j'en ai connu l'affreuse réalité, lorsque enfermé dans la tour du Temple avec toute ma famille, des hommes transformés en démons renchérissaient sur la férocité des tigres et des ours, par les tortures qu'ils exercèrent contre nous.»

— Le Prince a déchiré le voile qui couvrait les causes de l'arrestation du roi à Varennes. On a beaucoup disserté sur cette douloureuse catastrophe, et personne n'a laissé entrevoir la vérité ; nul n'a fait connaître l'auteur principal d'une trahison, dont la pensée serre toujours le cœur péniblement, et met l'âme dans un état d'angoisse non moins saisissant que si le crime, dans sa hideuse noirceur, se commettait sous nos yeux. Mais il arrive un moment dans la vie des peuples, où la lumière dissipe les ténèbres de l'erreur pour éclairer l'humanité, et la diriger dans les voies de son bonheur terrestre. Ce moment est venu. L'existence du fils de Louis XVI sera pour nous une source d'enseignemens, et sa parole expliquera bien des mystères, bien des choses incomprises ou faussées par la croyance de l'homme, et dont pourtant l'intelligence se lie à ses destinées éternelles. L'auguste orphelin fait connaître ce grand mystère d'iniquité par la révélation suivante :

« La profonde scélératesse du comte de Provence n'a jamais été bien connue : ce fut lui qui se chargea de tout arranger, pour la sûreté de notre voyage, et de faire protéger notre fuite par des gens qui lui étaient dévoués. Que de sang a été répandu, pour l'ambition de ce roi fratricide ! Et combien de mes nobles amis assassinés par son ordre, dont les cadavres ont été le marche-pied de son trône : car c'est lui qui nous a livrés entre les mains de nos ennemis à Varennes. Il avait confié à un nommé *Valory* le soin d'éclairer notre route, et de faire tenir prêts les chevaux de poste à chaque relai. Ce Valory, l'instrument du comte de Provence, précédait toujours notre voiture : mais il disparaissait de temps en temps, pour remettre des lettres aux agens de notre ennemi secret qui avait préparé le complot de faire arrêter ma royale famille à la frontière, afin de fournir à la nation un prétexte d'accusation contre mon infortuné père. Le roi n'avait pas une confiance absolue dans son frère, aussi avait-il pris des mesures pour se ménager une protection efficace, de l'autre côté de Varennes. Mais le comte de Provence avait tout prévu, *il était en relation avec Robespierre*, lequel ayant connaissance de la position de l'armée qui nous attendait donna l'ordre de nous arrêter à Varennes. Voici les preuves de ce que j'avance.

» Lorsque nous eûmes passé Châlons-sur-Marne, un homme à cheval nous suivait partout. Tantôt cet inconnu se tenait derrière notre voiture, tantôt à côté, quelquefois devant. La nuit, il allait de compagnie avec Valory qui, par l'arrangement du comte de Provence, était notre courrier. Ce courrier disparut tout-à-coup, peu de temps avant notre arrivée à Varennes. Il resta plusieurs heures absent, et ne se fit revoir que peu de temps avant notre arrestation. J'ignorais toutes ces particularités, parce que je m'étais endormi sur les genoux de ma bonne mère. Ma sœur, qu'on appelait alors *Amélie*, était assise à côté de notre tante, Madame Elisabeth, et elle me réveilla en poussant un grand cri. Ma mère et ma tante s'entretenaient ensemble sur la disparition de leur courrier, et se faisaient part de leurs mutuelles inquiétudes. Ma mère ayant demandé à ma sœur pourquoi elle criait, elle lui répondit qu'elle avait eu peur, croyant que notre postillon venait de renverser la voiture. Peu d'instans après, nous arrivâmes à Varennes où nous fûmes arrêtés : il était nuit, et le lendemain on nous fit repartir pour Paris. En route, ma mère communiqua à mon père ses soupçons sur la conduite de notre courrier Valory ; mais mon père ne voulut pas croire à sa trahison. Quand nous eûmes repassé Châlons-sur-Marne, nous fûmes remis entre les mains d'hommes féroces, à la tête desquels parurent trois commissaires de Paris, qui devaient nous reconduire dans cette ville, déjà en pleine révolution. Un de ces commissaires, jeune homme alors, fut placé dans notre voiture pour être notre gardien disait-on. Il s'assit en face de mon père et de ma mère sur lesquels, sans rien dire, au commencement, il fixa toujours ses regards. J'étais encore sur les genoux de mon infortunée mère, qui me tenait entre ses bras de peur qu'il ne m'arrivât du mal. Mon père était assis au fond de la voiture, du côté gauche, ma mère au milieu, et ma tante Elisabeth au côté droit ; Madame de Tourzel en face de ma tante, ensuite ma sœur. Lorsque le commissaire entra dans la voiture, ma mère plaça Madame de Tourzel entre ma sœur et lui. Ce jeune homme ne s'occupa pas d'elle, mais beaucoup de moi et de ma mère qui était fort inquiète à cause de moi. Pendant le retour de notre voyage à Paris, ma mère fut fort occupée de ce jeune homme et en lui parlant elle l'appelait M. Barnave. Il m'est impossible de rapporter tous les détails de leurs conversations, mais la bonté de cet homme pour moi, jusqu'aux Tuileries, l'avait gravé dans ma mémoire.

» Tout ce qui s'est passé depuis notre retour de Varennes jusqu'au 20 Juin, est très-connu. Je ne reviendrais par sur ces malheureux souvenirs si l'on n'avait pas prétendu, il y a peu de temps, m'avoir vu ce jour-là même *dans la chambre de mon père, au moment* où le peuple égaré venait d'enfoncer les portes de ses appartemens ; cette prétention est fausse. Je me rapelle très-bien que nous étions dans la chambre de mon père auparavant, ce fait est vrai ; mais aussitôt que le danger s'annonça par les hurlemens de la populace, *ma mère nous emmena promptement moi et ma sœur dans une autre chambre où nous restâmes. Ce fut Madame la Princesse de Lamballe qui détermina ma mère à rester auprès de nous, car elle voulait par force se rendre auprès de mon père qui était en danger.* Il importe que je rappelle cette circonstance à Madame, parce qu'elle ne peut pas avoir oublié que la Princesse se jeta entre les bras de notre mère lorsqu'elle voulut retourner *dans la chambre où était resté notre père avec notre bonne tante Madame Elisabeth*. J'invoque ici le témoignage même de Madame la duchesse d'Angoulême qui ne peut méconnaître son frère à l'occasion du fait exact que je cite ici, et du nom de celle qui se jeta dans les bras de ma mère pour l'empêcher de retourner dans l'appartement dont la populace avait déjà enfoncé les portes.

» Les autres détails de cette triste journée sont trop connus pour que je m'y arrête. Le fait dont je viens de parler témoigne suffisamment que je n'ai rien oublié de ce que j'ai vu moi-même. Pendant cette journée et depuis ma mère n'a point cessé de pleurer; aussi cette journée fut l'avant-coureur du 10 Août.

» On voit donc que je me rappelle parfaitement les faits que j'ai transmis à ma sœur pour preuve de mon identité. Entre autres questions, je lui ai demandé quelle était la personne qui couchait dans ma chambre, la nuit du 9 au 10 Août.....

» Ce fut ma mère, qui était venue chercher quelque repos, en se jetant sur le lit de celle qui veillait cette nuit auprès de moi.

» Le jour suivant, nous devînmes prisonniers, car nous quittâmes les Tuileries pour aller à l'Assemblée, où nous fûmes bientôt enfermés dans une espèce de prison. Je devais d'autant plus avoir cette pensée que ce *trou* était grillé de fer. Quoique Madame de Tourzel et Madame la Princesse de Lamballe fussent enfermées avec nous, c'était toujours ma tendre mère qui me tenait entre ses bras ou sur ses genoux. Arrivés là, je souffris bientôt de la faim, n'ayant mangé pendant toute cette journée qu'une pêche et un morceau de pain; mais j'avais encore plus soif, car il faisait très-chaud. Malgré tous les efforts de ma bonne mère, il était presque impossible de se procurer quelque chose, et d'ailleurs elle ne savait à qui se confier. Enfin un de nos amis, *c'était le Ministre de la Justice*, nous fit entrer dans une autre petite pièce pour nous faire manger une soupe au riz et un peu de volaille. Ma bonne tante, Madame Elisabeth, vint avec nous, mais elle ne mangea pas; ma sœur même ne mangea que de la soupe. Mon père, ma mère et les autres personnes qui étaient avec nous ne prirent aucune part à notre repas: nous rentrâmes après dans la prison grillée, où je m'endormis bientôt sur les genoux de ma bonne mère. Pour preuve de ce que j'avance ici, je donne comme témoins Madame la duchesse d'Angoulême et l'ancien Ministre de la Justice, M. de Joly. »

— Ce ministre fut du nombre de ceux qui accompagnèrent la famille royale dans la loge du logographe et passèrent la journée entière avec elle. Il est mort en 1837. Je l'ai beaucoup connu, et j'ai su par lui comment, après avoir résisté longtemps aux instances qu'on lui faisait de voir le prétendant, il reconnut invinciblement le fils de ses anciens maîtres, dans la personne d'un étranger qu'il croyait être un imposteur, et qu'il s'était fait fort de démasquer.

Je me bornerai, quant à présent, à déclarer qu'il a reconnu la rigoureuse exactitude de ce récit, mais avec des particularités bien autrement démonstratives de l'identité. —

« Il y a des personnes de mauvaise foi qui diront, après avoir lu ces mémoires : il est impossible qu'un enfant de cet âge puisse se rappeler aussi fidèlement le passé !

» Voici des preuves : après quarante-six ans, j'ai retrouvé M. de Joly. Un jour, il se disputait avec moi, en présence de mes avocats, assurant que le grillage dont j'ai parlé, avait été enlevé *le premier jour* et *il appuyait ses assertions de celles des historiens.* Je lui soutins le contraire, parce qu'il était déjà tard lorsqu'on nous fit sortir de là, et que la grille y était encore ; mais le lendemain à notre rentrée je ne la vis plus. J'étais d'autant plus certain de ne pas me tromper, que mon esprit me représentait toujours la scène qui se passa sous mes yeux, et je me figurais alors la salle de l'Assemblée comme une grande loge, renfermant des bêtes féroces, dont nous étions séparés par des barres. M. de Joly finit par convenir que je devais avoir raison. Il prit des renseignemens à cet égard, quand nous fûmes séparés, et lorsqu'il me revit, il me confirma de nouveau qu'il s'était convaincu que mes souvenirs ne m'abusaient point : en effet il existe plusieurs témoins qui en ont attesté l'exactitude.

» Enfin en sortant de là pour la première fois, on nous conduisit dans un autre édifice où nous fûmes enfermés. Je ne savais pas alors où cela était ; je sais aujourd'hui que ce lieu s'appelait les Feuillans. Le lendemain, je me trouvai dans une autre petite prison avec Madame de Tourzel, couché sur une espèce de matelas par terre. Je lui demandai avec instance d'être conduit chez ma mère ; elle me tranquillisa bien vite, car cette bonne mère était auprès de moi avec ma sœur, dans une pièce voisine dont la porte donnait dans la mienne.

» J'ai déjà mais vainement demandé à Madame si elle se rappelait le jeune homme qui nous servit avec un zèle si chevaleresque pendant notre séjour aux Feuillans : car ce sont là des détails *qui ne sont connus que de ma sœur*, et qui ne pouvant l'être que de son frère, étaient de nature à fixer son attention. Les choses générales de ces jours de nos douleurs ne sont ignorées de personne, j'en éloignerais volontiers mes tristes souvenirs si la nécessité ne m'y ramenait malgré moi, par rapport aux faits inconnus et non publiés. Ne sont-ils pas en effet la preuve la plus éloquente que je n'ai rien de commun avec ces misérables audacieux qui ont usurpé mon nom et mes qualités ; et qui s'en sont servis assez et trop longtemps pour faire tant de dupes, ou qui ont agi sciemment, comme instrumens de mes persécuteurs, pour étouffer la vérité ? Enfin, nous quittâmes les Feuillans, théâtre de cruels acteurs qui ont su si bien tromper, voler, déshonorer, et égorger en son propre nom la nation française.

» On nous fit monter dans un fiacre, mon père, ma mère, ma sœur, ma tante et moi ; Madame la princesse de Lamballe, Madame de Tourzel et *sa fille Pauline* y entrèrent avec nous. Il n'y avait plus de place, lorsque tout-à-coup trois misérables s'y précipitèrent, non pour nous accompagner et pour notre sûreté, mais pour nous gêner et nous outrager. En ce moment j'étais debout devant Madame de Tourzel, quand aussitôt ma bonne mère me prit sur ses genoux, pour faire de la place ; et elle me pressait dans ses bras, afin de me protéger contre tout danger. Mon père, ma mère, ma tante, moi, ma sœur, Madame la princesse de Lamballe, nous étions tous assis, presque l'un sur l'autre, dans le fond de cette voiture. J'invoque, pour attester l'exactitude de ce fait, le témoignage de Pauline de Tourzel qui était dans la voiture en face de ma mère et de moi. A peine arrivé à Paris, mes premières pensées furent de faire un appel aux anciens serviteurs de la cour de France, s'il en existait encore ; j'en ai retrouvé plusieurs, ainsi que je le dirai plus tard. Je demandai surtout instamment à voir Pauline de Tourzel, mais Pauline de Tourzel a, comme tant d'autres, oublié qu'à la cour de mon père, elle était fière d'être admise à l'honneur de partager les plaisirs du Dauphin ; la fille de la gouvernante des Enfans de France, devenue comtesse de Béarn, attachée par son mari au service de la maison d'Orléans, s'est refusée à venir reconnaître le Dauphin, car le Dauphin est malheureux, et persécuté par Louis-Philippe!

» Nous arrivâmes au palais du Temple dans un assez joli appartement où nous restâmes, je crois, jusqu'à minuit, lorsque tout-à-coup les traîtres nous enlevèrent mon père.

» Je laisse à Madame la duchesse d'Angoulême le soin de m'interroger sur ce qui s'est passé parmi nous depuis cet enlèvement. Dans ce moment-là, Madame la princesse de Lamballe, Madame de Tourzel, *Pauline sa fille*, et les Dames Saint-Brice, Navarre et Bazire, étaient avec nous; M. de Chamilly et M. Hue avaient été enlevés avec mon père. Nous nous trouvâmes tous ensemble le lendemain dans une maison qui figurait une tour à quatre étages. Cet édifice avait sur les deux angles deux tourelles; l'une, qui était située à droite, se prolongeait dans la forme de tourelle jusqu'à terre, l'autre, à gauche, qui donnait sur la rotonde, commençait là où était la chambre occupée par ma bonne tante, Madame Elisabeth et ma sœur. Cette chambre avait une seule fenêtre qui, située entre la demi-tourelle de la petite tour et d'une tourelle sur l'angle de la grande tour, donnait sur le fond du jardin. Perpendiculairement sous cette fenêtre était la porte d'entrée, dans une allée de hauts et gros maronniers qui nous servait de promenade. Cette allée était du côté gauche dans le jardin qui était entouré de hautes murailles. Pour entrer dans la petite tour, il fallait monter quelques marches; au milieu de ces marches était placé par terre un soupirail donnant sur le rez-de-chaussée de cet édifice, dont le premier étage formait une seule pièce avec un cabinet pris sur la tourelle, en face de l'entrée, et qui donnait dans la tour du Palais du Temple. Cette seule pièce (ou salon) était précédée d'une espèce de vestibule, dans lequel se trouvait une petite porte toujours fermée : par là on arrivait à l'escalier qui conduisait au second étage occupé par ma mère, moi, ma bonne tante, et par ma sœur. Au bas de cet escalier, dans une petite loge à droite, demeuraient des êtres qui n'avaient d'humain que la figure, et dont les noms sont indignes d'être tracés par ma plume.

» Le second étage était composé d'une grande chambre avec un cabinet pris sur la tourelle qui descendait jusqu'à terre. Cette chambre avait, comme celle occupée par ma bonne tante et ma sœur, une seule fenêtre, mais plus grande, garnie de rideaux blancs. Cette fenêtre donnait sur la cour du Palais du Temple, et par là on pouvait voir bien facilement tous ceux qui entraient dans la cour et dans le jardin. Cette chambre (après l'enlèvement de nos amis) fut occupée par moi pendant tout le temps que nous restâmes avec ma mère dans cet édifice ; elle était séparée de celle habitée par ma tante et ma sœur par une espèce de corridor oblong, étroit et obscur. Dans ce corridor couchèrent pendant la nuit deux municipaux qui nous surveillaient pendant le jour dans notre chambre même. Malgré ces obstacles ma mère correspondait tous les jours avec ma tante, voilà pourquoi j'ai fait imprimer cette question adressée par moi à Madame la duchesse d'Angoulême : « Que faisait notre mère tous les matins, avant de se lever, pour donner de ses nouvelles à notre bonne tante ! »

» Si ma sœur n'a pas répondu qu'elle a été convaincue de mon identité par cette seule question, c'est qu'elle vit au milieu d'un cercle d'intrigans intéressés à lui dérober l'éclat de la lumière. Eh bien ! je vais prendre son rôle et tout dire pour elle : ma mère dans la matinée écrivait dans son lit à ma tante toute ses correspondances, soit pour le dehors soit pour d'autres amis, car elle écrivait beaucoup. Mes ennemis politiques ne manqueront pas de dire que cela ne se peut pas, attendu que les municipaux étaient là jour et nuit : cette objection est juste ; mais ma mère avait toute la prudence que réclamait sa position, aussi n'ouvrait-elle jamais sa porte avant l'arrivée du fidèle Cléry, ce qui avait lieu seulement à huit heures du matin. J'ai demandé aussi à ma sœur qui était le porteur de ces nouvelles ; même silence par les mêmes causes. Je vais y suppléer.

» Ma bonne mère cachait ce qu'elle écrivait le matin avant d'ouvrir, car les municipaux entraient avec Cléry et fouillaient souvent. J'ai également demandé à ma sœur : Où cachait-elle son écriture ? Point de réponse. Eh bien ! je vais le dire hautement.

» C'était sur son fils : c'était sur moi que la reine ma mère cachait les lettres qu'elle écrivait ; c'était moi qui servais de facteur lorsque le fidèle Cléry ne le pouvait pas ; Cléry, fidèle à ma mère et à ma tante, à ces deux grandes âmes qui ne sortiront jamais de mes souvenirs ! J'ai demandé également à ma sœur : où et comment faisions-nous échanger nos dépêches ? C'était dans le cabinet pris dans la demi-tourelle, à gauche, au coin de la chambre où était la garde-robe, et où notre bonne tante m'amenait *elle-même* souvent sous prétexte de besoin ; mais c'était pour recevoir de moi ce que ma bonne mère avait caché sur moi. Vous savez, Madame la duchesse d'Angoulême, que notre mère était forcée d'agir ainsi lorsqu'elle était entourée de gens pareils à ceux qui vous trahissent aujourd'hui. Hélas ! dans les temps de la communauté de nos malheurs j'avais au moins une consolation, car vous étiez alors ma bonne et tendre sœur : mais aujourd'hui !!!

» Pardonne-moi, lecteur : le cœur humain n'est pas toujours le maître de se taire lorsque les assassins moraux viennent le déchirer. La nature de l'homme est trop faible pour pouvoir soustraire les cœurs souffrans aux palpitations affreuses : ce n'est pas ma sœur qui m'assassine ainsi, ce sont ceux qui l'entourent, du moins j'aime à le croire, et je les ferai connaître ; car ils seront nommés dans le cours du procès.

» Le troisième étage occupé par mon père était la même chose, excepté que la chambre avait une alcôve dans laquelle était placé son lit. Cette alcôve était en sortant de la chambre de mon père, du côté gauche, et tout droit en face de la fenêtre, laquelle donnait, comme la fenêtre de la chambre de ma mère, dans la cour du Palais. La chambre de ma mère n'avait point d'alcôve.

» La petite tour était adossée à la grande et flanquée de deux tourelles. Celle que je nomme la demi-tourelle donnait sur la rotonde : et celle dans laquelle était au premier la bibliothèque donnait sur le coin de la cour du Palais, ainsi que le corps de l'édifice de la petite tour faisant face à l'enclos qui séparait le jardin des petits et différens édifices de la rotonde : mais dans une de ces tourelles il se trouvait un petit escalier. Pourrais-je demander à Madame la duchesse d'Angoulême dans laquelle il était, ou à quel étage commençait ce petit escalier ? Que voyait-on en haut, au bout de cet escalier ? Nous ne restâmes pas longtemps dans cet édifice, et ce fut mon père qui quitta le premier la petite tour, pour être transféré avec Cléry dans la grande. Ma mère, ma tante, ma sœur et moi nous restâmes seuls dans cette petite tour assez longtemps encore. Enfin nous aussi, nous fûmes transférés dans la grande tour, où je fus remis à mon père et à Cléry ; alors je ne voyais ma mère, ma tante et ma sœur, qu'au déjeûner, à la promenade ou au dîner.

» La grande tour était située presque au milieu du jardin ; elle était flanquée de quatre tourelles, dont l'une, celle dans laquelle était l'escalier, se trouvait en face du Palais. Remarquez bien que la petite tour en face du Palais était située à gauche, et la grande à droite. La grande avait aussi quatre étages ; mais elle était beaucoup plus haute que la petite, et chaque étage était voûté ; ce qui n'existait point dans la petite. Dans la petite tour ma bonne mère, ma tante, ma sœur et moi nous occupions le second étage, et mon père, avec Chamilly et Hue, habitait le troisième ; mais pendant notre séjour dans la grande tour c'était le contraire : mon père, *moi* et le bon Cléry nous étions enfermés au second ; et ma mère, ma tante *et ma sœur se trouvaient au troisième étage*. On voit que tout était changé dans le nouvel ordre de distribution de nos prisons. Pendant que nous habitions la petite tour les municipaux ne s'y tenaient pas ; ils demeuraient tous au rez-de-chaussée de la grande tour. Le premier étage était voûté et soutenu au milieu par un gros pilier carré et flanqué de quatre petits piliers ronds sur les quatre coins. Cet étage formait une seule pièce en carré, avec trois cabinets pris dans les tourelles. Il n'y en avait pas dans le quatrième, parce qu'il était occupé par l'escalier qui commençait tout en bas et qui desservait tous les étages de la tour. En montant, cet escalier tournait à gauche et formait au second étage, devant la première porte d'entrée des pièces qu'occupaient mon père, moi et Cléry, un palier pour faciliter l'ouverture des portes ; car il y en avait deux : la première était de gros bois entièrement couvert de larges clous et de grands verrous en fer. Cette porte énorme s'ouvrait de droite à gauche vers l'intérieur de la petite tourelle. En ouvrant cette porte on se trouvait en face d'une autre, qui était entièrement en fer : celle-ci s'ouvrait aussi de droite à gauche, mais dans l'intérieur de l'antichambre qui précédait la chambre de mon père et formait une des quatre cloisons qui divisaient le second étage de la tour en quatre parties. Les planches qui composaient cette antichambre étaient recouvertes d'un papier gris et noir. Ce papier peint en forme de pierres carrées, représentait une voûte de prison. En entrant dans cette pièce, on voyait en face sur le côté gauche une porte à deux battans dont la partie supérieure était vitrée ; et près de cette porte était affiché un papier carré oblong et blanc sur lequel étaient écrits les droits de l'homme en grands caractères noirs. Tout cela était encadré, et le cadre était entouré d'autres papiers aux trois couleurs. La porte vitrée donnait dans la salle à manger : en entrant dans l'antichambre on avait deux objets en face ; c'est pourquoi j'ai dit que la porte vitrée était en face, au côté gauche, car vis-à-vis, au côté droit, on y voyait une porte d'entrée dans la chambre de mon père. Cette porte était ouverte pendant le jour, pour que les municipaux pussent toujours avoir les yeux sur mon père. Très-souvent des gens fort grossiers ne quittaient même pas cette chambre pendant la durée de leur service. La nuit seulement, cette porte était fermée, et les municipaux mettaient leur lit en travers afin que nous ne pussions entrer dans leur pièce, car il y en avait qui avaient peur de nous. La chambre de mon père avait encore deux autres issues : l'une qui donnait dans la salle à manger et l'autre dans la chambre de Cléry.

» Depuis mon retour dans ma patrie, M. Letor qui demeure à Paris m'a remis le journal de Cléry, dans lequel j'ai trouvé la description de l'intérieur des appartemens habités à cette époque par moi, mon père et lui. *Cette description ne peut pas venir de Cléry lui-même, parce qu'elle est tout-à-fait inexacte.* Cet ouvrage est la propriété des libraires Patris et Chaumerot jeune : *il a été imprimé le 5 Août 1814* et renferme de grossières erreurs que je ne veux pas songer à réfuter. Il est seulement nécessaire de dire que, lorsque l'issue qui de la chambre de mon père communiquait à celle de Cléry eut été fermée la nuit par la malice de quelques municipaux, il était impossible à ce fidèle serviteur d'entrer chez nous autrement que par la porte vitrée. Cette précaution avait été prise pour que Cléry ne pût entrer sans réveiller les commissaires qui couchaient en travers de la porte d'entrée de la chambre de mon père.

» J'ai dit que le premier étage était voûté ; le second l'était aussi quoiqu'on ne vît pas la voûte, attendu que les quatre pièces avaient un plafond de toile grise ; aussi, rien de la voûte n'était visible que le pilier placé en sortant de la chambre de mon père et seulement dans la salle à manger : on ne l'apercevait pas dans la pièce occupée par les municipaux. Pour confirmer cette vérité je m'en rapporte au témoignage de Madame la duchesse d'Angoulême. La chambre de Cléry avait également une porte de communication dans la salle à manger : en entrant par cette porte on voyait en face, au côté gauche, une autre porte qui donnait dans une tourelle où était la garde-robe. Entre la porte d'entrée de la chambre de Cléry et de la salle à manger, il y avait un petit *recoin*; j'appellerai l'attention de mes lecteurs sur cette circonstance dans le cours de mon histoire.

» La fenêtre de la chambre de mon père donnait sur la cour du Palais, et la fenêtre de celle de Cléry sur le fond du jardin : il y en avait une autre sur la rue de la Corderie. La chambre de Cléry était la seule au second étage qui eut deux fenêtres : la dernière fut fermée par suite d'une trahison dont ma sœur aura gardé la mémoire.

» Il existe peut-être encore quelques individus de cette malheureuse époque qui ont exactement connu, non seulement la division de la tour mais aussi le contenu de la chambre de mon père. J'en appelle donc ici à leurs souvenirs comme une sanction de l'exactitude des miens.

» Le lit de mon père était placé, en entrant par l'antichambre, en face du côté gauche et adossé vers la cloison de la chambre du fidèle Cléry, ou, en entrant de la salle à manger, au côté gauche; de sorte que mon père, lorsqu'il était couché, avait les pieds vers la porte qui donnait dans la chambre de Cléry, et la tête en face du pilier qui, comme je l'ai dit, était visible dans la salle à manger, derrière la porte qui donnait de ce côté dans la chambre de mon père. Vis-à-vis du lit, entre la cloison de l'antichambre et la fenêtre, il y avait une cheminée enfoncée dans la muraille. Tout le monde peut savoir que cette cheminée existait : mais où était-elle fixée ? C'est une autre question. Dans l'antichambre des municipaux un grand poële chauffait le second étage de la Tour, soit par le plafond, soit par la porte ouverte. Quelle était la forme de ce poële et où était-il posé ? Ce sont là des questions dont je réserve les réponses pour les opposer à l'imposteur que des intrigans ont le projet de me présenter pour adversaire devant les tribunaux.

» Dans cette prison, dont je viens de donner la description, j'ai été enfermé avec mon père et le noble Cléry jusqu'au jour où, séparé de mon père, je fus remis entre les mains de ma malheureuse mère : mais j'ignore la date de cette époque.

» L'impression douloureuse que je ressentis de ce cruel événement attrista mon sommeil de la nuit par une effroyable vision, qui ne fut que trop littéralement prophétique :

» Je me trouvais sur une grande place, où l'on avait élevé un large échafaudage sur deux forts piliers carrés, qui me semblaient être de bois de chêne : une immense multitude de peuple et de soldats de tout genre l'environnait : mon père vêtu seulement d'une chemise, d'une culotte noire, avec des bas blancs et des souliers, se tenait debout au milieu dans l'attitude de quelqu'un qui parle au public. Tout-à-coup, et au même instant, une petite bête, en forme de lièvre, mais recouverte de longs poils rougeâtres qui descendaient jusqu'à terre, sortit comme un éclair du milieu des pieds du peuple, et, s'élançant vers un des piliers avec la rapidité d'un boulet de canon, le brisa en mille morceaux. L'échafaudage s'écroula, je n'aperçus plus alors que le corps de mon père nageant dans son sang. Saisi d'épouvante, je poussai des cris déchirans. Ma tendre mère, dont la sollicitude veillait continuellement sur moi, se précipita pour me tranquilliser ; je lui racontai cet horrible rêve, et elle me défendit d'en parler à qui que ce fût. Toutefois, je remarquai que depuis cette communication ses malheurs s'étaient accrus, et que ses peines étaient devenues plus accablantes qu'auparavant. Très-souvent prosternée aux pieds de mon lit, quand tout le monde la croyait endormie, elle adressait ses prières à Dieu, la plupart du temps en allemand ; et toujours les derniers accens de sa voix étaient étouffés par ses sanglots. Je l'ai surprise même bien des fois se jetant à genoux sur son lit et répétant avec angoisse : « O mon Dieu ! sauve-le à cause de ta miséricorde divine ! » Rien ne m'échappait des mouvemens et des paroles de cette mère de douleurs ; car nos deux lits se touchaient. La sagesse du Tout-Puissant en avait décidé autrement. Moi, et ma sœur, qui me méconnaît, nous devions seuls survivre à la monarchie de France brisée par la hache des assassins. *Les Français ont détruit le bon arbre, espérant cueillir des figues sur des chardons ; combien n'ont-ils pas été cruellement abusés ! En vain ils ont cherché les sources du bonheur public dans le sein des factions ; ils se sont convaincus, par les désastres communs, que l'ivraie ne peut pas produire de bon grain, et que toute maison dont Dieu n'est pas l'architecte, tout établissement quelconque qui n'est pas fondé sur la justice et la vérité, tôt ou tard tombe en ruine ; ils moissonneront selon ce qu'ils ont semé.*

» Quand on m'eut arraché des bras de mon infortuné père, j'habitai donc avec ma mère, ma tante et ma sœur, le troisième étage de la tour, qui était presque divisé comme le second, excepté que la chambre de ma mère n'avait d'autre porte de communication avec la chambre de ma tante que par la chambre qu'occupaient Tison et sa femme.

» La chambre de ma tante et celle de ma mère étaient séparées par une cloison en planches. En entrant dans la chambre de ma mère, son lit était placé au côté gauche adossé à cette cloison ; le lit de ma tante, en entrant dans la chambre, était au côté droit, de sorte qu'il n'y avait d'autre intervalle entre les deux lits que l'épaisseur de cette cloison ; le mien fut mis au pied du lit de ma bonne et tendre mère, qui se réveillait au moindre mouvement que je faisais pendant la nuit, en me demandant si je n'étais pas malade. Le lit de ma sœur, dans la chambre de ma tante, était placé de la même manière, auprès de la fenêtre dans le coin à droite. Un petit cabinet, comme celui de mon père, pris dans la tourelle, était tout ce qui composait notre demeure. Dans la chambre de ma mère il y avait un fauteuil, dont l'étoffe était verte, et le bois peint en blanc. Je fais mention de ce fauteuil parce que mon père s'en servait très-souvent pour faire un sommeil de quelques instans après son dîner. Je suis resté dans cette prison jusqu'au moment où je fus livré entre les mains de Simon et de sa femme.

» Ce n'est point ici le lieu ni le temps de révéler ce que la tyrannie m'a fait éprouver dans cette indicible situation de ma pénible enfance. A l'exemple de ma famille mes espérances reposaient en Dieu. Dans ce séjour de larmes, mon incomparable mère m'avait fait apprendre deux petites prières par lesquelles j'intercédais la Bonté Infinie, pour nous, pour nos amis et pour la France. Je priais, sans avoir trop l'intelligence de ce que c'était que prier. Je n'étais jamais le dernier à genoux, quand je voyais ma mère, ma tante et ma sœur se prosterner. Avec elles, je vivais comme si j'eusse été dans la compagnie des anges. Mais cette consolation fut de courte durée ; mes bourreaux vinrent, une nuit, m'arracher de leurs bras, pour me transporter dans un donjon séparé. Sans vouloir exciter la compassion de mes lecteurs ni de ceux qui jugeront mon histoire, je ne tairai pourtant pas que ma navrante séparation d'avec ma tendre mère, ma tante et ma sœur, me fit verser un torrent de larmes que pouvait comprimer la dureté seule de mes geôliers. Pour achever de détruire entièrement jusque dans sa racine la dernière tige de ma royale famille, on m'avait ainsi livré à la discrétion de misérables qui, dans ces temps d'anarchie et d'impiété, se faisaient un mérite d'être cruels envers moi. Sans secours désormais, sans espérance, sans amis auprès de moi, je fus privé des dernières douceurs qu'il me fut donné de goûter durant ma longue captivité, jusqu'au jour tant désiré de ma délivrance. Combien je ressentis durement l'horreur de ma nouvelle situation, soumis ainsi que je l'étais à l'affreuse surveillance d'êtres dénaturés qui n'avaient de l'homme que l'apparence !

» Je fus plus malheureux encore après l'éloignement de Simon et de sa femme qui déjà avaient commencé à me traiter moins brutalement.

» On m'enferma seul dans la chambre autrefois occupée par Cléry. Comme je l'ai dit, cette chambre était alors tout-à-fait transformée en prison. La porte qui communiquait à la salle à manger avait disparu, et on l'avait remplacée par une espèce de poêle qu'on allumait par le petit *recoin* dont j'ai fait mention. Les fenêtres étaient tellement closes que je ne voyais pas clair. On avait fermé la porte de la tourelle qui s'ouvrait sur l'appartement de Cléry, et dans laquelle se trouvait la garde-robe ; ainsi on avait mis dans ma chambre une chaise percée dont l'odeur m'incommodait singulièrement de plus en plus.

» On a dit qu'on *avait fait au travers de la seule porte qui fut disponible un tour pour y déposer mes alimens ; cette assertion est inexacte.* Il existait à la vérité un guichet, mais on ne l'ouvrait que lorsqu'on m'appelait pour s'assurer que j'étais encore là. La porte dans laquelle était ce guichet servait autrefois d'entrée à la chambre de mon père, et c'est par là qu'entraient mes geôliers pour m'apporter journellement deux fois ma nourriture. Depuis cette translation, ce n'étaient plus des voix humaines que j'entendais, c'étaient des hurlemens de bêtes farouches, qui me criaient presque à chaque instant : « Capet, louveteau, race de vipère, viens que je te voie ! » Pendant la nuit même, et à peine étais-je endormi, un nouveau cerbère ouvrait le guichet et me forçait de paraître devant lui. *Fatigué de ces tourmens, je résolus de me faire tuer plutôt que de répondre.*

» Le contenu de ma prison était moi, mon lit, une chaise, une table de bois carrée et oblongue, au-dessous, une cruche d'eau, et un bois de lit seulement, qui avait servi à Cléry. Dans ce déplorable état, personne ne songeait à me fournir du linge ni d'autre vêtemens, et bientôt, rongé par la vermine et par l'infection de ma prison, je tombai malade. Mes geôliers et deux municipaux entrèrent avec d'autre personnes que je ne connaissais pas et que j'ai pensé être des médecins ; car ils m'interrogèrent, me prièrent de leur parler et de leur dire ce que je désirais. Je ne leur fis point de réponse : j'avais bien des raisons de garder le silence ; et ces raisons, j'ai des motifs pour ne pas les faire connaître ici. Tout enfant que j'étais, j'avais le sentiment de mes souffrances, plus fort peut-être que n'auraient pu l'avoir des personnes beaucoup plus âgées que moi. Aussi ma langue était comme paralysée, lorsque je voyais quelqu'un des êtres préposés à ma garde. On m'envoya afin un *garde-malade* qui, en se présentant chez moi, accompagné de plusieurs municipaux, me questionna beaucoup. Je le traitai comme les autres et ne lui répondis pas. Mais bientôt celui-là me fit nettoyer par une femme qui m'est inconnue ; ce qui me procura de grands soulagemens. On me donna du linge et un habit grisâtre ; mon lit fut arrangé et fourni de linge blanc ; ma chambre fut purifiée, et les punaises qui me tourmentaient considérablement furent détruites ; enfin pour me donner de la lumière on enleva un abat-jour qui l'obstruait.

» A cette époque, des amis avaient formé le projet de me soustraire à mes bourreaux ; on ne tarda pas à en comprendre l'impossibilité. Un seul chemin conduisait à moi ; et cette unique issue était si soigneusement gardée qu'on n'eût pas fait entrer ou sortir une souris sans être apperçu.

» La tourelle où était l'escalier avait une seule porte, près de laquelle jour et nuit s'exerçait une stricte surveillance, en dedans comme en dehors. Quiconque arrivait pour pénétrer dans la tour était conduit pour être fouillé devant le conseil municipal logé au rez-de-chaussée. Au sortir de la tour, même investigation par ce conseil, dont on ne pouvait pas dépasser la porte, parce qu'un factionnaire y était constamment en faction, et que l'escalier qui correspondait à tous les autres étages communiquait également avec le rez-de-chaussée, seule pièce occupée par les hommes de la municipalité. La consigne était d'y conduire tout le monde sans exception. Le corps de garde se tenait au premier étage qui, sans être divisé, composait une seule pièce voûtée comme celle du rez-de-chaussée. Lorsque la sentinelle du premier suspectait quelqu'un de ceux qui sortaient de la Tour, elle avait l'ordre, de même que pour ceux qui entraient, de les amener devant le conseil, lequel faisait reconduire tout individu jusqu'en dehors de la Tour par un ou deux municipaux. Cette rigoureuse surveillance avait été prescrite, parce que le projet de mon enlèvement s'était divulgué : mais mes amis avaient juré de risquer leur vie pour m'arracher aux mains de mes bourreaux qui avaient l'intention de me faire mourir.

» Par conséquent comme il était impossible de me faire évader, on *résolut de me cacher dans la Tour même,* pour faire croire à mes persécuteurs que j'étais sauvé. La pensée était audacieuse ; toutefois c'était le seul moyen de faciliter l'enlèvement qu'on avait concerté. Rien n'était plus pratiquable que de me faire disparaître pour le moment. En sortant de chez moi, personne n'escortait ceux qui descendaient jusqu'au premier les objets dont je m'étais servi. Mes amis étaient donc bien convaincus qu'on pouvait me transporter plus haut sans aucun risque d'être découvert. En effet, quoique ma sœur fut enfermée *au troisième*, elle n'avait à cette époque, ni sentinelle, ni municipaux pour sa garde. L'expédient laissait entrevoir des chances presque certaines de succès. Alors un jour, mes protecteurs me firent avaler une dose d'opium que je pris pour une médecine, et bientôt je me trouvai moitié éveillé, moitié endormi. Dans cet état, je vis un enfant qu'on me substitua dans mon lit, et moi je fus couché au fond de la corbeille dans laquelle cet enfant avait été caché sous mon lit. J'entrevoyais, comme si c'eut été un rêve pour moi, que l'enfant n'était autre qu'un mannequin dont le masque représentait très-naturellement ma figure. Cette supercherie se passait au moment où la garde fut changée ; celle qui la remplaça se contenta de visiter l'enfant, afin de certifier ma présence, et il lui suffit d'avoir vu un être dormant dont le visage était le mien : *mon silence habituel contribua encore à fortifier l'erreur de mes nouveaux argus.* Cependant j'avais entièrement perdu connaissance, et, lorsque je repris mes sens, je me trouvai enfermé dans une grande pièce qui m'était tout-à-fait étrangère : c'était *le quatrième étage de la Tour.* De vieux meubles de toute espèce encombraient cet étage, au milieu desquels on m'avait disposé un gîte qui communiquait avec un cabinet pris dans une tourelle où l'on m'avait mis de quoi vivre. Toute autre issue était barricadée. Avant de m'y cacher un de mes amis, que je nommerai dans le cours de cette histoire, m'avait fait comprendre de quelle manière je serais sauvé, sous les conditions de supporter toutes les peines imaginables sans me plaindre ; ajoutant qu'un seul mouvement imprudent entraînerait ma perte et celle de mes bienfaiteurs; et il insista surtout pour que, tant que je serais caché, je ne demandasse pas le moindre secours, *et conservasse toujours le rôle d'un véritable muet.*

» A mon réveil je me rappelai les recommandations de mon ami, et je pris la ferme détermination de mourir plutôt que de les enfreindre. Je mangeais, je dormais, et j'attendais mes amis avec patience. Je voyais mon premier sauveur de temps en temps, la nuit, lorsqu'il m'apportait ce dont j'avais besoin. Le soir même le mannequin fut découvert : mais le gouvernement d'alors trouva bon de tenir secrète mon évasion qu'il croyait consommée. *Mes amis de leur côté, pour mieux tromper les sanguinaires tyrans, avaient fait partir un enfant sous mon nom dirigé, je crois, vers Strasbourg.* Ils avaient même accrédité l'opinion, et fait donner avis aux gouvernans que c'était bien moi qu'on dirigeait ainsi sur cette ligne. Enfin le pouvoir, à l'effet de masquer entièrement la vérité, *mit à la place du mannequin un enfant de mon âge réellement muet,* et doubla la garde ordinaire; cherchant ainsi à affermir la croyance que c'était bien moi encore. Ce surcroît de précautions empêcha mes amis de consommer l'exécution de leur projet tel qu'ils l'avaient concerté. Je restai donc dans ce maudit trou où j'étais comme enterré tout vivant.

» J'avais à cette époque environ neuf ans et demi, et déjà accoutumé à la dureté par mes longues souffrances, je fis peu de cas du froid que je ressentais, car ce fut pendant l'hiver qu'on me claquemura au quatrième étage. Mes amis avaient su s'en procurer les clefs pour préparer auparavant ce qui était nécessaire à mon séjour. Personne ne pouvait soupçonner que j'étais là : cette pièce ne s'ouvrait jamais. Si quelqu'un s'y fût introduit, on n'aurait pas pu me voir, et l'ami qui me visitait ne parvenait jusqu'à moi qu'en marchant à *quatre pattes.* S'il éprouvait des obstacles, je demeurais tranquille comme un malheureux au fond de mon oubliette.

» Très-souvent il y avait plusieurs jours que j'attendais la venue des êtres bienfaisans qui me nourrissaient. Mes lecteurs désireraient sans doute que je leur fisse connaître ces grandes âmes, ces magnanimes protecteurs. Je ne le puis dans ce récit. La prudence m'est recommandée par les menées de mes ennemis politiques, qui se promettent de m'opposer en justice un individu, à l'occasion duquel on a déjà fait tant de dupes à mon préjudice :

ainsi je dois les attendre devant les tribunaux. Que mes lecteurs prennent donc patience ; car ces ennemis politiques sont de grands coupables et des loups recouverts de la peau de brebis ; ce sont eux qui par leurs perfidies ont empêché et empêchent toujours la vérité de parvenir à ma sœur. Ce sont eux qui, perpétuellement par leurs calomnies infâmes, trahissent la confiance de cette fille du roi martyr, de cet ange de vertu, car c'est ainsi qu'ils l'appellent ; mais ils ne craignent pas de lui préparer pour l'avenir de nouvelles angoisses, en égarant sa religion, et en lui refusant le bonheur de retrouver son véritable frère. Pourquoi toutes ces trames machiavéliques ? Parce que le fils de Louis XVI ne leur convient pas : aussi ont-ils combattu tous mes efforts successifs pour me faire reconnaître, par les combinaisons des plus basses intrigues, *et par les faux Dauphins qu'ils tiennent constamment en réserve, et qu'ils jettent en avant, dès que le vrai duc de Normandie élève la voix et réclame la justice qu'on lui doit.* Des ministres d'un Dieu de paix et de vérité n'ont pas rougi de souiller leur caractère afin de diviniser en quelque sorte le mensonge. Il en est qui, méconnaissant les devoirs de la religion, par un abus dont Dieu leur demandera compte un jour, ont répandu l'effroi dans des consciences droites qui croyaient à mon existence, et dont l'âme péniblement affectée a cherché des guides et des directeurs selon l'esprit des doctrines de notre sauveur. En m'exprimant ainsi, mon intention n'est point d'exciter contre qui que ce soit, moins encore contre mes adversaires prêtres, aucun sentiment d'amertume. Je te prie donc, cher lecteur, de bien comprendre que mes ennemis m'ont réduit à la dure nécessité, que je déplore souverainement, de proclamer des vérités, désolantes à dire, pour le besoin indispensable de ma propre justification. En face des magistrats qui me jugeront, en face de l'Europe entière, chacun produira ses preuves ; c'est là que je démasquerai mes contradicteurs : ils seront étourdis du poids de leur malice qui retombera sur leur tête ; car malheur à ceux qui craignent l'éclat de la lumière ! Le crime seul s'enveloppe dans les ténèbres, la vérité veut le grand jour, et je n'ai cessé d'invoquer son témoignage infaillible. Que tous les gens de probité soient donc pour la justice : je les appelle à mon aide, je les invite à dessiller les yeux de Madame la duchesse d'Angoulême, à informer cette sœur infortunée des faits que j'avance ici.

» Nous étions encore enfermés dans la petite Tour, lorsque nous descendîmes un jour nous promener dans le jardin. Un jeune factionnaire placé au bout de l'allée, au fond du jardin, nous faisait comprendre par signes qu'il était un de nos amis ; on l'avait mis là, pour nous empêcher d'aller plus loin. Ce factionnaire avait l'air d'être encore bien jeune, et malgré ses vingt-huit ou vingt-neuf ans on lui en aurait donné dix-huit. *C'était une femme déguisée dont le mari avait été assassiné le 10 Août.* Plus tard je nommerai cet aimable et fidèle factionnaire et ma sœur reconnaîtra la vérité.

» Pendant que j'étais seul au quatrième étage bien des choses se sont passées sur lesquelles actuellement, pour raison, je m'abstiens de m'expliquer. Je ne puis que raconter ce qui m'était communiqué par mon ami Montmorin, ami fidèle jusqu'à la mort, et qui a été bien connu de Madame la duchesse d'Angoulême dans d'autres circonstances.

» Le gouvernement révolutionnaire, par suite de sa position politique, avait jugé convenable de ne pas laisser divulguer l'état des choses ; conséquemment il avait remplacé le mannequin par un enfant muet. Malgré cette ruse, et comme il existait bien des gens qui avaient parfaitement connu le véritable Dauphin, on donna l'ordre de ne laisser entrer aucune des personnes qui avaient cette connaissance afin d'éviter toute possibilité d'être trahi. Pour vérifier l'existence du prétendu Dauphin, on envoyait seulement des individus qui étaient dans le secret, ou d'autres qui ne me connaissaient pas. Je ne puis me rendre compte comment, en dépit de toutes ces précautions, le bruit s'est sourdement répandu que le véritable Dauphin n'était plus dans la Tour. De telles indiscrétions effrayèrent les agitateurs, et l'on décida de faire mourir l'enfant muet. A cet effet, on mêlait à ses alimens des substances qui le rendaient malade, et afin de détourner le soupçon d'un assassinat, **M. Desault** fut introduit, non pour le guérir, mais pour feindre l'humanité. M. Desault visita l'enfant, et vit bientôt qu'on lui avait donné une espèce de poison. Il fit préparer un contre-poison par son ami Choppart, pharmacien, *en lui déclarant que l'enfant qu'il soignait n'était pas le fils de Louis XVI, qu'il avait connu auparavant.* La révélation de M. Desault se répéta : les meurtriers de ma famille, pleins d'effroi, voyant que la vie du muet se prolongeait au travers de leurs tentatives d'empoisonnement, *lui* *substituèrent un enfant rachitique tiré d'un des hôpitaux de* Paris. Cette mesure les rassurait encore sur l'appréhension qu'ils avaient que par accident, on ne vînt à s'apercevoir que le muet l'était réellement; et pour se soustraire à de nouvelles trahisons ils *firent empoisonner Desault et Choppart*. Les soins donnés au dernier substitué le furent par des médecins qui, n'ayant jamais vu ni le véritable Dauphin ni l'enfant malade, crurent naturellement que c'était moi qu'ils soignaient.

» Voici les preuves de ce que j'avance : tandis que j'étais encore enfermé avec mon père et Cléry, des amis dévoués s'étaient entendus pour enlever, la nuit, moi et mon père, pendant que des hommes fidèles eussent monté la garde. La Providence a voulu que ce projet fût trahi, et pour en prévenir l'exécution mes bourreaux ordonnèrent *qu'un verrou fût placé dans l'intérieur de l'antichambre*, où deux municipaux couchaient la nuit, enfermés avec nous. C'était un moyen sûr d'éviter toute surprise, puisqu'ils étaient obligés d'aller ouvrir eux-mêmes à quiconque demandait l'entrée de l'antichambre. Afin de fixer ce verrou, on envoya un jour deux ouvriers pratiquer deux trous dans le mur; *un d'eux*, pendant le déjeûner, s'approcha de mon père, avec lequel j'étais dans l'antichambre, et lui fit des signes : *nous n'étions que tous les trois, lorsqu'il remit trois rouleaux*. C'était de l'or, dont nous avions besoin en ce moment. L'ouvrier voulait encore parler et confier d'autres communications à mon père, mais il fut rappelé; mon père pensant être découvert déposa les rouleaux sur moi et fit sortir l'ouvrier de chez nous. La crainte était mal fondée. Quelques jours plus tard, mon père me chargea de remettre *un de ces rouleaux entre les mains de ma bonne tante*. L'homme qui les avait apportés se nommait J. P. Cet homme de bien avait reçu de mon père une lettre pour nos amis du dehors, et par sa conduite il s'était acquis une haute confiance : aussi fut-il chargé plus tard d'entreprendre mon enlèvement, pour lequel des hommes très haut placés dans le gouvernement révolutionnaire avaient reçu de très-fortes sommes de la part d'un puissant personnage. *J. P. se présenta et il reçut, non pas moi, mais le muet à ma place*. D'après les ordres qui lui furent donnés, il mena l'enfant sauvé entre les mains de Madame Joséphine de Beauharnais, qui devint impératrice des Français. Cette dernière, en voyant l'enfant, s'écria : «Malheureux! qu'avez-vous fait? Vous avez livré par cette erreur le fils de Louis XVI aux assassins de son père. » Joséphine avait bien connu auparavant le véritable Dauphin, ainsi que l'enfant muet ; *car c'était elle qui l'avait procuré à Barras, lorsqu'il fut substitué au mannequin.* L'exactitude de ces faits sera prouvée irrécusablement en justice. Le malheureux muet était donc sorti au lieu de moi, et moi je languissais encore dans la Tour. Remarquez bien qu'on avait trompé le personnage important qui avait fourni l'argent destiné à mon évasion : *ainsi la translation du muet n'était pas l'œuvre de mes amis*, et cette circonstance explique les paroles de Madame de Beauharnais : « Malheureux ! qu'avez-vous fait ? » Elle croyait pour le moment que l'entreprise avait été trahie, que, reporté dans le lieu d'où j'avais été enlevé, ma perte devenait désormais assurée, et que Barras avait employé cette supercherie pour se tirer d'embarras. *Elle ignorait alors que l'enfant muet avait été remplacé par un autre très-malade.* Des motifs impérieux contraignirent le gouvernement à accélérer la fin de cette victime infortunée. Elle mourut, m'a-t-on dit, *le 8 Juin 1795*, et après l'autopsie, *son cadavre fut déposé dans une caisse pour être ensuite enterré.* Cette caisse, ainsi que le cadavre, fut placé dans la chambre habitée autrefois par mon père. Pendant cette opération, j'avais reçu une forte dose d'opium. On me mit dans le cercueil, d'où l'on retira l'enfant autopsié, et le tout fut effectué presque à la même heure où on venait chercher le cercueil pour le transporter au cimetière. A peine l'enfant mort fut-il caché au quatrième étage, lieu où j'étais, que mes amis instruits de ce qui se passait chargèrent dans une voiture le cercueil qui me renfermait. Certes, ceux qui ne savaient rien crurent qu'on allait m'enterrer. Mais la voiture était préparée. En allant au cimetière, on me mit dans un coffre qu'on avait pratiqué au fond de la voiture, et pour laisser au cercueil la même pesanteur on le remplit de vieilles paperasses. Dès que le cercueil fut enfoui dans la fosse, mes amis rentrèrent avec moi dans Paris. Là je fus confié aux mains d'autres amis, sans que je puisse me rappeler la moindre chose à cet égard. Lorsque je me réveillai, je me trouvai dans un lit et dans une chambre fort propres, seul, avec *ma garde-malade*, qui était Mme ***, *la jeune factionnaire du jardin du Temple.* Très-heureusement cette opération se fit rapidement, car à peine avais-je été mis en sûreté que le mystère de tout fut dévoilé. Mais malgré les efforts de mes persécuteurs à me ressaisir, j'étais sauvé et bien caché. Déjà *le public à cette même époque répétait que ce n'était pas moi qui avais été enterré.* Ces propos intimidèrent le gouvernement qui donna l'ordre à ses agens de *déterrer le cercueil,* de le clouer fortement et de l'enterrer ailleurs, afin qu'on ne pût le trouver en cas de recherche. Nonobstant ces mesures, partout on fit des investigations sous divers prétextes. Mes amis, appréhendant que je ne vinsse à être découvert, me déguisèrent et m'envoyèrent dans une voiture hors de Paris, jugeant à propos de m'éloigner de la capitale. En même temps, pour donner le change à mes ennemis, *ils firent partir avec ses parens, sous mon nom, un enfant natif de Versailles.* Des serviteurs fidèles me reçurent en route avec la plus rigoureuse discrétion et les plus tendres soins, car je devais me rendre au milieu de l'armée Vendéenne. Les attentions les plus délicates dont j'étais entouré ne me préservèrent pas d'une maladie, qui fut la suite inévitable de toutes les infortunes que j'avais eu à subir, et sous le poids desquelles succomba afin ma santé. Je demeurai seul avec Mme *** qui ne me quittait pas, et me soigna avec la plus touchante affection. Dès que je fus à motié rétabli, elle s'occupa de m'instruire dans la langue allemande, afin que je pusse passer plus facilement pour son fils quand les circonstances permettraient que je reprisse mes vêtemens. Elle était née en suisse et, comme je l'ai rapporté plus haut, veuve d'une victime du 10 Août. Pendant tout le temps que je restai avec elle, dans le château d'un de mes amis, je ne voyais personne. Seulement un jour, il vint trois individus vêtus d'un uniforme que je ne connaissais pas; elle me dit que c'était le général Charette avec deux de ses amis.

» Ma maladie a duré longtemps, et se développait sous un aspect bien singulier : j'étais enflé à toutes les articulations, et je marchais péniblement; quand tout-à-coup il se forma sur tout mon corps des ulcères, dont je porte encore aujourd'hui les cicatrices. Cette crise dissipa les douleurs qui me déchiraient, et peu à peu ma guérison se consolida. »

Un journal de Londres, le *Morning Herald* du mois de Novembre 1842, contenait un article ainsi conçu :

» Le chevalier Auriol vient d'offrir au gouvernement français la vente d'un petit compas, auquel se rattache une histoire assez curieuse. Cet instrument, qui est renfermé dans un étui doré de manufacture anglaise, fut autrefois envoyé à Louis XVI avec d'autres instrumens d'astronomie par un descendant de Sir Isaac Newton. Il paraît qu'ensuite *il fut donné par l'infortuné monarque au Dauphin, qui l'eut dans la prison du Temple, et où il le remit à un fidèle serviteur qui l'avait aidé de son assistance pour tenter de le faire évader.* Le chevalier Auriol avait fait ses études à Brienne avec Napoléon et l'accompagna en Egypte. Là il eut l'occasion de montrer le petit compas à Napoléon qui, l'ayant admiré, en reçut l'hommage. Napoléon, à son retour en France et devenu empereur, étant comme on sait superstitieux, attachait un grand prix à cet instrument. Il fit graver dessus la lettre N. surmontée de la couronne impériale, s'en servit dans ses campagnes et ne le quitta qu'à sa captivité de S^{te}. Hélène. Alors, soit qu'il le considérât comme un talisman inutile, soit pour reconnaître la générosité désintéressée du donateur, il l'offrit à Mme Auriol. Le maréchal Soult est maintenant en négociation avec le chevalier pour en faire l'acquisition, afin de placer cette royale et impériale relique au nombre des autres objects, conservés à l'hotel des Invalides, comme ayant appartenu à Napoléon. »

Nos amis Anglais me demandèrent des explications à ce sujet, et le Prince voulut bien me donner celles ci-après :

« Mon royal père, dans le temps de sa douloureuse captivité, me donna en effet un petit compas qui était alors dans une boîte que je reconnaîtrais parfaitement si elle m'était représentée. N'ayant pas vu le compas dont il est question je ne puis affirmer que c'est celui que je possédai au Temple, mais j'en pourrais également constater l'identité si je le voyais. Mme la duchesse d'Angoulême et moi, nous sommes les seuls à pouvoir expliquer comment le compas du Temple y fut introduit. Comment se fait-il que Napoléon en soit devenu propriétaire par le chevalier Auriol ? Je ne puis me l'expliquer.

» A l'époque où je fus enfermé avec ma royale famille dans la grande Tour du Temple, ainsi que je l'ai dit, j'occupais avec mon infortuné père et le fidèle Cléry le second étage de la Tour. La chambre de mon père donnait sur l'angle droit de la cour et, en y entrant, son lit était à gauche : le mien se trouvait aux pieds, du même côté. Entre mon lit et la muraille, vers le Temple, il y avait une porte d'entrée qui communiquait à un petit corridor, lequel menait dans une tourelle où se trouvait le garde-robe. Dans ce petit corridor, il y avait une croisée en face de la porte placée entre la chambre de mon père et celle de Cléry. Plus tard, cette porte fut fermée, afin que Cléry ne pût plus entrer dans la chambre de mon père, pendant la nuit, sans passer par l'antichambre gardée par nos geôliers, qui couchaient devant la porte principale. Dans ce temps-là de nombreux amis songeaient à me délivrer des mains qui me tenaient enchaîné. Ma bonne mère partageait ces espérances. En conséquence, elle écrivit elle-même toutes les marques que je portais sur mon corps, afin que je fusse dans tous les cas infailliblement reconnu.

» C'est de là qu'est venu le bruit que la reine de France avait marqué ses enfans, tantôt par une bague, tantôt par un tatouage, tantôt par d'autres moyens ; et surtout qu'elle avait fait à la cuisse gauche de son fils l'image du S^t. Esprit en forme de pigeon : j'atteste que toutes ces versions sont autant d'erreurs, et je m'en rapporte à Mme la duchesse d'Angoulême elle-même. Il est vrai qu'en effet la nature a tracé, sur ma cuisse gauche, l'image d'un pigeon, les ailes ouvertes et plongeant. Ce signe dessiné par des veines a été parfaitement décrit et mon père, en confirmant la description de sa conformité, l'a scellée de sa signature et de l'empreinte du cachet dont il se servait à la tour du Temple.

» Cléry étant enfermé dans sa chambre, pendant la nuit, mon père profita de cette circonstance pour faire un trou derrière une planche qui se trouvait adossée à la muraille, dans la garde-robe de la susdite tourelle, et y cacha entre autres papiers ceux que j'ai mentionnés ci-dessus qui me concernaient. Mon père me fit voir cette cachette et me défendit d'en parler à qui que ce fût. Il était convaincu que ma discrétion d'enfant était inviolable. J'étais alors dans ma huitième année. Brusquement, et sans que personne de ma royale famille en eût été prévenu, je fus séparé de mon père et remis entre les mains de la meilleure et de la plus tendre des mères qui ait jamais existé sur cette terre. Je n'ai revu mon infortuné père que le soir du 20 Janvier 1793, et depuis notre séparation personne de nous n'avait eu accès dans la chambre que j'avais habitée auparavant avec lui. Plus tard des tigres à figure humaine m'arrachèrent des bras de ma bonne mère, et me reconduisirent dans la chambre de la royale victime, où j'ai vu mon geôlier Simon coucher avec sa femme dans le lit de mon père, tandis que moi je couchais dans le mien, à ses pieds ; ces meubles n'ayant pas été changés de place. Je me gardai bien d'aller visiter la cachette : j'étais alors dans ma neuvième année. Cet homme grossier m'a fait bien du mal, mais il fut moins cruel que beaucoup d'autres. J'ai vu des êtres bien méchans et qui m'effrayaient plus que lui. Mes geôliers modernes l'ont surpassé en barbarie. Simon fut enfin remplacé par un être humain nommé *Laurent*. Alors je fus enfermé seul dans la chambre de Cléry. La porte d'entrée du petit corridor fut condamnée, de sorte que je ne pouvais plus aller à la garde-robe dans la tourelle. La seule porte par où j'entrais dans ma chambre donnait sur l'antichambre de mon père, où couchaient mes nouveaux gardiens. *Laurent* était envoyé par Madame *de Beauharnais*, sous l'autorité de *Barras*, pour adoucir mes peines et préparer les moyens de me sauver. Il était Créole comme *Joséphine* que j'avais connue dans mon enfance, jusqu'aux derniers jours de notre résidence aux Tuileries. Son époux M. de Beauharnais était en liaison avec nos ennemis, et ce fut à cette circonstance que Joséphine sa femme dut d'être protégée et sauvée par Barras qu'elle mit dans mes intérêts, et qu'elle détermina à l'assister pour opérer ma délivrance. Laurent ne me connaissait pas alors, je ne dirai point ici ce qui lui valut ma confiance toute entière.

» J'avais confié le mystère de la cachette de la garde-robe à ma mère qui, par sa correspondance secrète, en avait fait confidence aux amis Vendéens. Après l'assassinat de mon malheureux père, le bruit s'étant répandu hors de ma prison que le véritable Dauphin n'était plus dans la Tour du Temple, nos amis qui savaient que mon père m'avait remis *telle* et *telle chose* me firent demander par Laurent, sous la direction de Joséphine de Beauharnais, si j'avais toujours *ces objets*. Sur ma réponse affirmative, Laurent me dit que mes amis désiraient que je les leur remisse par son intermédiaire, pour les rassurer sur mon identité avant ma délivrance.

» J'indiquai à Laurent la cachette, en lui disant qu'il y trouverait aussi un petit compas de poche, dans un étui en maroquin rouge. Les commissaires de la commune étant venus faire une perquisition tellement minutieuse, qu'ils fouillèrent mon père *jusque sous sa chemise* pour lui enlever tout ce qu'il pouvait posséder encore, j'avais d'abord caché ce petit compas dans la chambre de Cléry; le lendemain je le repris pour le mettre en sûreté dans le trou de la muraille. Laurent a positivement remis les papiers en question, ainsi que le compas, au *général de Frotté* qui, avant de quitter Paris, les confia au marquis de Briges, duquel les reçut; en dernier lieu, mon fidèle ami le comte de Montmorin. Montmorin me délivra ultérieurement tout ce que lui avait remis M. de Briges à l'exception du compas dont je n'avais plus entendu parler jusqu'à ce jour. »

Le Prince me fit en outre cette révélation importante :

« Dans la maison où je fus caché, au retour du cimetière, j'ai revu le bon et fidèle *Laurent*, ainsi que Joséphine de Beauharnais. Lors de leur première rencontre, elle demanda à Laurent, en ma présence, comment on s'était débarrassé de l'enfant mort. Laurent lui répondit que le petit infortuné, dans la nuit d'après ma sortie de la Tour, *avait été enterré dans le jardin du Temple.* »

Son altesse Royale continue son récit en ces termes :

« Malgré le mystère qui nous enveloppait et la solitude dans laquelle nous vivions, malgré les plus strictes précautions, et les soins de la plus inquiète sollicitude, nous ne pûmes pas néanmoins échapper à la trahison; des gendarmes entrèrent nuitamment dan notre résidence, m'arrachèrent de mon lit, pendant que j'étais avec Madame ***, et me reconduisirent en prison.

» Tandis que j'étais relégué au château dont j'ai parlé, je savais qu'un Monsieur B..... — le marquis de Briges — accompagné d'un Suisse natif de Genève, était en correspondance avec Madame ***. Il avait une autre amie, autrefois dame du palais de ma bonne mère. C'étaient eux qui nous fournissaient alors toutes les choses qui nous étaient nécessaires. J'ai vu M. de Briges, de loin, toujours déguisé en vieux paysan; mais à cette époque il m'était inconnu. Il entretenait aussi une correspondance avec Madame de Beauharnais, qui me fit encore évader de la nouvelle prison. On me remit entre les mains de M. de Briges, auprès duquel je trouvai une jeune fille appelée Marie, et son chasseur Jean, dont le véritable nom est Montmorin. Mes lecteurs, ainsi que tous les anciens français, admireront cette âme fidèle dans le cours de mon histoire. »

— Le comte de Montmorin était un jeune seigneur qui faisait parti des prisonniers de la conciergerie du palais à Paris, lors des massacres du 2 Septembre 1792. Laissé pour mort au milieu des cadavres, il parvint à sauver sa vie. Depuis ce moment, son existence fut un mystère; il la consacra, par un dévouement sublime et la plus rare intrépidité, à protéger les jours de son jeune monarque. Nous le verrons mourir de la mort des braves, en versant son sang pour sa défense. C'était une de ces âmes d'élite qui ne transigent jamais avec l'honneur et préfèrent l'héroïsme du devoir au sordide intérêt matériel. Combien sa belle conduite fait ressortir la honteuse défection de la noblesse, qui n'a eu que des outrages à offrir au dernier rejeton de nos Rois; qui n'a encore que de lâches mépris pour sa mémoire et sa famille délaissée ! Obligé de parcourir une série d'infortunes imposées par deux générations à une famille Royale, tombée plus bas dans l'échelle sociale que les derniers d'un État, puisqu'on lui refuse même une origine; l'esprit s'arrête un instant pour contempler l'homme de bien dont la mémoire vivra grande comme sa fidélité, chère à tous les nobles cœurs. On éprouve un sentiment délicieux par la pensée de son héroïsme; on l'envie, on voudrait avoir été lui ; et l'âme se sent un moment soulagée du spectacle des crimes de la politique. Le marquis de Briges aussi, non moins brave que son *chasseur*, avait échappé providentiellement au massacre des Vendéens, abandonné presque mourant sur un champ de bataille; après sa guérison il se voua sans partage au culte de la légitimité. —

» Ces deux amis, » continue le Prince, « dirigèrent dorénavant mes affaires. On fit venir un homme avec son fils qui était de mon âge. Cet homme reçut l'argent qui lui était nécessaire afin de s'embarquer pour l'Amérique, et quand ces mesures furent exécutées, nous prîmes nous-mêmes nos dispositions pour aller à Venise, où nous restâmes quelque temps. Enfin nous partîmes pour Trieste, et de là pour l'Italie, où nous fûmes protégés secrètement par le saint-père *Pie VI*. J'ai en ma possession la copie conforme d'une pièce en latin me concernant, signée de lui : *Pius-Sextus*. Je viens de dire le saint-père : oui, cher lecteur, il l'était dans toute l'acception du mot. Je n'ai jamais revu un vieillard plus noble et plus vénérable, un Roi qui n'a point eu d'imitateurs.

» Ma mère adoptive, la dame Allemande, avec laquelle j'avais demeuré depuis ma sortie du Temple, et en présence de qui j'avais été si violemment enlevé pendant la nuit, s'était remariée. Elle avait épousé un très-honnête homme, horloger de son état. Tous les deux vinrent nous rejoindre en Italie. Tant que nous fûmes ensemble je passais presque tout mon temps avec l'horloger, ayant un goût très-prononcé pour les arts mécaniques. On lui avait procuré quelques outils, et il m'apprenait à monter et à démonter des montres, ce qui me donna une connaissance superficielle de l'horlogerie.

» Pendant les premiers jours de ma résidence dans ce pays, j'avais d'abord été caché au fond d'un cloître. Mais bientôt le Pape jugea à propos de m'en retirer, pour me séquestrer avec mes amis dans une maison de campagne tout-à-fait isolée. La bonne dame et Marie s'occupaient du ménage. Le marquis de Briges était souvent absent ainsi que le *chasseur*. Quant à moi, je ne sortais pas de la maison. Je m'étais toujours flatté de revoir ma véritable mère, car jusque-là je n'avais jamais pu obtenir de réponse satisfaisante lorsque j'insistais pour en avoir des nouvelles. Marie à qui j'en parlais baissa les yeux et laissa échapper un soupir. — Marie, lui dis-je extrèmement ému, je veux savoir le lieu qu'habite ma mère. — Ta mère! me répondit-elle en fixant sur moi des yeux remplis de larmes..... Ta mère! — et elle hésita. — Oui, repris-je, ma mère, où est-elle? — Aux mots qu'elle sanglotta plutôt qu'elle ne les articula : « Ta malheureuse mère n'existe plus! » la foudre aurait éclaté sur ma tête, la terre se serait entre-ouverte sous mes pas, que je n'aurais rien éprouvé d'aussi prompt, d'aussi terrible que ce que je ressentis en entendant ces désolantes paroles. Je fus complètement étourdi, je ne pus ni parler ni réfléchir; mes lèvres s'agitèrent pâles et convulsives, mes genoux se dérobèrent sous moi, mon cœur sembla, par des bonds précipités, vouloir sortir de ma poitrine : je fis un effort et, élevant les bras au ciel, je ne pus que bégayer ces mots : *Maman! Maman!* ma vue se troubla, un froid glacial parcourut tous mes membres, je tombai sans connaissance.

» Revenu aux sentimens de ma douleur, je compris toute l'étendue des infortunes qui devaient désormais assaillir ma pénible existence; je l'envisageai, ce qu'elle fut, comme une suite continuelle de tourmens, de trahisons, de cachots et de traitemens les plus inhumains, sur une terre qui me rejetait, où presque seul dans l'univers, renié par ma sœur, dépouillé par mes oncles, je me voyais contraint à m'envelopper d'un mystère impénétrable. Tel a été en réalité ma vie permanente, car ce n'est qu'au travers d'un océan de tribulations que j'ai été conduit à l'état d'anéantissement par lequel je suis effacé devant la sagesse du siècle.

» Marie fut longtemps inconsolable de sa douloureuse franchise à mon égard, et mes amis la lui reprochèrent sévèrement. Quelque temps après l'arrivée de la dame Allemande et de son mari, l'homme et son fils, embarqués avant nous, nous retrouvèrent également, et vinrent pour nous servir. Mais quand l'armée révolutionnaire pénétra en Italie, mon vénérable protecteur Pie VI tomba au pouvoir de mes ennemis politiques, mes persécutions recommencèrent et nous forcèrent de nous cacher. Nous enterrâmes secrètement nos petites richesses, et quittâmes au milieu de la nuit notre asile. Il était déjà trop tard, car une horrible trahison, que je ne mentionnerai pas autrement ici, me précipita dans de nouvelles calamités. L'homme avait disparu avec son fils, et la maison que nous avions occupée jusque-là, et qui appartenait à un ami du saint-père, fut brûlée. Déjà un affreux événement avait jeté l'épouvante dans nos cœurs : la bonne dame et son mari étaient morts presque subitement le même jour. Ce fut notre chasseur qui, après quelques jours d'absence, reparaissant tout-à-coup, nous prévint avec effroi que nous avions été trahis, qu'il fallait fuir précipitamment. Que se passe-t-il donc ? demandai-je à Marie. La jeune fille se jeta à mon cou en pleurant, elle tira un *médaillon* de son sein et me le remettant : « *Charles*, » me dit-elle, « quoiqu'il arrive, garde toujours ce précieux gage de la tendresse de tes parens et ne t'en sépare jamais. » Ce médaillon contenait deux portraits ; celui de mon père et celui de ma mère, ainsi qu'un papier où cette dernière avait écrit son nom et le mien avec la date de ma naissance. Dans ce moment, des cris : il faut partir ! se font entendre ; nous nous éloignâmes. Quelques jours après nous étions à bord d'un bâtiment qui voguait pour l'Angleterre.

» Mes infortunes ont été inouïes ; mon intention n'étant pas d'exciter la pitié, je n'en rapporte qu'une faible partie : les circonstances seulement qui sont des documens utiles à mon procès. Je ne puis donc passer sous silence l'horrible assassinat du marquis de Briges et de la jeune Marie qui moururent empoisonnés. C'est ainsi que disparaissaient tous par le crime mes nobles amis, victimes de leur dévouement à ma personne. A la suite de cet événement déplorable, je fus pris sur mer, reconduit violemment en France, n'ayant plus d'autre ami que Montmorin, qui seul échappé à mes persécuteurs suivait, sans que je le susse, furtivement mes traces. Pour moi, aussitôt après mon débarquement en France, je fus emprisonné. Là, deux individus, dont j'ignore encore le nom, vinrent me voir, et m'engagèrent à me faire moine, m'assurant que c'était mon seul moyen de salut. Je repoussai leur demande, et après un long interrogatoire ils me quittèrent. »

— L'interrogatoire dont parle le Prince avait vraisemblablement pour but de constater sa personnalité, car on avait déjà arrêté pour lui plusieurs imposteurs, et l'on espérait aussi peut-être profiter de son inexpérience pour surprendre ses secrets. Mais sa perspicacité et son discernement surent dissimuler de satisfaire positivement à l'hostile investigation de ses persécuteurs. Il évita avec soin de fournir les éclaircissemens qu'on s'efforçait d'obtenir de lui, et en définitive prit la résolution de ne plus répondre aux questions qui lui seraient faites. Son silence mit fin à l'interrogatoire, et le débarrassa de la présence de ses deux inquisiteurs : l'un d'eux, qui remplissait les fonctions de secrétaire, avait exactement, au fur et à mesure des demandes adressées, consigné les réponses par écrit. —

« Au bout de quelques temps, continue le Prince, je fus conduit au milieu de la nuit à bord d'un petit bâtiment, embarqué et transporté sur un port, où des gens armés et une voiture m'attendaient. Mes conducteurs me firent monter dans la voiture et, s'étant placés à mes côtés, poursuivirent le voyage. Il ne m'était pas permis de descendre, même quand nous changions de chevaux ; la voiture restait constamment fermée. Après une route de quatre jours et quatre nuits, on me remit en prison. Une femme, qui me semblait être un homme travesti, fut la seule personne que je vis ; c'est elle qui me servait. Je fus cruellement maltraité dans cette prison qui me renferma jusqu'en 1803. J'avais tiré de mon sein le médaillon que m'avait donné Marie, contemplant les traits de mes infortunés parens, et, devant ces précieuses images, cherchant l'oubli de la ténébreuse destinée qui m'enveloppait de son invincible fatalité ; lorsque deux inconnus, dont la voix m'annonça la présence, entrèrent dans ma chambre où ils continuèrent pendant quelques minutes leur conversation sans s'inquiéter de moi. J'eus le temps de soustraire à leurs regards la miniature que je tenais. Sur un geste du plus âgé, je me levai et je m'approchai de lui. Il me dit alors : « d'imprudens amis ont rendu votre perte nécessaire ; mais *nous ne voulons pas de votre sang. La seule mort* qui pèse sur vous est celle de votre nom. *Ne comptez donc jamais sur l'héritage paternel. Quant aux traîtres qui plus tard pourraient tenter de vous faire reparaître, dites-leur que nous avons avec nous celui qu'ils n'ignorent pas devoir vous remplacer.* »

« Mes amis, répondis-je, auront assez d'énergie pour ne point céder aux menaces : leur dévouement m'est connu ; et j'ai foi dans la sainteté de ma cause. »

« Eh bien ! *vos amis périront,* et leur supplice ne vous sauvera peut-être pas. »

« Vos menaces sont inutiles, car elles ne changeront rien à ma résolution. »

« Pas plus que celle-ci ne changera votre sort. Au reste, — ajouta cet homme, en me regardant fixement : — Voici nos ordres et nos instructions :

» On demande de toi la renonciation volontaire à tes droits de naissance ; à ce prix un asile te sera accordé dans un couvent. »

« Vous pouvez me tuer, je suis en votre pouvoir ; mais me faire renoncer aux droits que je tiens de ma naissance ! vous n'y parviendrez jamais. Allez Monsieur, laissez-moi et retirez-vous. »

« Ta mère aussi ne voulut pas céder, » marmotta entre les dents ce misérable en s'éloignant.

» Tu es bien le fils de ta mère ! Va ! le même sort t'attend. »

« Et cet homme me délivra enfin de sa présence en emmenant avec lui son acolyte. »

— Pour préparer de longue main les obstacles les plus puissans contre une réclamation possible de la part du Prince, dans un avenir quelconque, ses ennemis ne reculèrent devant aucun crime. Ainsi donc, en conséquence des menaces qu'ils venaient de proférer contre lui, ils calculèrent combien il serait important de détruire sa ressemblance avec sa royale famille. Afin d'atteindre ce résultat, trois hommes vêtus de noir, eurent l'affreux courage de faire subir une torture atroce à ce rejeton de tant de têtes couronnées, au fils de leurs anciens rois. On ne peut de sang-froid arrêter ses pensées sur de tels actes de barbarie.

Maîtres de leur prisonnier sans défense, ces trois individus, un soir, entrèrent brusquement dans sa prison. Sur l'ordre qui fut donné à sa gardienne elle se retira. Alors, tandis que l'un d'eux liait les membres du Prince au dos d'une chaise, un autre le tenait par la tête, puis le troisième tirant un portrait de sa poche, et jetant alternativement les yeux sur la peinture et sur le Prince, fit un signe à ses complices, qui, armés de petits instrumens à mille pointes, qu'on ne peut mieux comparer qu'à un faisceau d'aiguilles, lui portèrent une multitude de coups au visage. Bientôt il fut couvert du sang qui jaillissait en abondance de ces innombrables et imperceptibles blessures. Cette atrocité consommée, ils lui lavèrent la figure avec une éponge imbibée d'une sorte de liqueur; puis ils se retirèrent, sans qu'il fût sorti de leur bouche d'autres sons qu'un ricannement qui avait quelque chose de satanique. La gardienne rentra alors; elle s'empressa de délier le Prince et de lui prodiguer des secours; il était hors d'état de proférer une parole.

Le lendemain sa figure enfla tellement que sa vue était entièrement couverte; insensiblement son état s'aggrava à un tel point qu'il éprouva les plus cuisantes souffrances. Il les supporta néanmoins avec le courage que donne la résignation de l'innocence. Mais de brûlantes démangeaisons, qui le tourmentaient continuellement, ayant succédé à l'intensité de la douleur, il ne put résister au besoin de porter les mains à son visage et de le frictionner avec force; il était entièrement recouvert d'une croûte épaisse, que ses ongles déchiraient par lambeaux, et qu'il enleva comme si c'eût été un masque. Il se sentit alors inondé de sang; la souffrance qui suivit fut si excessive que le malheureux Prince perdit connaissance. Un liniment préparé par sa gardienne lui apporta quelque soulagement, et il se rétablit, grâce aux soins affectueux que cette femme ne cessa de lui prodiguer. Ce témoignage de sympathie, de la part d'une servante de prison dont les fonctions journalières contribuent à l'endurcissement du cœur, est un cri bien puissant contre les scélérats qu'elle flétrissait de sa compassion pour leur royale victime. En sortant d'accomplir leur office de bourreau, ils auront été sans doute recevoir le salaire de leur forfait, et la faveur du maître qui leur avait commandé cet abominable supplice. Je regrette de ne pouvoir livrer leurs noms à l'exécration publique, car si la politique se joue de l'honneur, de la liberté et de la vie de ceux qui la gênent, et qu'elle désigne froidement aux tortures de son inquisition, les grands inquisiteurs ne devraient pas échapper à la malédiction des peuples. On ne pouvait sans frémir, sans se trouver sous le poids d'une indicible anxiété, entendre de la bouche du Prince le détail de ses angoisses. Peu à peu le gonflement de ses yeux s'étant en quelque sorte fondu, il recouvra l'usage de la vue. S'approchant un jour de la fenêtre de sa prison qui, grillée de barreaux de fer s'ouvrait intérieurement, pour chercher dans la fraîcheur de l'air un adoucissement aux ardeurs de ses maux, il l'ouvrit ; les carreaux de vitres appliqués sur la muraille formèrent glace, et reflétèrent une tête monstrueuse qui n'avait plus rien d'humain. Il recula d'horreur, épouvanté de la vision, et ne pouvant s'imaginer que c'était lui qui s'apparaissait à lui-même. Un instant après, il revint se considérer encore, et s'assurer, avec les mains, que si son esprit se refusait à croire à la hideuse altération de ses traits, ses yeux ne le trompaient point. Sa peau devint cuivrée et tachetée, ainsi que le sont les plaques de cuivre battues à neuf par le marteau de l'ouvrier. Le Prince porta longtemps sur sa figure les traces de cette horrible opération ; elles s'y étaient empreintes comme les marques d'une épaisse variole. Elles finirent néanmoins, au bout de quelque temps, par s'effacer presque entièrement ; et, après bien des années, son teint reprit une partie de son ancienne fraîcheur, et sa physionomie, son éclat ; toutefois lors de son arrivée en Prusse, son visage paraissait gravé comme celui d'une personne qui a eu la petite vérole : son épouse se le rappelle parfaitement. Le Prince prenait habituellement sa fille aînée sur ses genoux, trouvant un triste bonheur à contempler son joli visage qui, par une ressemblance frappante, lui rappelait sa mère et sa sœur : il la regardait silencieusement et pleurait. Pourquoi pleures-tu ? lui disait l'aimable enfant. Tu ne le comprendrais pas, ma fille, lui répondait son père ; un jour tu le sauras. La Princesse Amélie n'a point oublié qu'à l'âge de huit et neuf ans elle promenait fréquemment ses petits doigts sur le visage de son père, et lui demandait, en les touchant, pourquoi il avait tant de si petites piqûres d'épingles sur toute la figure. Ces questions ingénues d'un enfant, qui reviennent aujourd'hui comme la démonstration morale d'une cruelle vérité, attristaient douloureusement l'auguste méconnu, remplissaient son cœur de père de toutes les amertumes de sa vie, et rendaient plus vivace la misère du Roi découronné, en faisant surgir dans son âme un orage de pensées, grosses de toutes les déceptions, de toutes les souffrances humaines accumulées sur sa tête. Le contraste de sa situation présente et de ses grandeurs passées ajoutaient au tableau déchirant de la petite fille de Louis XVI, interrogeant des plaies royales, assise sur les genoux du modeste horloger, et lui disant, dans un langage bien expressif pour son père, qu'il portait écrit sur son front, par la cruauté de ses semblables, l'arrêt de sa fatale destinée, l'avenir de désolation qu'il laisserait pour héritage aux successeurs des rois de France. Aussi l'homme d'affliction regardait sa fille bien-aimée, avec un sourire où se peignait la profonde mélancolie de son âme, détournait la tête et ne répondait pas. Ces ressouvenirs d'une époque mystérieuse pour la famille du duc de Normandie ont aujourd'hui une éloquence bien persuasive.

Je ne dois pas omettre non plus de mentionner dans cette circonstance que déjà, par un autre acte de férocité, en disséquant en quelque sorte le signe naturel que le Prince portait à la cuisse, on s'était efforcé de faire disparaître cette preuve irrécusable d'identité enregistrée dans le procès-verbal signé du Roi et de la Reine. L'infortunée victime d'une telle atrocité avait opposé la résistance que la faiblesse de son âge pouvait lui permettre, et dans sa lutte, rencontrant l'instrument de ses bourreaux, elle se fit une profonde blessure circulaire au petit doigt de la main droite : la large cicatrice qui en résulta devint un nouveau témoignage d'identité.

Ainsi, dès les premiers temps de son évasion hors du Temple, le royal martyr du machiavélisme des hommes politiques comprit affreusement combien la liberté, que ses protecteurs avaient voulu lui rendre, lui deviendrait fatale.—

« Après tant de tourmens, » ajoute péniblement le royal orphelin, « que me restait-il à redouter ? Ma vie ne devait plus être qu'une longue chaîne de souffrances ; je n'avais plus de pitié à espérer de la part de mes implacables ennemis. Il y avait, dans tout ce qui me concernait, tant de mystères inexplicables pour moi, que mon esprit était sans cesse assiégé des plus poignantes terreurs. Néanmoins je possédais encore alors des amis qui s'intéressaient à mon sort : Montmorin fut assez heureux pour me faire recouvrer la liberté, par la volonté de la bonne Joséphine. Elle avait su tromper Napoléon, son mari, à l'aide du ministre Fouché.

« Pendant l'hiver, jusqu'au commencement de 1804, mes amis s'occupèrent activement de mes intérêts ; Pichegru fut envoyé au comte de Provence pour s'entendre avec lui. Le monde voudra-t-il croire que ce parent, inaccessible aux sentimens de la nature, n'écoutant que les suggestions d'une politique ambitieuse, abusa contre moi des révélations de Pichegru, trahit l'imprudente confiance de mes amis, *et que mon dernier asile fut dénoncé*. Obligé de fuir, nous nous dirigeâmes vers Ettenheim, en Allemagne, résidence du duc d'Enghien, qu'on avait mis dans le secret de mon existence à une époque où il s'était rendu mystérieusement à Paris. Les fatigues qui m'avaient si violemment assailli jusque-là, tant de vicissitudes inouïes dans mon existence toujours menacée, avaient gravement altéré ma santé. Notre marche précipitée eut bientôt achevé d'épuiser mes forces; je tombai d'anéantissement, hors d'état d'aller plus loin, aux environs de Strasbourg. Mon ami, après m'avoir fait cacher, en me recommandant les plus strictes précautions, me quitta afin de s'assurer s'il ne découvrirait pas quelque moyen de transport pour terminer notre course. A peine l'avais-je perdu de vue qu'un bruit de galops se fit entendre : c'étaient des cavaliers armés qui parcouraient la route. Effrayé je fis un mouvement pour me cacher davantage derrière un buisson ; ce léger bruit attira de mon côté l'attention d'un de ces hommes qui vint droit à moi ; dépliant ensuite un papier, qui contenait probablement mon signalement, il m'examina, et demanda d'un ton brusque : »

« — Où est ton camarade ? »

« A cette question, revenu de mon premier effroi, je compris tout le danger que courait mon fidèle Montmorin, et je répondis avec une apparente tranquillité que je ne savais pas de quel camarade on voulait me parler. Plusieurs autres cavaliers s'étaient rapprochés. Malgré des gestes et des paroles menaçantes, je ne songeai plus qu'à assurer le salut de mon ami par un silence absolu. Je fus conduit à Strasbourg et mis au secret dans la forteresse jusqu'à ce que des gendarmes vinssent m'y prendre. Enlevé dans une chaise de poste, je roulai pendant trois jours et trois nuits sans interruption. Au milieu de la troisième nuit on me renferma au fond d'un cachot. »

— Les événemens que nous racontons servent eux-mêmes à fixer les époques : l'orphelin royal ne pouvait pas les lier entre eux par des dates, dans la réunion de souvenirs qui recomposent l'ensemble d'une vie solitaire et fugitive, passée tantôt dans l'obscurité des prisons, tantôt dans des retraites isolées, toujours loin des hommes. L'arrestation du Prince à Strasbourg, et son incarcération dans une prison d'État, nous reportent aux derniers jours du Consulat ; et l'esprit, évoquant le passé, voit aussitôt apparaître une couronne impériale, toute dégouttante du sang d'un Bourbon, que des mains républicaines placent triomphalement sur la tête d'un de leurs généraux dont l'ambition jusque-là dissimulée se complétait enfin.

Vainement nous voudrions nous soustraire aux pensées douloureuses que soulèvent les crimes de la terre, poursuivant sans relâche une tête proscrite, et nous offrant le scandale d'une lutte acharnée contre l'existence importune du fils des rois. Le sujet nous y ramène malgré nous, et l'homme de bien se sent ému péniblement jusqu'aux dernières pages de cette lamentable histoire. Il nous faut actuellement rentrer à Vincennes où, près de la fosse sanglante du duc d'Enghien, dans un véritable caveau, gémit enseveli l'héritier du trône de France auquel, par une sorte d'amère dérision on a fait grâce de la vie; mais pour la torturer par de longs jours de deuil qui ne finiront qu'avec la vie de son corps. Tout espoir est plus que jamais perdu pour lui, sa destinée s'accomplira dans les larmes; car il ne peut plus qu'avoir pour ennemis l'Europe entière et sa propre famille, qui se sont irrévocablement placés en état d'hostilité patente contre la France légitime. Quatre années vont le cacher au monde, dans la tombe de son cachot, comme s'il ne comptait plus parmi les membres de l'humanité. Joséphine l'abandonne: tant il est vrai que la prospérité éloigne du malheur des autres! Il faudra qu'elle aussi tombe dans l'infortune, et voie sa couronne impériale près de passer sur la tête d'une autre pour songer à se rappeler les souffrances de l'orphelin du Temple autrefois son royal protégé, et dont, avant d'être devenue souveraine, elle avait si héroïquement fait ouvrir les prisons. La plus dure de ses captivités passera inaperçue sous ses yeux au milieu des joies du nouvel empire, et ce ne sera que quand ces joies se changeront pour elle en tristesses, que lorsque, épouse bientôt répudiée, sa disgrâce certaine réveillera en elle des sentimens étouffés par l'intérêt personnel; ce sera seulement alors que, sur le point de sortir du palais de ses rois envahi par un époux ingrat qui l'en chasse, elle redeviendra toute dévouée à l'innocent orphelin, auquel le cruel spoliateur de ses droits a donné pour demeure une prison d'État, pour diadème, la voûte d'un cachot. Mais elle réparera enfin un abandon de quelques années; et quand, Bonaparte succombant victime de son ambition insatiable, le sceptre passera dans les mains d'un Bourbon révolutionnaire, nous la verrons, s'immoler à son amour pour son roi légitime. En attendant cette dernière et plus criminelle usurpation, puisqu'elle se consommera dans la famille du Prince, comprenons, si nous le pouvons, comment la nature de l'homme peut résister à une accumulation de traitemens barbares, dont la seule pensée étourdit la raison. Nous ne saurions même nous en faire qu'une bien imparfaite idée, dans le faible aperçu que nous en présente le récit du Prince. Nous allons un instant habiter avec lui son cachot, où il nous transporte, ainsi qu'il suit, par l'affreuse description d'une vie de tortures qu'on croirait exagérée, si le tableau en était imaginaire. —

« Nous arrivâmes, je crois, à minuit : on me fit descendre de ma voiture et marcher à pied assez loin. Nous nous arrêtâmes devant une porte qui donnait dans un haut édifice : mes conducteurs ouvrirent cette porte, au-delà de laquelle nous traversâmes un long corridor qui se dirigeait à droite et à gauche, tellement que je ne savais plus où j'étais. On me déposa dans une oubliette d'une *obscurité noire*, qui n'avait d'autre ouverture que la porte : j'y fus enfermé et j'entendis aussitôt, par le bruit sourd de leurs pas, que mes conducteurs s'éloignaient. La nuit la plus ténébreuse m'enveloppa. Au moment où je me trouvai seul, je fus en proie aux plus sinistres appréhensions. Il me semblait que j'étais environné de spectres hideux prêts à me dévorer, de précipices ouverts à mes pieds ; le froid de la mort engourdit tous mes membres ; une angoisse inexprimable pesait sur mon esprit et me serrait le cœur ; je frissonnais, je n'avais ni la force ni la volonté de faire aucun mouvement, je ne l'osais pas ; la terreur me clouait comme anéanti à ma place. J'ignore combien de temps avait duré cette situation, lorsque les verrous se tirèrent et bientôt un homme avec une lanterne sourde parut devant moi ; il m'apportait une soupe qui me sembla mêlée de vin, et qu'il me fit manger en sa présence. Cet homme était mon geôlier, il me fit coucher et s'éloigna. La soupe était bien chaude. Elle me remit un peu de mes cruelles fatigues, et l'épuisement de mon corps l'emportant sur l'abattement de mon âme, je m'endormis. Lorsque je me réveillai, en vain je cherchai la lumière. Il m'était impossible de m'imaginer que mon cachot n'avait point de fenêtre : aussi je croyais avoir dormi toute la journée et m'être seulement réveillé pendant la seconde nuit ; je le croyais d'autant plus que mon geôlier revint avec sa lanterne. Il ne m'apportait pas cette fois une bonne soupe au vin : mais il mit, sur ma table de gros bois, une cruche d'eau, et un petit pain rond d'environ deux ou trois livres singulièrement coupé en forme de vis, quoique aucun morceau n'en eût été séparé. Il s'éloigna sans proférer un seul mot. Malgré l'amertume du chagrin qui me dévorait, je me rendormis, et me réveillai encore dans l'obscurité la plus complète. Je me levai, car j'avais faim. J'allai, en tâtonnant, vers la table sur laquelle je trouvai la cruche ; pour le pain, il avait disparu. Alors je m'imaginai qu'il existait avec moi d'autres êtres vivans qui habitaient mon cachot. Retombé sur mon gîte, le sommeil ne me ferma plus les yeux ; la faim me tourmentait trop péniblement. Attentif à ce qui pouvait se passer autour de moi, je ne tardai pas à entendre les pas de mon geôlier, le bruit des verroux et la porte s'ouvrir. Cet homme m'apparaissait sous l'aspect d'un de ces spectres dont on parle dans les légendes des temps passés. Il m'apportait du pain et de l'eau. Vainement je lui demandai qui avait pris le pain que je n'avais pas mangé ; vainement je le priai de me dire où j'étais ; pas un mot de réponse ; il se retira comme s'il eût été muet. Je mangeai tout de suite la moitié de mon pain, je bus de l'eau et je me recouchai. A mon réveil, je cherchai le reste de mes provisions ; elles n'y étaient plus comme auparavant. Il fallut donc prendre patience jusqu'au retour du geôlier. Pourtant il me semblait que mes yeux avaient changé, soit par l'habitude des ténèbres, soit que la clarté du jour fût plus grande. Je voyais à la voûte de mon cachot une espèce de soupirail qui laissait pénétrer quelques rayons de lumière dans cette tombe où j'étais enterré tout vivant. Je pouvais au moins distinguer mes mains lorsque je les faisais passer devant mes yeux, de même que le soupirail. C'étaient les seuls objets visibles ; il m'était de toute impossibilité d'entrevoir à mes pieds.

» Je languissais depuis je ne sais combien de jours, dans cette horrible réclusion, et mon pain m'était fréquemment enlevé sans que je pusse découvrir le voleur. La faim qui m'assiégeait me prescrivait la prudence. Alors, aussitôt que j'étais approvisionné, après avoir mangé la motié du pain, j'enveloppais le reste en me couchant dans ma couverture. Cette précaution n'empêcha pas qu'à mon réveil je ne retrouvais plus rien. J'avais, il est vrai, remarqué qu'il se faisait du bruit autour de moi sans que je pusse en deviner la cause. Je résolus donc de pénétrer ce mystère; je m'enveloppai, comme de coutume, avec le reste de mon pain et je feignis de dormir. Bientôt des hôtes, qui me parurent de la grosseur d'un lapin, piétinèrent sur moi; je précipitai ma main droite pour en saisir un, mais à peine l'eus-je attrappé que je me sentis percer un de mes doigts. Effrayé, je lâchai prise bien vite; mon sang coulait abondamment et j'éprouvais une vive douleur. La cicatrice que je porte au doigt est une attestation de la vérité de ce récit. Intimidé, je me vis contraint par la suite de manger tout mon pain d'une seule fois, si je voulais éviter de le partager avec mes voisins à longue queue; car je supposais que c'étaient de grands rats, ainsi que j'en ai depuis acquis la certitude. J'ai souvent été maltraité par ces animaux et foulé au lit sous leurs pieds. Quand je ne leur laissais pas de quoi assouvir leur voracité, ils faisaient beaucoup plus de tapage, et quand volontairement je leur jetais par terre de la pâture, ils avaient le grognement de petits cochons. Meilleurs que certains hommes, ils ne m'ont jamais fait d'autre mal que de piller mon pain, par l'instinct de leur conservation. Les hommes au contraire ont attenté à ma vie et à mon honneur.

» Mon gîte se composait d'un monceau de paille étendue par terre dans un coin de mon cachot, et d'une couverture de laine; il formait un carré voûté, humide et froid; je ne recevais jamais ni linge ni vêtemens. Il arriva un temps que je n'avais plus de chemise. Ma redingote ainsi que mon pantalon n'existaient qu'en lambeaux, et pour me bien couvrir il me fallait entourer mon corps de cette couverture mille fois trouée par les rats, qui vraisemblablement en avaient fait le coucher de leurs petits. J'étais âgé de dix-neuf ans lorsque je fus enseveli au fond de ce souterrain, réduit ténébreux, qui ne me permettait d'entrevoir ni les rayons du soleil, ni les lueurs de la lune. Toute idée du jour s'était effacée de mon esprit, de même que celle de la division du temps. Je me figurais, par le délabrement de mes vêtemens, que ma captivité n'avait pas duré moins d'un demi-siècle. Je savais tous les pas de mon cachot, et mes oreilles pouvaient saisir dans le lointain ceux de mon geôlier. A l'exception de ce bruit, je n'en entendais pas d'autre que celui des tambours, qui me semblait le bourdonnement d'un tonnerre fort éloigné. Le soupirail, par où l'air ou la lumière aurait pu pénétrer plus abondamment, me produisait l'effet d'un long tube, dont l'extrémité eût plongé dans de l'eau sale que le soleil éclairait à sa surface, ou eût été masquée par des toiles d'araignées. L'espace entre les murailles dessinait un carré d'un diamètre d'environ douze pieds. Seul, sur ce point inaperçu de la terre, abandonné de tout le monde, je réfléchissais avec amertume qu'il ne me restait plus d'amis; je me regardais comme ayant devancé l'heure de mon ensevelissement éternel. Le plus souvent, réduit à une sorte d'abrutissement, je ne parvenais pas même à démêler l'objet distinct de mes pensées, grosses de toutes mes souffrances passées; mais néanmoins j'ai le souvenir qu'une sensation fixe m'absorbait tout entier; c'était l'image de ma bonne mère; je la voyais, elle me parlait; ses gémissemens se confondaient avec les miens. Je sentais brisé en moi le courage de la vie. Une indifférence presque stupide ne laissait même pas place à l'idée de me relever de mon accablement, et pourtant je n'avais pas atteint le terme de tous mes maux; de nombreuses années me restaient encore à parcourir sous l'oppression des haines de la terre. Mes cheveux, que je ne pouvais pas couper, étaient redevenus longs et bouclés, ma barbe avait considérablement épaissi, et quand je venais à tâter mon visage avec la main, je me serais pris pour une bête fauve. Mes ongles avaient tellement cru qu'ils se brisaient par morceaux, et je ne pouvais me soustraire au mal qui en était la conséquence qu'en les rongeant avec les dents.

» Je n'essaierai point de décrire l'horreur de ma situation, dans ce repos de la tombe, au milieu d'une nuit sépulcrale, où ma vie n'était qu'une agonie de tous les instans. Quelles paroles pourraient peindre une si affreuse réalité de misère et d'anéantissement! Malgré l'effrayant état de stupeur, le sombre désespoir de mon âme pendant mes longues heures d'insomnie, j'étais presque arrivé au point de repousser le sommeil, qui, loin de m'apporter l'oubli de mes maux, les aggravait encore par de continuelles visions de terreur. L'uniformité de mon existence inactive avait rétréci le cercle de mes idées comme les facultés de mon corps, et détendu tous les ressorts de ma vie. Enfin je n'attendais plus que la dissolution complète de mon être, je l'envisageais comme une grâce divine, et je n'avais plus de pensées que pour entrevoir le moment où le bienfait de la mort changerait ce tombeau de la vie dans la sépulture d'un cadavre; j'avais fait le sacrifice de moi-même, et je m'étais résigné à ne plus revoir la surface du globe. Tel je languissais dans l'attente de ma fin prochaine, quand subitement je fus réveillé au milieu de la nuit par deux être qui m'appelèrent par mon nom. Une vive lumière frappa ma vue; un inconnu dirigeait sur moi une lanterne sourde. Je me levai, entouré de ma couverture, plongé dans un état de saleté repoussante, et saupoudré des hachures de la paille qui, n'ayant pas été renouvelée, s'était broyée sous mon corps. A cet aspect, à celui de ma figure sauvage, et de l'effroyable misère dont toute ma personne offrait l'affligeant spectacle, mes libérateurs s'écrièrent, saisis d'une émotion de surprise et d'attendrissement : Eh quoi!!! qu'est-ce que cela veut dire? Mon geôlier, qui était présent avec sa lanterne, faisait des signes de tête affirmatifs en disant : *Oui, oui, c'est bien lui-même!* Cet homme avait sur la joue gauche une longue balafre, qu'avait vraisemblablement produite un coup de sabre. *Il me prit par la main pour montrer un de mes doigts qui portait une cicatrice dont la cause était connue de mes sauveurs :* — celle dont j'ai parlé à la page 61.—

» Ces amis courageux m'emmenèrent immédiatement hors de mon cachot. Dès que j'eus respiré l'air libre je tombai évanoui, et, lorsque je repris connaissance, j'étais dans une voiture qui roulait si rapidement qu'on eût dit qu'elle avait des ailes. Nous arrivâmes la même nuit dans une nouvelle retraite, où je fus caché dans une chambre isolée, et d'où je ne sortais pas pour éviter le danger d'être repris. Je reçus là de mes amis les plus tendres empressemens. Après m'avoir fait prendre une bonne soupe, on me mit dans un lit bien chaud. Je sentais comme un feu vivifiant parcourir mes veines, il me semblait renaître, et je m'endormis bientôt. Au bout de quelques heures d'un sommeil réparateur, on me fit prendre un bain, on me nettoya; ma barbe fut rasée et mes cheveux coupés. La représentation de mon extérieur auparavant éveillait l'épouvante : le lendemain je fus vêtu proprement. Je n'avais point encore vu mon ami, ne sachant pas que ce fut lui qui m'avait sauvé. Aussitôt qu'il s'offrit à ma vue, il s'élança vers moi ; nous nous précipitâmes dans les bras l'un de l'autre, sans pouvoir proférer une parole : nous ne pûmes que mêler nos larmes ensemble, dans une étreinte aussi douce qu'inespérée. Montmorin me tint long-temps pressé sur son cœur, comme s'il eût voulu me dire, par ce langage muet de son amour, que la mort seule devait désormais nous séparer. Je lui adressai mille questions auxquelles mon impatience ne lui laissait pas le temps de répondre. Un homme plein de sollicitude venait de temps en temps auprès de moi, cherchant à prévenir mes moindres besoins, et, chaque fois qu'il entrait ou qu'il sortait il avait toujours soin de fermer la porte à double tour. Mais les soins les plus assidus ne purent détruire chez moi le germe d'une maladie grave qui se déclara avec les caractères les plus inquiétans. Peu s'en fallut, qu'en fixant le terme de mes souffrances, une mort prématurée ne vînt détruire en un jour toutes les espérances de mes amis, les plus nobles efforts du dévouement, tant de fatigues, tant d'essais périlleux entrepris à ma considération. Cependant la Providence qui veillait sur moi et dont je ne cherche point à pénétrer les immuables desseins, me réservait pour une destinée que l'avenir seul pourrait révéler au monde. Je me rétablis presque miraculeusement, et à peine pouvais-je chanceler sur mes jambes que mon asile fut découvert par mes persécuteurs. Nous n'avions dû notre tranquillité passagère qu'aux poursuites dirigées vers l'Allemagne contre quelques-uns de nos amis, nos traces ayant été perdues. Le courage et la confiance en moi-même commençaient à remplir de nouveau mon cœur. Je partis rapidement, accompagné du seul ami Montmorin. Accablés, exténués de tant de secousses, nous arrivâmes à Francfort-sur-le-Mein, où nous prîmes quelques jours de repos, et où nous échangeâmes nos vêtemens chez un juif ; nous étions alors au printemps de 1809. J'appris dans cette ville, de mon ami Montmorin, que j'étais demeuré environ quatre ans au fond du cachot d'ont j'ai donné la description. J'avais vingt-quatre ans.

En arrêtant le compte de mes jours de détention, depuis mon emprisonnement dans la tour du Temple avec ma famille, je réunissais en ce tems-là dix-sept années de captivité plus ou moins rigoureuse, car lors même que j'étais entre les mains de mes amis je me trouvais encore captif. Sachant que Madame Joséphine avait été ma protectrice, je m'informai auprès de Montmorin pourquoi elle m'avait laissé si long-temps dans la misère. Il me dit que Bonaparte, son mari, avait pénétré le secret de sa coopération à me soustraire à ses persécutions, et que pour la détourner de contrarier ainsi continuellement les ordres qu'il prescrivait contre moi, il avait été assez persuasif pour lui laisser entrevoir que son intention était d'élever après lui son fils Eugène sur le trône de France. L'amour-propre d'une femme, dont la loyauté d'ailleurs n'était pas équivoque, avait prévalu sous les charmes d'une ambition aussi séduisante. Montmorin ajouta : c'est cependant elle qui vous a sauvé cette dernière fois, et qui a révélé à vos amis le lieu de votre détention, qu'ils eussent toujours ignoré sans ses bienveillantes communications. Ne croyez pas, continua-t-il, que sa conduite soit l'effet de sa grandeur d'âme ; non, c'est tout simplement un calcul d'avenir : le projet de son mari est de se séparer d'elle après votre mort, et de convoler à un second mariage. Voilà le motif auquel vous devez votre liberté. — Napoléon, qui n'avait pas décidé de se débarrasser de de moi directement, se flattait sans doute que la rigueur de ma détention, le froid et l'humidité d'un souterrain où l'air ne se renouvelait jamais, seraient un poison lent mais certain qui viendrait en aide à sa politique, si toutefois il n'entrait pas dans ses intentions de me faire mourir, avant de contracter son second mariage.

» Mon ami m'avait aussi, dans une autre circonstance, appris les détails relatifs à notre dernière séparation, lorsque, sur la route de Strasbourg, j'avais été emmené par la maréchaussée. En arrivant avec une voiture, me dit-il, à l'endroit où je vous avais laissé, vous ayant cherché vainement, je ne doutai plus de l'affreux malheur qui m'enlevait jusqu'à l'espoir de vous rejoindre, et de découvrir le lieu de votre nouvel emprisonnement. Comme je présumais qu'on vous entraînait dans l'intérieur de la France, j'en pris aussi la route, afin de me concerter avec vos amis. Votre infortuné cousin, le duc d'Enghien, fut également arrêté. *Un des nôtres, tombé au pouvoir de nos ennemis,* fut assez lâche pour trahir le Prince qui se croyait en sûreté à Ettenheim. Comme vos persécuteurs avaient tout à craindre de cet homme énergique, on s'empara de sa personne et on le fusilla. Nous fûmes accablés de ce funeste événement, et pendant long-temps nous ressentîmes avec amertume les coups du sort qui venait de nous frapper si cruellement..... Oui, ajouta-t-il péniblement, le duc d'Enghien a été sacrifié à la politique ombrageuse de Bonaparte. *Notre secret fut la cause de sa mort.* — Mon ami, à l'appui de ses communications, me donna beaucoup d'éclaircissemens, que je ne crois pas devoir publier maintenant, et qui tous avaient rapport à mes intérêts. J'omets aussi bien des incidens de voyage, bien des particularités qui ne sont pas indispensables à la liaison des faits, réservant de plus amples explications, comme témoignages à l'appui de la vérité, pour le temps de la justice, s'il arrive jamais pour moi; car alors seulement je serai certain que l'imposture ne pourra pas s'en servir, en s'appropriant et en dénaturant mes paroles.

» Le procès-verbal, constatant les marques que je portais sur mon corps afin qu'en cas d'évasion je fusse dans tous les cas infailliblement reconnu, se trouvait avec d'autres preuves entre les mains de Montmorin, et pour les mettre en sûreté il les avait cousus dans le collet de ma redingote, en me recommandant avec instance de ne les confier à personne, parce que ce serait la démonstration irrécusable de mon identité devant les rois et leur justice.

» Quand nous eûmes reçu des nouvelles de mes amis de France, avec une lettre de crédit, nous quittâmes à la hâte Francfort et suivîmes en poste la route de Bohême. Nous arrivâmes après une longue course en Allemagne où nous trouvâmes, dans une ville située au milieu d'une vallée sur l'Elbe, un homme qui nous conduisit auprès du duc de Brunswick, lequel nous donna une lettre de recommandation pour la Prusse. Nous nous reposâmes dans une petite ville appelée Semnicht sur la frontière d'Autriche; ensuite nous partîmes pour Dresde, dont on nous refusa l'entrée. Nous fûmes obligés de prendre un long détour et nous gagnâmes *le royaume de Prusse*. Nous descendîmes à un village et nous logeâmes dans une auberge dont je n'ai pas conservé le nom. C'était le soir, nous étions excessivement fatigués; en conséquence, aussitôt après avoir soupé nous nous retirâmes dans une espèce de chambre pour nous coucher. Nous venions de nous endormir profondément, lorsque nous fûmes réveillés, arrêtés comme espions, nous disait-on, et conduits chez le commandant d'un corps d'armée qui, depuis le même soir, occupait ces environs; c'était le major Schill. Montmorin lui remit la lettre du duc de Brunswick; il parut entièrement satisfait, et me demanda avec bienveillance s'il y avait long-temps que j'étais en Allemagne. Depuis peu seulement, lui répondis-je; au surplus, ajoutai-je en désignant d'un geste mon ami : M. Jean pourra donner à mon égard les renseignemens désirables. A ces mots l'officier supérieur me sourit gracieusement, et se tournant vers Jean : Eh bien! M. Jean, nous nous en rapportons à vous..... mais ne sommes-nous pas déjà d'accord? Au reste, faites vos dispositions comme vous le jugerez convenable. Alors, s'adressant à moi : Vous avez beaucoup souffert, Monsieur, me dit-il, mais j'espère que le malheur a enfin cessé de vous persécuter. Nous causâmes quelques instans, ensuite un jeune officier ayant reçu, relativement à nous, les ordres de son chef, un logement nous fut assigné dans l'hôtel même où se tenait le quartier-général. Je ne me rappelle plus à quel propos je demandai à mon ami s'il avait été instruit de la proposition étrange que m'avaient faite antérieurement les envoyés de mes ennemis, de me retirer dans un couvent, et s'il connaissait l'enfant qu'on devait investir de mon nom, de ma qualité et de mes droits. Tant que je conserverai la vie, me répondit-il, les complots de vos persécuteurs seront déjoués ; mais, si je venais à la perdre, je vais vous confier un secret dont vous ferez usage avec prudence. Alors il me rapporta une particularité remarquable relativement à mon évasion du Temple, et qui m'éclaira sur les menées de la politique, au sujet des faux Dauphins qu'on m'opposerait. Ce n'est pas ici le moment d'en parler. Depuis ma dernière délivrance, un changement s'était opéré dans la manière d'être de Montmorin avec moi. Il ne me tutoyait plus. Lui ayant manifesté le désir que la même intimité continuât de régner entre nous : non, mon Prince, me répondit-il, cela ne se doit pas, les temps sont changés ; je vous conjure de me laisser à cet égard ma volonté, personne ne doit soupçonner nos relations d'autrefois.

» L'officier-général nous garda près de lui jusqu'au moment où la petite armée fut écrasée par les Westphaliens. Pendant notre marche, je ne savais pas trop ce qui se passait : j'entendais parler d'une réunion avec le duc de Brunswick. Chaque jour nous étions poursuivis par un fort corps de troupes qui nous attaqua dans une ville ; enfin le brave commandant n'ayant pas les moyens de nous protéger nous fit partir sous une escorte de cavalerie, à la tête de laquelle était un jeune officier, comte d'Allemagne, qui se nommait, si mes souvenirs ne me trompent pas, Veptel ou Vetel. Nous ne tardâmes pas à être rencontrés et enveloppés par un corps, d'une force bien supérieure à la nôtre, qui se rua sur nous en masse. Nous essayâmes de fuir, mais la retraite étant impossible nous tombâmes au pouvoir de nos ennemis. Néanmoins mes compagnons se formèrent en cercle autour de moi, et nous nous défendîmes courageusement, car on nous criait; point de quartier. Le jeune comte seul, qui avait un bon cheval, put échapper. Mon fidèle Montmorin tomba près de moi, le sabre à la main, la tête fendue par un misérable qui lui porta un coup par derrière; déjà antérieurement il avait perdu son shako. Moi-même je fus blessé : lorsqu'on tira sur moi, mon cheval tomba mort, de sorte que mon pied gauche demeura engagé sous lui dans l'étrier, et malgré mes efforts je ne pus parvenir à me débarrasser. Un fantassin s'approcha de moi et me frappa vigoureusement la tête de la crosse de son fusil. Ce fut pour moi l'effet d'un coup de foudre qui m'étourdit tellement qu'il me semblait que, comme une boule, la terre tournait autour de moi. J'ignore combien de temps dura cette situation; car quand j'eus repris mes sens je me trouvai dans un hôpital. Les facultés de mon âme et de mon corps étaient encore fortement ébranlées, et toutes les personnes qui m'environnaient me semblaient des géans : mes membres mêmes, mes doigts par exemple me paraissaient de la longueur de sapins, mes jambes lourdes et épaisses comme des tonneaux.

» Dans ce pénible état, je me sentis un jour empaillé sur un chariot : ce souvenir produit encore aujourd'hui sur mon esprit comme le retour d'un songe.

» Lorsque mon rétablissement touchait à peu près à sa fin, je me vis dans la forteresse de Wesel, sur la frontière de France. Parmi tous les individus qui s'y trouvaient renfermés, plusieurs, soit de l'armée de Brunswick, soit de celle de Schill, furent illégalement, par ordre de Napoléon, condamnés aux galères à Toulon. J'étais du nombre de ces malheureuses victimes du despotisme sans savoir pourquoi. On nous transféra dans l'intérieur de la France, jetés de prisons en prisons comme des brigands. Je n'avais pas un sou pour subvenir à mes besoins. Sur le champ de bataille on ne m'avait rien laissé que *ma redingote*, que je retrouvai à l'hôpital de Wesel, sur mon grabat.

» Je me trouvai donc rigoureusement seul au monde, en présence de mes infortunes, sans qu'aucune main amie dût jamais essuyer mes larmes! Le dernier de mes bienfaiteurs qui, comme les autres, s'était voué au malheur, en partageant le sort de son roi proscrit, avec une si courageuse fidélité, n'existait plus. Je ressentais continuellement dans mon cœur le coup qui l'avait frappé à côté de moi. C'était comme un cauchemar incessant, dont l'étouffement oppressait mes jours et mes nuits. Homme rare et d'une amitié inébranlable au milieu des plus grandes traverses, il s'était flatté de voir triompher la justice de ma cause, c'eût été sa plus belle récompense; et il était mort sans doute, en pensant que moi aussi j'en avais fini avec les hommes ! Oh! pourquoi tous ces héros de la légitimité, qui se sont perdus sans me sauver, ne m'avaient-ils pas abandonné à mon inflexible destinée ! Ils se fussent épargné à eux et à moi de cruelles déceptions, d'affreux tourmens inutiles; je n'aurais pas à gémir sur des tombes que j'ai vues s'ouvrir en place de la mienne; et moi, ne souffrant que de mes propres douleurs, d'amers et ineffaçables souvenirs ne viendraient pas ajouter à mes peines personnelles des regrets qui pèseront sur mon âme, jusqu'à ce qu'une pierre sépulcrale me sépare du monde et de l'éternité. Mais mon sort, qui n'aura jamais d'égal sur la terre, voulut que tant de sang versé pour ma défense le fût en pure perte, et devînt une nouvelle aggravation de mes peines. Comment la nature humaine peut-elle survivre à tant de violentes secousses, qui avaient depuis près de vingt ans battu ma frêle existence? Je ne le concevais pas, et pourtant trente autres années encore devaient passer sur ma tête, non moins lourdes, non moins calamiteuses, au travers d'un monde hostile, où je ne trouverais plus qu'une égoïste indifférence; où j'aurais à déplorer de nouveaux assassinats politiques, à subir, à la suite d'apparentes sympathies, des trahisons successives et un triste abandon, après la lassitude de dévouemens ambitieux trompés dans leur attente; où je n'aurais pas même les joies de la famille, puisque je serais condamné à laisser mes souffrances en héritage à mes enfans ! C'est bien ici le cas de courber sa raison devant les impénétrables décrets du Tout-Puissant. L'excès de mes maux se perdit dans l'épuisement de tout mon être, et je retombai dans l'accablement du désespoir. Je n'avais plus rien à regretter, plus personne à aimer sur la terre. Plus que jamais insensible à l'existence, que m'importait la mort ! Elle s'était tant de fois montrée à moi si effroyable qu'elle ne pouvait plus m'épouvanter. Le sentiment d'un horrible état de souffrances corporelles et les rigueurs de ma dure captivité n'affectaient pas même mon esprit; je m'étais complètement oublié pour ne penser qu'à mon fidèle Montmorin, pour bénir sa mémoire.

» Nous fûmes si rudement traités en route par les Français qui nous escortaient, que même ceux qui voulaient avoir pitié de nous étaient repoussés par ces cris : ce sont des gens des bandes de Brunswick et de Schill. Ce traitement me fit tomber malade, car je n'étais pas entièrement remis de mes blessures ni de mes fatigues ; de sorte que l'escorte fut forcée de me laisser au milieu d'un village où j'avais perdu connaissance. Une pluie fine, dont je fus bientôt humecté, me rappela de ma léthargie. Il m'était impossible de me tenir debout ; une femme et je crois aussi sa fille s'approchèrent de moi et m'offrirent leur assistance. La soif me dévorait, mon sang brûlait, et ma tête était dans un état d'étourdissement complet ; tous les objets tournaient devant mes yeux. En essayant de parler et ne le pouvant pas, le mouvement de mes lèvres donna à comprendre combien j'étais altéré. Cette femme m'apporta du lait que je bus abondamment. Enfin il arriva une charrette et je fus transporté à l'hôpital de la ville voisine. J'y rencontrai un convalescent nommé Friedrichs, hussard du régiment de Schill, qu'on appelait simplement Frédéric. Friedrichs m'eut bientôt reconnu, et ne doutant pas de ma discrétion il me persuada de déserter avec lui. Ce projet ne tarda pas à s'exécuter. Quand ma santé fut rétablie, nous profitâmes d'une nuit pendant laquelle il fit un grand orage. Nous descendîmes dans une cave que j'aurais volontiers prise pour un tombeau, car il y avait des caisses qui ressemblaient à des cercueils. De là, nous n'avions à franchir qu'une petite croisée ovale, au travers de laquelle était une croix de fer qui nous empêchait de nous glisser en dehors par cette ouverture. Les caisses dont je viens de parler nous servirent d'échafaudage ; et bientôt, la vieille croix de fer, déjà fort endommagée par la rouille, fut brisée : nous sortîmes et nous nous trouvâmes dans un enclos entouré de murs fort élevés, gardé par deux factionnaires qui, pour se mettre à l'abri de la pluie battante, s'étaient enfermés dans leur guérite. Nous avions de grandes précautions à prendre, dans la crainte d'attirer l'attention des factionnaires par le plus léger bruit. Je fus donc obligé de faire la *courte échelle* à Friedrichs qui monta avant moi sur le mur. Il portait sur lui un bissac, dont je ne connaissais pas alors le contenu. Ce bissac, dont il me tendit l'extrémité, me servit de corde pour grimper après lui. Toutefois malgré cet aide et tous mes efforts réunis je ne pouvais y parvenir. Je fis du bruit, et aussitôt un *qui vive ?* de la part des sentinelles, retentit à mes oreilles. Soit par peur d'être repris, soit par le résultat immédiat de la volonté de la

Providence, j'arrivai, prompt comme un éclair, sans pouvoir m'expliquer comment, auprès de mon compagnon, sur le sommet de la muraille. Nous ne sautâmes pas de l'autre côté, mais nous tombâmes dans un fossé profond. Ma chute fut loin d'être heureuse, car je ne pouvais plus marcher. Je ne saurais concevoir pourquoi l'on ne nous poursuivit pas. Friedrichs me prit sur ses épaules, et nonobstant la gêne qu'il dût éprouver de cette charge nous ne tardâmes pas à atteindre un bosquet dans l'épaisseur duquel il me déposa. Là, il me remit mon pied qui s'était démis par ma chute, et réussit si bien que, peu à peu, je ne ressentis plus de mal. Il pleuvait toujours, et il faisait si noir que de temps en temps seulement les éclairs nous laissaient entrevoir notre chemin. L'orage se dissipa insensiblement et le jour parut. Nous nous croyions déjà loin du lieu que nous venions de quitter, et nous cherchions un asile qui pût nous servir de cachette; quelles ne furent point au contraire nos angoisses et nos inquiétudes, en remarquant que nous étions au même point de départ que la veille, et que dans l'obscurité nous n'avions fait que tourner tout autour. Nous aperçûmes de loin du mouvement. Ce pouvait être des ouvriers; toutefois nous crûmes que c'étaient des gens qui nous poursuivaient. Par bonheur les blés hauts et très-épais nous offrirent un abri. Nous résolûmes donc d'entrer dans un champ pour nous mettre à couvert jusqu'à la nuit prochaine. Grand Dieu! quelle affreuse journée! Jamais le souvenir ne s'en effacera de ma mémoire. La pluie avait duré jusqu'à dix heures environ, et c'était vers onze heures que nous nous étions couchés dans la boue. Le ciel s'était éclairci et un soleil ardent nous tourmentait tellement que la moitié de notre corps, brûlé par les rayons qui dardaient sur nous, se retournait alternativement sur la terre humide pour se rafraîchir. Le soir, au lieu de ressembler à des individus de la race humaine, nous eussions plutôt présenté l'aspect de deux de ces êtres immondes qui se fussent vautrés dans la fange. La journée s'écoula sans que nous prissions aucune nourriture. Si nous voulions humecter notre langue, il nous fallait mâcher des tuyaux de blé. Néanmoins au milieu de ces tortures et de ces poignantes privations, quand le soleil sur son déclin ne put plus nous atteindre, nous nous endormîmes, et la nuit avait déjà commencé lorsque Friedrichs me réveilla pour nous mettre en route. La faim et la soif nous tourmentaient si cruellement que nous fûmes contraints d'aller tiller les fruits d'un jardin, qui, ce me semble, attenait à un petit hameau isolé. La haie fut franchie en un clin-d'œil et les arbres visités. Des poires vertes et des pommes aigres firent notre déjeûner, notre dîner et notre souper : nous en remplîmes nos poches, et continuâmes notre voyage nocturne. A la pointe du nouveau jour nous nous enfoncions, soit dans une forêt, soit dans un bosquet, soit dans l'épaisseur des blés. Force nous était bien de ne marcher que la nuit, puisque ni l'un ni l'autre nous n'avions de passe-port.

» Je ne me propose point de raconter l'immense série de souffrances dont ce voyage fut traversé ; me bornant toujours au récit de ce qui est indispensable à la suite de mon histoire et à la liaison des faits. Passant donc rapidement sur les incidens qui ne seraient qu'un aliment à la curiosité, je me transporte immédiatement en Allemagne, où nous arrivâmes après mille et mille vicissitudes ; j'eus la douloureuse infortune d'y perdre mon ami Friedrichs. Voici de quelle manière. Pendant nos courses aventureuses il avait pris sur lui, suivant ses propres expressions, d'aller *fourrager* lorsqu'il jugeait le moment opportun. J'ignore par quel moyen il obtenait un résultat si efficace ; il me laissait toujours caché avec le bissac, et son retour nous approvisionnait constamment de pain, de fromage, de fruits, etc.

» Arrivés sur la frontière de Westphalie, un jour après avoir marché toute la nuit inondés par une pluie qui tombait à torrens, et quand l'horizon commençait à paraître, nous nous réfugiâmes dans une forêt où, par bonheur, il y avait un chêne dont le tronc était creux et assez grand pour nous recevoir tous deux. Nous descendîmes au fond, en attendant le moment où Friedrichs devait aller renouveler nos vivres. Nous avions toujours la précaution de nous arrêter dans le voisinage d'un village, lors même que nous eussions pu prolonger notre route ; souvent aussi la fatigue ou des obstacles nous contraignaient à faire notre halte plus tôt que nous ne l'eussions voulu.

» Déjà plus d'une fois et tout en cheminant, Friedrichs qui était Berlinois, m'avait parlé d'un régiment de hussards en garnison à Berlin, et donné quelques renseignemens sur l'état militaire en Prusse. Je songeais, avec une sorte d'exaltation, que peut-être je pourrais prendre du service dans ce corps. Ayant mis de nouveau la conversation sur ce sujet, je demandai à mon ami si nous étions encore loin de Berlin, il me répondit : aussitôt que nous aurons laissé la Westphalie derrière nous, nous pourrons voyager sans crainte, et si par hasard on nous arrêtait nous dirions que nous sommes des déserteurs prussiens ; parce qu'alors, pensait-il, nous nous rapprocherions de notre but.

» Il était environ neuf heures quand Friedrichs me quitta pour se procurer des vivres. Son bissac à côté de moi, je restai blotti dans le chêne creux, et je m'endormis bien tranquille sur le sort de mon ami, selon ma coutume, tandis que lui remplissait sa tâche habituelle. Pendant son absence, un grand chien noir découvrit ma retraite et, par ses aboiemens, attira l'attention de son maître qui le suivait et me retira du creux de l'arbre : c'était un berger qui gardait ses moutons dans les alentours. Il m'adressa aussitôt cette question bien naturelle : comment diable vous trouvez-vous là ? Cette rencontre inattendue me fit frissonner ; mon hésitation à répondre et mon air effrayé le frappèrent : n'ayez pas peur, me dit-il en riant, si vous êtes ce que je suppose vous trouverez en moi un ami, et il me tendit la main avec bonté. Je suis un déserteur prussien, lui répondis-je.

» Oh ! oh ! fit-il en m'interrompant, un déserteur prussien !..... c'est Westphalien que vous voulez dire ?.....

» Je me tus et baissai les yeux.

» Soyez sans inquiétude, ajouta le vieillard, moi aussi j'avais un fils dans l'armée Westphalienne..... mais s'il est encore vivant il doit être actuellement en Espagne dans l'armée de Napoléon.

» Je crus m'apercevoir que ce souvenir amenait des larmes dans les yeux de ce bon père, et sa voix me sembla émue. Ma situation lui inspira de la pitié ; il essaya de me persuader à demeurer auprès de lui jusqu'au soir, me promettant même de me cacher quelques jours dans son grenier à foin pour, disait-il, me refaire un peu. Je lui fis comprendre que je n'étais pas seul, et qu'il fallait attendre le retour de mon camarade qui était allé chercher de la nourriture au village voisin. Le berger me demanda le signalement de Friedrichs, et quand il le connut il s'écria : ah ! vous ne verrez plus ce brave homme, *les chevaliers de la corde* l'ont pris. Il n'y a pas long-temps qu'ils l'ont reconduit par ici dans la ville voisine. Qu'est-ce que les chevaliers de la corde, lui dis-je ? Ce sont, me répondit-il, les nouveaux gendarmes, qu'on appelle ici *strick reiter*.

» Dès lors il réussit à me faire accepter son offre bienveillante, et à me dissuader d'entreprendre la recherche de mon compagnon, projet que je m'étais mis en tête. Il m'assura et me fit entendre que Friedrichs pourrait peut-être plus facilement se sauver sans moi ; qu'il était imprudent de m'exposer à un danger réel, et non profitable à mon ami ; et tout en parlant ainsi, pour maîtriser ma détermination et m'attacher à lui, il s'empara du bissac de Friedrichs et le mit sur son dos. Vers le soir je le suivis dans sa maison, où il me présenta à sa vieille femme qu'il appelait mère, ajoutant : Voilà aussi un fils malheureux ; fais-lui du bien, parce que le bon Dieu protègera peut-être notre enfant en Espagne ; et alors, les deux vieilles gens pleurèrent ; car c'était leur fils unique. Je partageai leur souper, ensuite on me mena coucher dans le grenier à foin. La bonne femme avait pour moi tous les soins imaginables.

» Je goûtai cette touchante hospitalité jusqu'au matin du troisième jour, où le bon berger, craignant que je ne vinsse à être remarqué, me conseilla de partir. En me conduisant loin de son village sur le grand chemin il me dit : vous voilà maintenant plus en sûreté : croyez-en ma vieille expérience car j'ai été soldat autrefois. Si l'on vous arrête, déclarez que vous êtes de Weimar, afin qu'on ne vous ramène pas dans ce pays car vous seriez perdu. Il me remit avec le bissac de mon pauvre Friedrichs trois pièces d'argent, du pain et un demi-boudin en me disant adieu. Il me quittait avec l'attendrissement d'un père qui prend congé de son fils. Je ne pus que faiblement exprimer à ce brave homme toute ma gratitude pour sa noble conduite, en lui serrant affectueusement la main. Il refusa de me mettre à même de lui témoigner un jour ma reconnaissance, en accédant au désir que j'avais de connaître les moyens de retrouver plus tard ou lui ou les siens. Ancien militaire, il craignait de se commettre à l'indiscrétion d'un jeune homme qu'il s'imaginait être déserteur. Quand nous nous séparâmes ; que Dieu vous garde ! ajouta-t-il ; vous n'avez pas besoin de savoir mon nom, ni celui de mon village. Il se retourna et s'éloigna de moi. Aussi longtemps que je pus suivre des yeux cet honnête vieillard, je le contemplai avec une silencieuse admiration ; et, dès que je l'eus perdu de vue seulement, je continuai tout pensif la route qu'il m'avait indiquée. Lorsqu'il parut pour la première fois devant moi au chêne creux je le prenais pour un être d'un autre monde, tant je fus surpris de la manière singulière dont il était habillé. Il portait sur la tête un chapeau de feutre noir ayant par derrière une longue corne et pour protéger son front contre le soleil un large bord en forme de toit qui servait à ombrager son visage. Le reste de son corps était couvert d'une espèce de redingote en toile blanche et sur son dos pendait un sac de cuir orné de franges : il tenait entre ses mains brunies à l'ardeur du soleil une longue perche, au bout de laquelle il y avait une sorte de petite bêche dont il se servait pour jeter de la terre à ses brebis. Ses bottes étaient d'une forme si bizarre qu'elles me paraissaient d'un autre siècle, et ses cheveux longs, blancs comme la neige, flottaient sur ses épaules. Le souvenir agréable que je conserve de cet homme a toujours occupé mes pensées.

» Je poursuivis donc mon pélerinage, et j'arrivai bientôt dans le pays des Saxons, où, me l'avait annoncé le berger, je n'avais plus à redouter la présence des gendarmes pendant le jour. Il m'avait conseillé, pour la nuit, de suivre la méthode adoptée par Friedrichs, celle de coucher dehors. En conséquence, changeant seulement les temps de repos, le jour, je voyageais ; la nuit, je prenais mon sommeil à la belle étoile. Friedrichs, par l'influence de ses observations, m'avait déterminé à adopter le parti de servir dans l'armée prussienne. Pour lors je me dirigeai sur la ville de Berlin, la seule où je pusse mettre mon projet à exécution. Je demandais à tous ceux que je recontrais le chemin qu'il me fallait prendre, et si j'avais encore une longue route jusqu'à Berlin. Soit qu'ils ne comprissent pas bien mes questions, soit qu'ils se les figurassent adressées par pure plaisanterie, ils me guidaient à tort et à travers, de sorte que je finis par aller tout à l'opposé de ma destination. Par suite de cette marche incertaine je me trouvai un jour dans une grande forêt dont l'issue était masquée par son immensité. La soif me tourmentait, je cherchai au travers des bois quelques fruits pour me rafraîchir. Je découvris une espèce de framboises sauvages noires, produites par un tronc très-épineux : mais en les cherchant je m'étais totalement égaré. Au milieu de mon embarras, j'entendis derrière moi un cornet de postillon ; je me tournai de ce côté, et j'aperçus loin de moi une chaise de poste. Arrivé sur la grande route, je m'assis tristement, en attendant la voiture, sur une pierre qui portait pour inscription : *Doctor Martin Luther*. Au moment où le postillon allait passer, je le priai de me dire si j'étais sur la route de Berlin et s'il s'y rendait. Un jeune homme qui occupait la chaise s'écria : Halte-là ! *beau-frère* (expression du pays), et aussitôt il me questionna, ou par un sentiment de curiosité, ou par l'intérêt que lui inspirait mon triste état. Touché sans doute de mes réponses, il me proposa une place à côté de lui en disant qu'il voulait bien me mener jusqu'à Wittenberg. J'acceptai sans balancer et j'entrai dans la voiture. Lorsque nous nous fûmes remis en route, il me dit : avez-vous remarqué la pierre sur laquelle vous étiez assis tout-à-l'heure ? elle est assez curieuse. Sur ma réponse insignifiante il ajouta : vous n'êtes donc pas de ce pays-ci ? Je suis de Wismar, répondis-je. De Weimar, vous voulez dire, reprit le jeune homme en souriant. Que portez-vous là dans cette besace ? — Mon Dieu ! je l'ignore, car elle appartient à mon camarade, et je ne l'ai pas visitée. — Comment ! vous l'ignorez ! vous portez une besace et vous ne savez pas ce qu'elle contient ? c'est singulier, répliqua-t-il.

» En même temps il s'en empara pour y regarder. N'en ayant sorti que des haillons, mon nouveau protecteur se mit à rire inconsidérément et me tint des propos absurdes, tout en me conseillant de jeter ce sac parce qu'il pourrait me compromettre. Il saisit lui-même les haillons et se disposait à les lancer hors de la voiture, quand, s'arrêtant brusquement, il s'écria : halte-là ! il y a autre chose là-dedans ; et avec son canif il coupa les coutures. Nous trouvâmes enveloppés dans divers lambeaux plus de seize cents francs en or. A cette vue je fus stupéfait. L'étranger me regarda malignement comme pour deviner ma pensée. Je n'en avais qu'une, celle de songer que je pourrais peut-être restituer un jour la somme entière dont je me trouvais bien involontairement possesseur, et témoigner convenablement à mon brave ami toute mon admiration de son généreux procédé. Je me vis forcé de raconter à mon compagnon tout ce qui s'était passé entre Friedrichs et moi depuis notre évasion.

» Oh ! observa-t-il vivement : votre camarade avait le cœur bien noble, puisqu'il vous a abandonné son argent lors de son arrestation et qu'il eût pu le reprendre s'il eût voulu, surtout au moment où il se voyait replongé dans la misère. Certainement il a mieux aimé tout perdre que de vous trahir et de vous faire partager son danger. Quelle âme généreuse ! reprit-il.

» Nous atteignîmes Wittenberg et je descendis avec le jeune voyageur à l'hôtel de la Grappe d'or. Là nous prîmes une chambre commune. Ma première occupation fut de changer mes vêtemens.

Il fit lui-même ma barbe et m'arrangea les cheveux : bientôt je n'étais plus reconnaissable.

» Maintenant, me dit ce bienfaisant inconnu : comment vous faire passer la frontière de Prusse? On y est très-sévère, et vous n'avez pas de passe-port. Eh bien! nous trouverons des moyens. Il fit venir quelqu'un de sa connaissance qui lui prêta son équipage dans lequel je fus transporté le lendemain à Treinpretzen, première ville sur la frontière de Prusse. Là il me reprit dans la chaise de poste jusqu'à Potsdam, d'où il me fit conduire à Berlin dans une autre voiture particulière. Etant parti avant moi, il m'y avait devancé et m'attendait aux portes de la ville. Il remit son passe-port à la police, comme étant le mien, pour me faire entrer. La voiture franchit la barrière, et je me trouvai dans la capitale de la Prusse.

» L'aspect de la belle allée de tilleuls que nous traversâmes, la quantité de palais considérables qui embellissent cette cité vraiment remarquable, le mouvement d'une foule bigarrée, l'étalage du grand monde ; ce spectacle en un mot si nouveau, si saisissant pour un pauvre prisonnier abordant enfin un port de salut, après avoir échappé à mille dangers ; tout me devint un objet de contemplation, dont la pensée délicieuse m'apporta un instant le bienheureux oubli de moi-même. Ce fut au milieu de cette sorte d'extase que je suivis mon généreux inconnu à l'hôtel de l'*Aigle Noir*, où il me logea. »

La partie mystérieuse de la vie du Prince vient de se terminer ; nous ne le perdrons plus de vue désormais. Les lumières ne manqueront pas pour l'éclairer d'un jour éclatant, et rendre palpable, avec une évidence irrésistible, que le fils de Louis XVI, dans le récit que nous avons parcouru, a été véritablement historien de lui-même. Le voici maintenant dans un lieu de repos où sa liberté et sa personne sont en sûreté. Mais combien durent être amères les pensées de ce fils de roi, roi lui-même, l'âme surchargée du poids accablant de ses souvenirs qui lui représentaient son père, sa mère qu'il aimait à l'adoration, sa tante, tous sacrifiés aux fureurs révolutionnaires. Qu'allait-il devenir loin de sa patrie, solitaire sur le sol de l'étranger, à son âge, sans expérience, sans pratique de la vie, exposé à toutes les embûches, à toutes les perfidies des ennemis de la monarchie légitime de France ; sans parens, puisque ceux qui survivaient aux désastres de sa royale maison le méconnaissaient, par une haine ambitieuse, pour s'approprier son héritage et tous les droits de sa naissance? Il se voyait seul au monde, obligé de taire son nom, de se cacher à tous les regards; n'ayant point de moyens d'existence, personne à qui confier ses douleurs et ses besoins; il savait le trône de ses pères occupé par un soldat de fortune qui, pour s'en emparer et s'en assurer la possession, l'avait jeté au fond d'un cachot, où il le croyait encore, et s'était souillé du sang d'un Bourbon, lâchement assassiné par les serviles complices de sa monstrueuse politique; et pourtant l'infortuné proscrit ne pouvait guère alors réfléchir qu'il n'avait plus qu'un fantôme d'existence, que toujours et partout les hommes détourneraient la tête de lui, que pour lui la terre était devenue un vaste tombeau, où il serait impitoyablement enseveli, refoulé, à chaque fois qu'un signe de vie se manifesterait de sa part en dehors de son cercueil; qu'il était mort politiquement et civilement; que sa famille, que la noblesse de France, que tous les monarques le méconnaîtraient; qu'on le déclarerait *un Prince prescrit*, c'est-à-dire dépossédé de son individualité par ceux qui avaient assassiné son père, sa mère, sa tante, et les plus fidèles soutiens de la monarchie légitime. Il ne pouvait se figurer que, lorsque les circonstances politiques permettraient qu'il se manifestât au monde, la puissance qui allait devenir maîtresse de son sort l'envelopperait d'un linceul, au travers duquel nul ne voudrait le reconnaître; qu'il était venu se heurter à un pouvoir machiavélique, dirigé par un homme d'Etat ennemi déclaré de la France, qui confisquerait sa légitimité pour la vendre plus tard au comte de Provence. L'infortuné se croyait arrivé au port du salut: qu'il fut cruellement désabusé! Laissons-le avec lui-même dans sa triste solitude; oublions-le, s'il est possible, pour quelque temps; chassons de notre esprit le spectacle navrant des souffrances qui l'assiègent, que les cœurs sensibles peuvent vivement sentir, mais que la parole ou la plume sont impuissantes à exprimer.

C'est là de l'histoire, Monsieur l'évêque, de l'histoire véritable, digne de vos méditations; j'en recommande la lecture à M. de Beauchesne; elle lui expliquera les quelques erreurs grossières que les partisans de la vérité opposent à « ses *documens irré-* » *fragables; à la preuve matérielle, authentique, que le Dauphin* » *de France, fils de Louis XVI, est bien réellement mort au Temple;* » et, s'il est homme de probité, il cessera d'entretenir le public d'un Louis XVII ridicule, impossible, conçu dans le cerveau de ceux qui lui ont fourni les matériaux de son *livre du mouchoir*. Il comprendra qu'en voulant élever un monument à la mémoire de Louis XVII, et donnant pour véritable un mensonge politique qu'il avait un intérêt quelconque à reproduire, au lieu d'honorer les malheurs du fils de Louis XVI, il a pris sa place au rang des diffamateurs de son roi légitime.

L'auteur du récit que nous venons de lire a parlé ainsi que devait parler le fils de Louis XVI. Il s'est fait voir à nous dans son enfance, telle qu'on se la représente, traversant douloureusement les scènes de souffrances qui ont fait la désolation de la famille royale ; et il les a rappelées, avec des circonstances de détail qui se lient à des faits généraux bien connus, dans un langage si simple, si peu étudié pour exciter la compassion, avec la candeur, en quelque sorte, et le naturel du jeune âge auquel il nous reporte, avec des accens de vérité si persuasifs qu'ils commandent la confiance. Il est impossible alors, si l'on veut être de bonne foi, et juger l'homme par les paroles sorties de son cœur et de sa conscience, de ne pas se dire après l'avoir lu : oui, celui qui se révèle par des expositions si précises, si multipliées, non pas par ouï-dire, mais comme un témoin qui a vu et entendu ce qu'il raconte ; celui qui parle si savamment des jours désastreux de la révolution, en nous disant ce qui l'a le plus frappé ; nous reproduisant des images éparses d'un triste passé, telle que dut être alors pour lui l'affreuse réalité ; celui-ci a bien évidemment été l'une des victimes royales dans les drames tragiques, dont les impressions poignantes étaient de nature à ne jamais s'effacer de sa mémoire.

Cette appréciation des souvenirs du Prince est si manifestement la seule raisonnable que Madame la duchesse d'Angoulême, qui se trouvait mal à l'aise devant cette puissance de vérité, qu'elle n'a pas osé démentir, l'a confirmée par son silence, ou en disant inconsidérément : *il a lu cela dans des livres.*

La nature de ces souvenirs, si bien circonstanciés, repousse une assertion aussi insoutenable, si hautement accusatrice contre la fille de Louis XVI. Où donc et dans quels livres un imposteur eût-il pu lire ce qui n'était connu que du Dauphin et de sa sœur, *ce sur quoi le Prince demandait à être interrogé par elle?* Tous ceux qui vécurent dans l'intimité de l'orphelin du Temple ne concevaient pas cette défaite hypocrite, prétexte maladroit, pour se soustraire à une épreuve décisive en faveur de celui qui la proposait; car à chaque instant, par ses paroles, ses allures, par son ton imposant et dominateur, il décelait instinctivement la haute naissance et le sang royal d'un prince né sur les marches du trône; et on ne le quittait jamais sans ressentir péniblement qu'on s'était trouvé en face d'une de ces infortunes qui bouleversent la raison et déchirent le cœur.

M. Sosthène de Larochefoucault qui, pour être agréable à cette sœur dénaturée, a combattu le Prince, n'a pu se défendre lui-même de l'entraînement irrésistible du cœur et de l'esprit, en conversant avec cette majesté du malheur, si souverainement démonstrative de cette autre majesté de la naissance, méconnue mais non abaissée, grandie au contraire par le maintien digne sans affectation, mélancoliquement résigné de l'homme vrai, qui semblait prendre en pitié les dédains affectés d'une incrédulité feinte et de mauvaise foi. En effet, à la suite d'entretiens qu'il avait eus avec le Prince, *dont il rend compte dans ses mémoires,* et après avoir dit : « ..... j'avais enfin vu ce personnage, j'avais causé avec lui, et je dois dire que, *malgré toutes mes préventions,* sa figure, son attitude, ses paroles n'avaient rien qui portât au soupçon de l'imposture..... Je me sentais sinon ébranlé du moins vivement inquiet d'une suite d'aventures si bizarres, et que le témoignage de Madame de Rambaud semblait fortifier..... Ceci devenait sérieux car si la méfiance est naturelle et juste dans un cas pareil, il faut pourtant qu'elle s'arrête quelque part, et le témoignage de cette femme fort honnête, jadis au service de la famille royale, ne manquait pas d'importance..... »

Après ces réflexions, il écrivit à Madame la duchesse d'Angoulême : « ..... je me transportai auprès du personnage et je me trouvai en présence d'un homme dont on ne peut nier *quelque ressemblance vieillie avec les portraits bien étudiés de Louis XVII, et les traits généraux de la famille des Bourbons.* Son attitude était simple et ne semblait nullement embarrassée ou calculée. »

« J'ignore, Monsieur, lui dis-je..... »

« Je gardai le silence alors et me mis à l'examiner d'un œil froid et sévère, avec une sérieuse attention. Je répète que son attitude était calme et naturelle. Ses yeux sont assez pénétrans; sa physionomie était attentive et reposée, et ne peignait ni étude ni empressement. Il s'anima peu à peu en parlant, me prit fortement la main et me répondit : un pareil langage, Monsieur le vicomte, a droit à toute mon estime..... J'ai été si indignement trompé que j'ai dû devenir méfiant; mais je ne puis l'être avec vous. Le moment est arrivé où les décrets du ciel vont enfin s'accomplir. J'ai été victime des plus horribles persécutions; j'ai eu beaucoup à me plaindre de ma famille. Le duc de Berri fut le seul qui tenta de me faire reconnaître; il a été assassiné! ma pauvre sœur a été odieusement abusée; je veux l'éclairer. Je ne réclame qu'un nom et une famille, mais je les veux à tout prix. *Je suis assuré de me faire reconnaître de ma sœur après dix minutes d'entretien;* je le lui propose, je le lui demande; je vous remettrai une lettre pour elle. Qu'elle se rende à Dresde sous un prétexte quelconque; cela est facile. Mais si, poussée par sa destinée ou abusée par des conseils perfides, elle avoit le malheur de me refuser, ce que Dieu me préserve de supposer! alors mon parti est pris; il est irrévocable. *Malheur à ma famille! malheur à tous ceux qui m'ont trahi!* toutes les iniquités seront hautement démasquées. Mon existence est connue de tous les souverains. *J'ai en main les preuves suffisantes pour me faire reconnaître* (il s'animait visiblement). *Je me livre moi-même aux tribunaux français* réclamant un nom qu'ils ne pourront me refuser. Dieu fera le reste. Est-ce-là, Monsieur, *la conduite d'un vil imposteur?*

» Eh bien! alors *la justice le démasquera* et il finira sa vie dans les cachots. Oui, Monsieur le vicomte, ajouta-t-il, et *des larmes roulaient dans ses yeux!* oui, je suis bien le fils de l'infortuné Louis XVI, et l'avenir n'est pas éloigné qui va bientôt le prouver. Prenez ce cahier; c'est le récit de ma vie malheureuse; je le confie à votre loyauté. Il vous révèlera des choses horribles. Je pardonne; mais enfin, je veux mon nom, et il est temps que justice se fasse. Je vous reverrai dans trois jours.

» Il ne serait peut-être pas facile à Madame de se figurer et de comprendre *l'espèce d'étourdissement* que j'éprouvais en voyant un homme, dans cette situation, parler tout courant de sa famille qui simplement était la famille des Bourbons; de sa sœur, qui était Madame la duchesse d'Angoulême; de Monsieur le duc de Berri, qui avait péri à cause de lui..... *La tête et le cœur en tournaient;* et cependant je dois le dire encore : il n'y avait dans les manières, dans le ton, dans la suite des discours de ce personnage, rien qui ressemblât à de l'audace, à de l'imposture, bien moins encore à de la friponnerie; et si c'est une folie, une monomanie, une idée fixe, une pensée innée ou suggérée, *elle est si calme, si raisonnée, si persuadée, qu'elle en devient presque persuasive.....»*

Dans une autre lettre il écrivait encore :

« L'affaire, dont j'ai eu l'honneur d'entretenir votre Altesse Royale, *semble acquérir tous les jours assez de gravité* pour que je crusse manquer à ma conscience si je lui laissais ignorer les circonstances qui l'accompagnent.....»

« Je dois, pour être impartial, ajouter que plus on voit, plus on examine le personnage en question, et plus on pourrait être tenté de lui trouver des points de ressemblance avec la famille royale et sous plus d'un rapport *le cachet de la vérité.....»*

M. Lecourt, peintre distingué de Paris, a fait plusieurs portraits du duc de Normandie ; il est également l'auteur d'un très-beau portrait de Marie-Antoinette, d'un du *Dauphin enfant*, et d'autres de Louis XVI et de Madame Royale. Cet artiste, prié de donner son opinion sur le Prince, a écrit :

« .....Je fus invité par M. le marquis de la Ferrière, que j'ai l'honneur de connaître depuis vingt-cinq ans, à faire le portrait d'un personnage éminemment distingué. Je fus présenté et, à la vue de sa physionomie, je me sentis plein de confiance pour l'auguste personnage que j'avais à peindre ; il portait en effet une de ces bonnes figures qui inspirent, et qu'il suffit de voir une seule fois pour désirer de les voir toujours. Quel était ce personnage ? Le duc de Normandie que je qualifie tel, jusqu'à conviction contraire et victorieuse. Cependant et, dès le début, saluerai-je comme tel celui qui s'offre à mes regards ? Verrai-je en lui ce Prince si long-temps captif et si cruellement persécuté ? J'étais à cet égard comme tous, non seulement dans le doute, mais comme tous je souriais indifféremment à cette apparition nouvelle. Notre époque est si féconde en *fraudes et en intrigues !* Je m'abstenais de fixer mon regard avec cette pénétration qui importune et même qui offense, et j'attendais d'être confirmé dans mes dispositions pour reconnaître cette noble victime, monument sacré de tant d'épreuves douloureuses et déchirantes. Pénétré de souvenirs si chers et si augustes, j'étais ému, et le regard doux qu'il fixa sur moi me rendit tout le calme nécessaire à l'observation. Il me tendit la main, avec cette sécurité parfaite d'un homme dont la conscience et le cœur sont d'accord avec tout ce qui est bien. *Son expression alors fut telle,* que je me serais reproché de concevoir un doute affligeant et honteux pour lui comme pour moi.....

» Le duc de Normandie ressemble par le front et les masses charnues à Louis XVI, et à sa mère par la finesse gracieuse des traits de la physionomie. Je le répète, je ne veux abuser personne. Ces lignes, ces masses qui ont tant de rapports ne m'en imposent point *malgré leur exacte ressemblance;* ce qui m'a entraîné, ce qui me captive encore, ce sont ces pieux et dévoués témoins qui entourent le Prince, leur grand âge, leur caractère moral, leur foi irrésistiblement acquise. Voilà pour moi des élémens d'une physionomie bien autrement parfaite. L'on peut se tromper par une certaine exaltation frivole, instantanée et pour ainsi dire prestigieuse; mais des personnes respectables et des hommes d'honneur, ayant une prudence scrupuleuse qui ne les abandonne plus, voilà ce que j'ai observé avec une scrupuleuse discrétion. Venons à ma conviction personnelle. Oui, comme peintre j'ai pris les lignes, les masses, la couleur. J'y ai ajouté ces mouvemens mystérieux et inexplicables de la physionomie, dans le calme ou dans les impressions, là s'est borné mon ministère comme peintre.

» J'ai interrogé ensuite l'observation philosophique, sur le caractère dont la nature s'explique par les éclats instantanés des expressions, des habitudes ou des penchans pour ainsi dire inévitables de tous les hommes. J'ai jugé alors comme étant un des meilleurs caractères que je connaisse celui du Prince que je signale. On peut jouer un rôle, on peut le prendre avec une adresse extraordinaire, y tenir long-temps, long-temps encore, c'est possible; mais toujours le conserver, cela ne se peut.....

» L'on m'a dit que là, là encore je me trompais; j'ai répondu fermement que ma conviction était irrésistible. L'impression que j'avais de ce personnage était pour moi sacrée désormais; il est pour moi le duc, le véritable duc de Normandie. J'excuse ceux qui contestent encore en attendant qu'ils arrivent à une conviction! Oui, quand on voit une attitude fière, sans affectation, ce je ne sais quoi de grand et de dignement modeste dans la conversation et jusque dans les gestes, il est juste de nier qu'il y ait de la ruse ou de la fraude. Oui cette belle face tranquille, quand elle me regardait, m'a fait une impression des plus agréables et, quand sa main serrait avec affection la mienne, il me semblait dire silencieusement et comme pénétré : Oui, c'est moi, comme c'est toi-même qui malgré toi hésites à me reconnaître. En effet, ce moment avait pour moi quelque chose de solennel et de douloureux, que je ne pouvais autrement définir que par cette triste pensée, que le Français aujourd'hui, et quel qu'il soit, a pris la désolante habitude des choses aventureuses et extraordinaires, et celle de voir avec indifférence les choses les plus touchantes et les plus solennelles.

» Que de sarcasmes n'ai-je pas entendus contre ce vertueux Prince !..... Aujourd'hui je suis entièrement convaincu, et cette conviction m'est acquise par trop d'examens et d'indices pour ne pas y être complètement fortifié. »

Si vous connaissiez la vie entière du duc de Normandie, Monsieur l'évêque! depuis son évasion du Temple jusqu'à son décès; si je pouvais faire passer sous vos yeux tous les écrits publics et privés qui sanctionnent, de la manière la plus formelle, les souvenirs et les relations du royal historien de lui-même ; vous vous convaincriez qu'avec ses communications bien des obscurités disparaissent dans les actes ténébreux de la révolution française, et dans la marche des gouvernemens, qui ne peuvent s'expliquer que par l'existence proscrite du roi légitime de France, Louis XVII ; qu'elles éclaircissent des mystères et des crimes politiques incompris, inexpliqués jusqu'au moment où ses révélations lumineuses en ont éclairé les causes ; vous verriez que la nationalité prussienne, que la diplomatie et les ministères de France et de l'étranger ont voulu lui attribuer, n'a pas même une apparence de raison, car chaque mot sorti de sa bouche la rend dérisoire et impossible, en l'identifiant avec le fils de Louis XVI, seul capable de nous donner des notions si intelligentes, si précises, et si manifestement justifiées par des fragmens historiques qui laissaient tant de choses à désirer. Mais je ne puis pas raisonner avec vous sur ce que vous ne connaissez pas. La question d'évasion est la seule qui nous occupe en ce moment, et c'est sur elle que j'appelle toute votre attention puisque vous vous êtes fait l'apologiste d'un écrivain qui la nie.

Le Prince seul a donné un corps à cette évasion, en a expliqué les précédens, les moyens et les suites ; lui seul a pu la rendre saisissante de vérité. Il a fixé les incertitudes, dissipé les ténèbres dont s'enveloppaient les agens du mensonge, et raconté l'histoire réelle d'un événement que les mauvaises passions avaient indignement travesti, afin de le rendre inadmissible : l'ensemble d'une foule d'écrits en est la sanction.

Pendant tout le temps que dura le règne de la Terreur, le sort de l'enfant royal n'éprouva aucun adoucissement ; mais quand le 9 Thermidor, en amenant la chute de la Montagne, eut laissé entrevoir pour la France des jours moins mauvais, l'humanité entra dans la Tour du Temple. La position des prisonniers obtint une grande amélioration dès ce moment ; on s'occupa un peu plus de la santé, de la propreté et du bien-être de l'existence captive du fils de Louis XVI. Les nouveaux employés de la prison purent, sans exciter le sombre ressentiment de leurs maîtres, donner un libre cours à leur sensibilité en faveur des opprimés. Ce fut dans ces circonstances et à cette époque que des amis hardis et généreux s'employèrent efficacement pour préparer et effectuer l'évasion de leur roi Louis XVII ; le changement de politique en facilita les moyens.

Le farouche Robespierre, *au but mystérieux alors*, avait suivi sans entraves son plan de destruction, mais ces scènes d'atrocités finirent avec lui pour ne plus se renouveler dans les mêmes principes. Dorénavant la Terreur avait disparu avec le guide des Terroristes. Revenus de leur épouvante, et pouvant sans péril se montrer *eux-mêmes*, les adversaires du système d'extermination reprirent de l'assurance, et s'efforcèrent de rappeler la confiance publique en y substituant un système de conservation. Jusque-là, on n'avait pas eu soif du sang du Dauphin. La mort de Louis XVII n'avait point été le complément obligé de celle de Louis XVI ; son existence étant nécessaire aux hommes qui remuaient la Montagne, désormais écrasée sans retour. Sa cruelle destinée, vouée au malheur, devait le faire servir d'instrument aux plus criminelles ambitions. Les nouveaux triomphateurs durent nécessairement marcher en sens inverse de leurs prédécesseurs ; et c'est précisément ce qui arriva. Quand sonna le glas funèbre des Jacobins, ils se reveillèrent comme d'un songe et pouvaient à peine comprendre que l'orphelin royal fût toujours existant. Ils le prirent en quelque sorte sous leur protection, pour se réconcilier avec eux-mêmes, et offrir leur retour à des sentimens plus humains en forme d'expiation aux manes de ses royaux parens. Plusieurs membres de l'Assemblée même revinrent secrètement à des idées monarchiques plus compatibles avec celles d'une restauration quelconque, dont ils sentaient le besoin, et dont institution du Directoire aidait à préparer les voies. Cette vérité n'est pas contestable pour quiconque a la vraie intelligence de l'histoire, et je dois en donner la clef pour prédisposer le lecteur à la foi dans les événemens qui suivirent.

Pour s'en convaincre, il faut retourner un moment vers ce temps de la Convention, et se bien pénétrer de son esprit ; car ce qui paraît une invraisemblance aujourd'hui ne peut s'apprécier convenablement, qu'en jugeant les hommes et les choses au point de vue des jours vers lesquels nous remontons. Mais avant de nous livrer à cet examen, à cette sorte d'enquête historique, il convient de revenir à M. de Beauchesne.

Fin de la première partie.

Imprimerie de PTS Frères, à Blois.

LE ROYAL MARTYR
DU 19ᵉ SIÈCLE

RÉPLIQUE HISTORIQUE

à Monsieur DUPANLOUP, Evêque d'Orléans,

apologiste de l'œuvre mensongère de M. DE BEAUCHESNE:

LOUIS XVII, SA VIE, SON AGONIE, SA MORT;

par M. Gruau de la Barre,
ANCIEN PROCUREUR DU ROI.

DEUXIÈME PARTIE.

BREDA, 1869
Tous droits réservés.

Toutes les histoires de la révolution, Monsieur l'évêque, ont enregistré une foule d'erreurs et de faussetés, qu'un écrivain judicieux se garde bien d'accréditer, en donnant pour certain ce que le simple bon sens ne peut admettre. J'en ai reconnu beaucoup en comparant entre eux une foule d'écrivains, surtout depuis que j'ai reçu les communications du duc de Normandie, qui m'ont appris à lire dans nos temps révolutionnaires et dans les subséquens.

Le rôle de l'historien n'est pas d'accueillir avec une facile crédulité tous les récits qu'on lui fait, tous les bavardages qu'il entend, des traditions dérisoires, des rapports qui contrarient les idées qu'on doit se faire des temps, des lieux, des personnes, de toutes les circonstances auxquelles ils se réfèrent. Celui qui ne sait pas démêler le vrai du faux, qui confère de l'importance à des faits moralement impossibles, à des relations fabuleuses, à des propos que la raison désavoue, celui-là ne doit pas se mêler d'écrire l'histoire, car il prend pour la réalité des chimères, des inventions de gens qui se jouent de sa crédulité et ne méritent aucune créance. Ce reproche je l'adresse à M. de Beauchesne.

Le mensonge historique fondamental est celui qui fait mourir le Dauphin au Temple. Mais il est d'autres détails dont cet écrivain nous garantit inconsidérément la certitude, sur l'autorité plus que contestable de ses témoins, et qu'il n'est pas inutile de faire remarquer, parce qu'ils dénotent de sa part une propension, une légèreté à tout croire sans discernement et sans examen, qui ôtent toute force à sa manière de penser. En effet, nous voyons introduits dans son histoire du romanesque, même invraisemblable, de fades imaginations dues à des individus qui, ayant survécu aux horreurs révolutionnaires, ont cru pouvoir, par leurs faussetés, effacer des œuvres ignominieuses peut-être de leur passé, ou se donner de l'importance auprès de ceux qui les consultaient, en racontant des choses ridicules, absurdes, dont ils disent avoir été témoins il y a cinquante ans, et des actions méritoires qu'ils s'attribuent.

Quand un écrivain met son intelligence au-dessus de celle des autres, en faisant mépris de témoignages dignes du respect du monde honnête et raisonnable, celui de la bouche duquel sont sorties ces paroles fastueuses : « Malheur à moi si mon esprit, en possession de la vérité, laissait mentir ma plume ! » Cet historien, prétendu réformateur des égaremens des autres, aurait dû, au moins, montrer plus de perspicacité dans le choix qu'il a fait des matériaux dont il a composé son histoire de Louis XVII. De sa part, il ne peut pas y avoir de petites erreurs, puisqu'il a la présomption de vouloir corriger autrui.

Ceux qui savent apprécier le dévouement au malheur ne croiront pas plus que moi à ces paroles du crédule écrivain, que nous lisons aux pages 248, 249, 307, 308, 309 du premier volume de la 1re édition : « On demandera peut-être comment, après avoir enlevé à la famille royale les serviteurs qui lui étaient attachés, la Commune avait consenti à lui rendre *Cléry qui ne lui était pas moins dévoué;*..... mais je ne voudrais pas qu'on cherchât dans cette mesure des motifs qui portassent la moindre atteinte au caractère honorable et honoré de Cléry.

» Je sais que Madame la duchesse d'Angoulême avait conservé quelque doute sur les dispositions du valet de chambre de son frère lors de son entrée au Temple. *Elle s'était persuadé qu'il avait d'abord été à la Tour un agent de la révolution.* Son respect pour le testament vénéré du Roi-martyr l'empêchait de s'exprimer publiquement sur le compte de Cléry; mais *ses idées, si bien arrêtées sur les hommes et sur les choses étaient inflexibles à cet égard.*

» En faisant ici mention des sentiments de la Princesse sur les motifs qui avaient déterminé l'entrée de ce serviteur à la Tour, j'obéis à ma conscience de narrateur; mais je m'empresse d'ajouter, pour être juste, que dans tous les cas, *le spectacle des vertus et des souffrances qu'il eut sous les yeux avait converti l'envoyé de la Commune:* Marie-Thérèse elle-même a dans ses écrits parlé de lui de manière à faire croire que d'anciennes préventions s'étaient effacées.....

» Le vendredi, 26 Octobre, pendant le dîner de la famille royale, un municipal entra, accompagné d'un greffier et d'un huissier, tous deux en costumes, et suivis de six gendarmes le sabre au poing.

» Pensant que l'on venait chercher le Roi, sa famille saisie de terreur se leva. Louis XVI demanda ce qu'on lui voulait ; mais le municipal, sans répondre, appela Cléry dans une autre chambre ; les gendarmes suivirent, et le greffier lui ayant lu un mandat d'arrêt, on se saisit de lui pour le traduire au tribunal,.... il fut acquitté..... Le président chargea quatre municipaux, présents au jugement, de reconduire Cléry au Temple ; il était minuit. Cléry arriva au moment où le Roi venait de se coucher, et il lui fut permis de lui annoncer son retour. La royale famille avait pris un vif intérêt à son sort. *C'est de cette époque que Marie-Thérèse fait dater les bons services de Cléry ;* elle a quelquefois raconté qu'en rentrant à la Tour, il s'expliqua loyalement devant le Roi ; que les exhortations de Madame Elisabeth, les chagrins de la Reine et la bonté de Louis XVI l'avaient profondément touché, et que depuis il fut non seulement fidèle mais dévoué. »

Que Madame la duchesse d'Angoulême, qui a renié son frère, se soit montrée ingrate envers le bon Cléry, en faisant planer des soupçons injurieux sur la plus héroïque des fidélités, il n'y a là, assurément, rien qui m'étonne ; la fille de Louis XVI a perdu le droit d'être crue dans les paroles accusatrices sorties de sa bouche ; mais qu'un historien légitimiste ait manqué de tact, en croyant sa conscience de narrateur obligée, d'après le témoignage de Marie-Thérèse, de donner l'importance d'un caractère historique à des insinuations calomnieuses contre Cléry, qu'immortalise à jamais le testament de Louis XVI, et que sa conduite sublime envers ses maîtres captifs rend aussi inséparable, dans tous les cœurs bien nés, de la mémoire du Roi-martyr, que l'est le nom du grand Sully de celui de Henri IV, voilà ce que je ne comprends point. Le nom de Cléry reste pur de ces perfides insinuations. Louis XVI et le fils de Louis XVI lui ont fait, dans l'histoire, une page glorieuse qui survivra à tous les siècles. Tous ceux qui ont su lire dans l'âme magnanime de ce royal serviteur s'uniront de sentiment avec l'Orphelin du Temple, qui, touché de l'attachement de Cléry, dans un des tristes jours de sa captivité au Temple, s'écria, en en retraçant le douloureux souvenir :

« Oh ! mon cher Cléry, pourrai-je jamais oublier et ton courage et la fidélité ! Pourrai-je jamais oublier que ce jour-là tu me pris dans tes bras en sanglottant, et que, lorsque tu vins à me presser contre ton cœur, les larmes que je te vis répandre faillirent me suffoquer à mon tour, tant j'étais ému de ton émotion, tant j'aurais voulu que mes caresses pussent se confondre avec tes caresses ! Que ne te dois-je pas, ô mon fidèle ami, pour tant de dévouement prodigué à mes parens, pour tant d'outrages supportés pour nous ! Hélas ! si tu n'es plus, au moins ai-je cette consolation de croire que, lorsque Dieu te jugea digne de te rappeler à lui, c'est qu'il te réservait une place à côté de mon père, là où il n'existe plus ni rang, ni privilège, là où rois et sujets sont égaux ! »

Après l'horrible jour du 21 Janvier 1793, quand une douleur incommensurable, que la pensée de l'homme ne peut approfondir froidement, avait envahi le cœur brisé de l'illustre veuve royale, dont les pleurs ne devaient plus se tarir ; quand la vie de cette Reine, tombée dans un abîme de désolation, ne fut plus qu'une poignante agonie jusqu'au jour de son supplice, M. de Beauchesne représente Marie-Antoinette, le 1er Mars 1793, devant un piano, dirigeant la voix de son fils, qui chantait une romance, et le jeu de sa fille qui accompagnait le Dauphin. La supposition qu'un pareil fait fût possible n'est-elle pas un sacrilège outrage à la plus immense de toutes les angoisses, la profanation d'un deuil si navrant, qu'il se réflète sur l'âme qui s'en retrace une imparfaite image ? Ouvrez le deuxième volume, aux pag. 16 et 17 et vous y lirez :

« Lepitre et Toulan avaient changé leur rôle d'espionnage et de barbarie en une mission de paix et de charité. Lorsque le temps vint où la Reine put s'occuper de l'objet de sa douleur, sinon avec un sentiment moins profond, du moins avec un peu plus de calme et de résignation, M. Lepitre conçut l'idée de lui offrir quelques consolations puisées à la source même de ses peines ; il lui présenta, le jeudi 7 Février, un chant funèbre qu'il avait composé sur la mort de son royal époux, et que Mme Cléry, habile virtuose sur le clavecin et la harpe, avait mis en musique. Il reprit son service au Temple le 1er Mars, trois semaines après avoir fait hommage de son ouvrage à la famille royale. Il en reçut la récompense qui lui allait le mieux au cœur : la Reine le fit entrer *dans la chambre de Madame Elisabeth,* où le jeune Prince chanta la romance que sa sœur accompagna. Nos larmes coulèrent, dit Lepitre, et nous gardâmes un morne silence. Mais qui pourra peindre le spectacle que j'avais sous les yeux : la fille de Louis XVI à son clavecin ; son auguste mère assise auprès d'elle, tenant son fils dans ses bras, et, les yeux mouillés de pleurs, dirigeant avec peine le jeu et la voix de ses enfants ; Madame Élisabeth debout à côté de sa sœur et mêlant ses soupirs aux tristes accents de son auguste neveu ? »

J'en appelle au cœur de toute femme sensible, qui sait toujours conserver le respect qu'elle se doit à elle-même, contre une fable aussi inconvenante qu'incompatible avec la dignité dont ne se départit jamais l'irréprochable Reine de France.

Cette musique et ces chants, cinq semaines après le sacrifice sanglant de Louis XVI, — d'un époux, d'un frère et d'un père adoré, — ne sont pas vrais : d'abord, parce qu'ils ne peuvent pas l'être ; ensuite, parce qu'*il n'y eut jamais de piano dans la chambre des Princesses au Temple*. Le duc de Normandie me l'a affirmé, et je m'en suis convaincu en parcourant, aux archives nationales, l'inventaire du mobilier laissé à la disposition des royaux prisonniers. Les bourreaux de la famille royale, bien loin de chercher à adoucir l'amertume des jours de sa détention, ne se sont étudiés, au contraire, qu'à l'abreuver d'affronts et d'ennuis de toutes sortes. Jamais l'incomparable Reine de France n'a méconnu la majesté de ses souffrances. La douleur, qui entra avec elle dans la Tour du Temple, n'eut point de distractions, point d'intermittences. Le 21 Janvier fut pour elle un jour sans lendemain ; la vivacité des regrets donnés à son royal époux, une coupe d'amertume dont s'abreuva chaque heure de son existence, jusqu'au moment où la couronne du martyre s'éleva aussi pour elle, au-dessus du couteau de la guillotine qui consomma son immolation.

Mais ce n'était pas assez, à ce qu'il paraît, pour M. de Beauchesne, de ces grossiers mensonges, si outrageans pour la mémoire si pure de la grande Marie-Antoinette ; il la flétrit d'une nouvelle invention qu'on pourrait dire extravagante, tant elle porte atteinte à sa noble fierté, en ajoutant dans la cinquième édition :

« Un des commissaires de la Commune qui vinrent, ce jour-là, relayer ceux qui devaient se retirer le soir, eut connaissance de cette petite scène, et le lendemain, en prenant son service près de Marie-Antoinette : « vous avez chanté hier, lui dit-il, vous avez fait chanter vos enfants; sans doute ce n'étaient que des romances, car vous n'avez jamais su de chansons patriotiques; je parie même que vous seriez incapable d'exécuter l'hymne des Marseillais. » La Reine, sans répondre, se lève, va s'asseoir au piano et joue l'air de la Marseillaise. « Etes-vous satisfait ? » dit-elle alors à l'officier municipal. Celui-ci ne répondit que des choses insignifiantes. « Au moins, Monsieur, » reprend-elle avec douceur et en se levant, « vous devez louer ma complaisance. »

Ces paroles de l'historien, Monsieur l'évêque, me font l'effet des divagations de la folie. La veuve, si désolée, si inconsolable, du Royal-Martyr de 1793, aurait joué le Marseillaise! Cet hymne hideux, que hurlait la populace à toutes les atroces exécutions du gouvernement de la Terreur! Et cela pour complaire à un révolutionnaire, son geolier! Où M. de Beauchesne a-t-il été ramasser de pareilles horreurs? Je me le demande avec stupéfaction. Voilà pourtant ce que vous avez lu avec onction, en faisant vos lectures spirituelles dans ce livre! Et ce livre ne vous est pas tombé des mains, avec une répulsion de dégoût! Je ne le conçois pas.

A la page 83, l'historien fabuliste fait encore toucher du piano par la Reine et madame Elisabeth, lorsqu'une douleur de plus broyait le cœur agonisant de ces deux royales victimes de la barbarie humaine! Le fils avait été arraché aux embrassemens de sa mère.

« Simon, dit M. de Beauchesne, dans un moment de largesse ou de calcul, fit don à son élève d'une guimbarde, instrument des petits Savoyards: « Ta louve de mère et ta chienne de tante *jouent du clavecin*; il faut que tu les accompagnes avec la guimbarde. Quel beau tintamarre que cela va faire! » L'enfant sentit qu'il y avait de l'ironie dans ce cadeau, il ne voulut pas mettre une insulte dans son amusement; il repoussa la guimbarde et déclara qu'il n'en jouerait pas. »

Passons à d'autres mensonges qui, du moins, ne sont que ridicules.

Sur la demande de la femme Simon, M. de Beauchesne fait apporter et dresser *un billard dans une des salles de la Tour, qu'on fit, à cette occasion, tapisser d'un papier neuf.* « Parmi les commissaires, dit-il, il y en avait un petit nombre qui témoignaient à l'enfant quelque intérêt et *se plaisaient à jouer avec lui et à lui enseigner à pousser les billes.* Un d'eux surtout, Barelle, maçon de son métier, homme simple et sans éducation, mais d'un cœur bienveillant, s'amusait à distraire l'enfant dont la triste destinée lui faisait pitié. Ses collègues avaient fini par le plaisanter à ce sujet; et comme c'était un homme sans conséquence et dont on prisait assez peu la capacité, les membres de la commission lui disaient, en le raillant, dès qu'il arrivait au Temple : Allons, Barelle, va voir ton bon ami. Barelle ne se le faisait pas dire deux fois; et l'enfant, sensible à des marques d'affection auxquelles il était si peu habitué, le recevait toujours avec une joie nouvelle. Barelle lui avait rendu un service inestimable : *il avait obtenu quelquefois qu'on laissât entrer dans la salle du billard, où se tenait le Dauphin, la fille de la blanchisseuse du Temple*, quand elle apportait du linge à la Tour. Cette jeune enfant avait huit ans, et *c'étaient, entre le petit Roi captif et la fille de la blanchisseuse, de longues parties de jeu autour du billard*. Aussi avait-il un véritable attachement pour le bon Barelle, qui s'occupait de lui faire plaisir, quand tous ceux qui l'entouraient prenaient à tâche de lui faire de la peine. Il calculait d'avance l'époque où devait revenir ce commissaire exceptionnel, et il en prévenait Simon. *Un jour, l'enfant obtint de son maître la permission de conserver un poulet pour Barelle*, qui, d'après son calcul, devait revenir ce jour-là; mais il y eut un retard, et le commissaire ne vint au Temple que deux jours après. Dès qu'il entra, *le jeune Prince courut au-devant de lui et lui offrit le poulet.* Barelle fit quelques difficultés pour l'accepter. Témoin de ce débat, *Simon dit au municipal: Allons, prends-le; il y a deux jours qu'il te le garde*. En même temps, il enveloppa le poulet dans une feuille de papier et Barelle le mit dans sa poche, en disant au fils de Louis XVI : *Va, mon petit, je voudrais bien pouvoir t'emporter comme cela dans mon autre poche et te tirer d'ici.*

» Il y avait dans le garde-meuble du Temple une cage organisée dont les ressorts mettaient en jeu un serin artificiel. L'oiseau était fixé au milieu de la cage, sur un bâton, et ne quittait point la place; mais le rouage qui lui donnait le mouvement le faisait battre des ailes, déployer la queue, agiter la tête, et, ce qui était bien autrement merveilleux, *chanter la* MARCHE DU ROI.

» *Meunier et Gourlet engagèrent Simon à demander au conseil du Temple ce jouet pour le jeune prisonnier*, mais ils n'ignoraient pas que le consentement même de Simon était plus difficile à obtenir que celui des municipaux.

» Cependant, la curiosité aidant, le maître *ne repoussa point pour son élève une distraction dont il devait lui-même avoir sa part*, et il fit la démarche proposée ; démarche qui eut un plein succès, les commissaires de service se trouvant être ce jour-là tout à fait modérés, pour des représentants de la Commune. *La cage*, tirée de la poussière du garde-meuble et *réparée par un horloger-mécanicien, fut apportée. Le magique volatile plut extrêmement au jeune Charles, qui*, au premier aspect, *le prit pour un serin des Canaries : son enthousiasme augmenta quand il vit que c'était un chef-d'œuvre de l'art ;* mais son plaisir fut moins grand, si son étonnement fut plus vif, et *bientôt il ne vit plus qu'avec indifférence ce petit oiseau qu'il avait cru d'abord vivant, prisonnier et malheureux comme lui*, et qui n'était que l'insensible rival du flûteur de Vaucanson. *C'est qu'il ne retrouvait plus en lui ce caractère précieux d'une créature capable de souffrance et de plaisir, qui met en contact la vie avec la vie et qui rappelle l'homme* — de huit ans — à l'homme, suivant la belle expression de Térence.

» Le bon Meunier courut les environs du Temple, cherchant *des serins privés pour amuser le Dauphin ;* car c'était encore sous ce vieux nom royal que toute la bourgeoisie de Paris désignait par habitude le fils du roi décapité. La voix de Meunier fut entendue dans quelques maisons qui lui avaient été indiquées et qui mirent avec le plus vif empressement leur volière à sa disposition. *Il revint avec dix ou douze serins, tous plus apprivoisés et plus charmants les uns que les autres.* Leur vivacité et leur gazouillement jetèrent une grande animation dans le sombre appartement où, du fond de sa cage, l'imperturbable automate récitait *son éternel refrain de la Marche du Roi. Ceux-ci, du moins, sont de vrais oiseaux ! s'écria l'enfant avec joie*, et il les prit et les baisa les uns après les autres. Dans le nombre, il en remarqua un plus privé, je dois dire plus prévenant, plus affectueux qui, au moindre appel, venait se percher sur son doigt et paraissait recevoir ses caresses avec plaisir. L'enfant le prit en affection ; il s'en occupait beaucoup, il lui donnait à manger des grains de millet dans sa main, et pour mieux le suivre de l'œil lorsqu'il s'envolait vers les autres, *il lui attacha à la patte une faveur rose.* Mais, à un autre signalement, il lui était tout aussi facile de le reconnaître : il lui suffisait de l'appeler pour qu'il vînt à l'instant même voltiger sur sa tête, s'abattre sur son épaule, et de là se poser sur son doigt. *Cette douce distraction, qu'avait acceptée et autorisée, on ne sait comment, la miraculeuse condescendance de Simon*, hélas! elle ne fut point de longue durée. Ce frêle écbafaudage de consolation et de plaisir devait bientôt s'écrouler dans une visite d'inspection que les commissaires de service firent le 29 *Frimaire an II* (19 *Décembre* 1793). Au moment où ils entraient, *le séditieux automate fredonnait son refrain coupable*, et le favori du Prince répondait par un brillant ramage à ces chants factices. Il n'en fallait pas davantage pour dévouer à la proscription l'oiseau de bois et son complice. *La faveur nouée à la patte du serin fut regardée aussi comme une aggravation du crime.* »

De ces détails plusieurs ne sont pas nouveaux. En 1835, le rédacteur du journal *la Justice* envoya au Prince un ouvrage dans lequel on donnait comme certain ce que M. de Beauchesne donne comme authentique, et il le priait de lui dire si le récit de l'écrivain était conforme à la vérité. L'auguste Orphelin n'avait rien oublié : j'ai sa réponse sous les yeux.

« Voici mon opinion, écrivait-il, sur ce barbouilleur d'histoire et ses semblables : la préface de cette œuvre indigne en indique assez visiblement le but. Je puis déclarer hautement que Simon et sa femme ont été moins cruels que cet empoisonneur de la vérité. Son ouvrage est composé de quelques vérités entremêlées de mensonges aussi grossiers que l'hypocrisie de l'auteur, qui aurait bien voulu la faire passer, sous le règne de Louis XVIII, pour le sentiment d'un cœur royaliste..... »

A la suite de ces réflexions qui ont un grand à-propos de circonstance, le Prince nie que le Dauphin ait eu, ainsi que le rapportait l'auteur, *des fleurs à cultiver sur le donjon* et *des serins chantans* dans sa prison.

Voilà des paroles qui font autorité pour moi, de même que tout ce que le Prince nous a raconté du temps de son emprisonnement au Temple. Mais nous n'avions pas besoin de son puissant témoignage pour croire, avec les personnes bien instruites de la véritable histoire révolutionnaire de France, que le cordonnier Simon, le démagogue furibond, la boue fait homme, a dit M. de Châteaubriand, que le brutal tyran du fils du roi, qui n'eut que des pensées et des actes d'atroce barbarie à son égard, à tous les instans du jour et presque de la nuit, que ce patriote frénétique ne s'est point prêté aux moyens de distraire et d'amuser l'infortunée victime royale soumise à sa grossière surveillance, et de laquelle il disait : le louveteau était appris pour être insolent, je saurai le mater ; tant pis s'il en crève ! je n'en réponds pas.

Tout ce que raconte M. de Beauchesne au sujet du billard, de la petite fille de la blanchisseuse, du poulet, des paroles de Simon, de celles de Barelle, *du serin artificiel qui chantait la Marche du Roi*, des serins vivans : tout cela est faux, parce que tout cela était incompatible avec l'ignoble caractère de Simon, *sans-culotte* solide, qu'appréciaient Marat et Robespierre, ses deux parrains politiques, dit M. de Beauchesne, qui l'avaient indiqué au choix du conseil général de la Commune.

Tout cela est faux, parce que tout cela répugne aux idées qu'on doit se faire, selon la vérité, de la dure captivité du Prince, dont son bourreau fut bien loin de songer à adoucir l'amertume par de semblables égards, égards qui n'eussent pas été sans danger pour ceux qui auraient eu l'inclination de les avoir, et dont quelques-uns des survivans aux horreurs révolutionnaires ont cherché à se faire un mérite par le mensonge, quand il pouvait leur être profitable.

M. de Beauchesne cite lui-même un arrêté du conseil général de la municipalité de Paris, du 1er Avril 1793 qui, sous peine d'arrestation immédiate, enjoint *aux commissaires du conseil, de service au Temple, de ne tenir aucune conversation familière avec les personnes détenues*, et décide *qu'aucun employé, au service du Temple, ne pourra entrer dans la Tour*.

Il en existait un autre, antérieur à celui-ci, arrêtant :

Qu'aucun officier de la garde nationale ne pourra entrer dans l'appartement du ci-devant Roi et des Princesses, ni les entretenir pour quelque raison que ce soit ; que M. le *commandant général et l'adjudant général de service pourront seuls les accompagner à la promenade ;* et que, en conséquence, *il n'entrera dans la Tour que l'officier commandant le corps de garde intérieur, et seulement pour son service, sans se permettre aucune communication avec la famille ci-devant royale.*

Comment donc, devant un ordre aussi formel, qu'on n'eût pas enfreint impunément, justifier les scènes de la salle du billard, l'entrée de la fille de la blanchisseuse dans la Tour, ses jeux et ses familiarités avec le Dauphin ?

Est-il admissible, je le demande au plus commun bon sens, que *Barelle* ait pu dire au Dauphin, sans faire froncer le sourcil atriotique du démocrate Simon, sans choquer ses oreilles républicaines : va, mon pauvre petit, *je voudrais bien pouvoir t'emporter dans ma poche, et te tirer d'ici.*

Ces faits fabuleux se sont passés *du mois d'Octobre* 1793 *au 7 Décembre suivant.*

Eh bien ! nous lisons, dans un arrêté de la municipalité de Paris, rendu le 22 Septembre 1793 :

Le conseil, considérant que *la plus grande économie* doit régner et être observée, arrête :..... *A compter de ce jour, l'usage de la volaille, pour toute table, sera supprimé.*

Comment se fait-il donc que le Dauphin ait eu un poulet à offrir à Barelle ?

M. de Beauchesne dit lui-même à la page 260 :

« La catastrophe du 9 Thermidor n'avait apporté aucune modification au régime alimentaire des prisonniers; on en était toujours à observer strictement à cet égard l'arrêté du 22 Septembre 1793 : un plat de légumes à déjeuner; un potage, un bouilli et un autre plat à dîner, et deux plats à souper. Le *vœu de la poule au pot,* que formait Henri IV, pour le dernier de ses sujets, ne devait point se réaliser pour le dernier de ses enfants. »

Quant au serin artificiel, personne, un peu au courant de notre histoire révolutionnaire, ne croira que Simon se soit prêté à procurer des amusemens au Dauphin, et surtout *un oiseau qui chantait la Marche du Roi;* lui, que l'écrivain nous représente auparavant comme contraignant sa victime royale, par des menaces, par d'horribles violences, à chanter *la Marseillaise, la Carmagnole, des chansons régicides,* et duquel il a dit :

« Avec les hymnes révolutionnaires, les refrains patriotiques, les plaisanteries sanguinaires, et les beaux juremens à la mode, *c'était autant qu'il en fallait pour occuper les heures de récréation du petit Capet.* »

Si nous retournons un moment à Varennes, pour en revenir avec l'infortunée famille royale, nous lirons dans l'histoire de M. de Beauchesne des particularités impossibles. Cet écrivain ne sait pas même rester d'accord avec lui-même. L'erreur a pour lui tant de charmes que, pour en commettre, il se dément d'une édition à l'autre.

Voici ce qu'on lit dans la première édition de son ouvrage :

« Entre Epernay et Dormans, le triste cortège rencontre les commissaires délégués par l'Assemblée nationale pour aller s'assurer de la personne du Roi. Ce sont Barnave, le marquis de Latour-Maubourg, et Pétion.

» Les trois députés prirent d'abord place dans la voiture royale. Mais plus tard, pour éviter la gêne qui résultait de cet encombrement, on prétend que Pétion descendit en disant : moi je suis comme la patrie, j'éprouve le besoin d'être libre ; *et il monte avec son collègue Latour-Maubourg dans la voiture qui suivait.*

» Jusqu'à la sortie de Pétion et de Latour-Maubourg de la berline, le silence ne fut point interrompu. *Louis XVI entama enfin la conversation, et s'expliqua de nouveau sur le but de son voyage..... La Reine se mêla bientôt à l'entretien.*

» Un nouveau jour éclaira *Barnave :* les traits sous lesquels on peignait chaque jour la famille royale ressemblaient si peu à ce qu'il lui était donné de voir.

» *Il prit le Dauphin sur ses genoux, et l'y garda pendant une partie du voyage.*

» A presque tous les relais, les deux autres commissaires venaient voir ce qui se passait dans la voiture du Roi. Etonné de trouver constamment l'héritier du trône sur les genoux de Barnave, *Pétion dit à Latour-Maubourg,* assez haut pour être entendu des augustes voyageurs : *Barnave est décidément le soutien de la royauté future.....*

» A l'entrée de faubourg de Meaux un assez grand tumulte s'éleva : *un prêtre allait périr ;.....* la Reine jette un cri ; Barnave s'élance le corps tout entier hors de la portière : « Français ! Nation de braves ! Voulez-vous devenir un peuple d'assassins ?..... » La voix puissante de Barnave avait suffi pour arracher l'ecclésiastique à la mort.

» Pétion dit alors à Latour-Maubourg : il paraît que ce n'est pas seulement la royauté, mais encore le clergé que notre collègue a mission de défendre.

» ..... *Pétion et Latour-Maubourg, depuis le dernier relais, avaient pris place dans la berline royale,* où neuf personnes se trouvaient ainsi entassées par un soleil ardent. »

Conciliez maintenant cette version, si vous le pouvez, Monsieur l'évêque, avec celle de la cinquième édition :

« Les commissaires de l'Assemblée déclarèrent au Roi qu'il était dans les convenances qu'ils prissent place dans sa voiture. Le marquis de Latour-Maubourg se retira seul. *Barnave et Pétion y entrèrent.....*

» Le Roi, la Reine, le Prince royal étaient sur le derrière, comme Pétion ; Madame Elisabeth, Madame de Tourzel et Madame étaient sur le devant. La Reine prit le Prince sur ses genoux ; Barnave se plaça entre le Roi et la Reine ; Madame de Tourzel mit Madame entre ses jambes, — et Pétion se plaça — entre Madame Elisabeth et Madame de Tourzel.

» ..... Barnave prit le Dauphin sur ses genoux et l'y garda quelque temps.

» ..... Madame Elisabeth entreprit de justifier le départ de Louis XVI, et, adressant la parole à Barnave, *son discours dura près d'une heure et demie.* La mémoire de Madame de Tourzel a conservé l'analyse de ce discours — relatée par l'auteur. —

» ..... Entre minuit et une heure du matin, on entrait à Dormans. Il fut décidé qu'on y passerait le reste de la nuit.

» ..... Entre cinq et six heures du matin (24 Juin), on remonta en voiture. Cette fois Barnave se plaça entre Madame Elisabeth et la marquize de Tourzel, et Pétion entre la Reine et le Roi. *Le jeune Prince vint plusieurs fois sur les genoux de Pétion.*

» ..... Près d'arriver à Meaux, *Barnave sauva la vie à un prêtre.* Après cette action le Dauphin reprit avec empressement sa place entre les genoux de Barnave.

» ..... Le lendemain (25 Juin), à six heures du matin, on monta en voiture. Barnave s'assit de nouveau entre le Roi et la Reine, et *Pétion*, placé entre Madame Elisabeth et Madame de Tourzel, *prit Madame sur ses genoux :* — liberté que n'eût jamais permise la reine de France. — Pétion attribue cet arrangement à un calcul du Roi et de la Reine.

» ..... Les voitures entrèrent dans le jardin des Tuileries par le pont tournant..... *Hue tend les bras pour recevoir le Dauphin*..... Un officier de la Garde nationale s'empare de lui, l'emporte dans le château et le dépose sur la table du cabinet du conseil. »

Je m'abstiens de toute réflexion, Monsieur l'évêque, je vous laisse aux vôtres, me bornant à mettre sous vos yeux ce que M. Hue, l'un des officiers de la chambre du Roi, rapporte dans ses mémoires; parce que, comme S. A. R., il parle de ce qu'il a vu et n'écrit point sur des *on dit.* Les passages remarquables suivans sont une confirmation indiscutable des réminiscences du Prince :

« Les relations que quelques personnes employées lors du départ du Roi, et même présentes à son arrestation, avaient bien voulu me communiquer, sont *trop contradictoires* pour que je puisse donner au public *un récit authentique* et capable de fixer son opinion sur cet événement.

« Le départ de Sa Majesté pour Montmédy, *arrêté d'abord* pour *la nuit du 19 au 20 Juin*, ne put avoir lieu que *dans celle du 20 au 21*. Mais, oh! destinée fatale! le Roi dont, sans doute, *on avait trahi le secret*, fut arrêté à Varennes.

» Le jour où le Roi devait arriver dans la capitale, malgré la consigne de ne laisser entrer personne dans le jardin des Tuileries, j'étais parvenu à m'y introduire. *Dans la voiture du Roi étaient la famille royale*, la marquise de Tourzel et *Barnave*. Les *deux autres commissaires, Latour-Maubourg et Pétion suivaient dans une voiture séparée*. On a dit que le courage et le calme de la famille royale avaient fait sur Barnave une telle impression que dès-lors il était revenu à de meilleurs sentimens; au moins est-il certain que, *pendant la route, ayant habituellement tenu Monsieur le Dauphin sur ses genoux, il lui avait prodigué des soins empressés et respectueux.*

» Pour moi, fendant la presse, je parvins à temps auprès de la voiture, et tendis les bras pour recevoir le fils de mon maître. Accoutumé aux soins que je mettais à seconder les jeux de son âge, M. le Dauphin m'aperçut à peine, que ses yeux se remplirent de larmes. *Malgré mes efforts pour le prendre dans mes bras, un officier de la Garde nationale s'en empara, il l'emporta dans le château, et le déposa sur la table du cabinet du conseil*. J'arrivai dans l'appartement aussitôt que cet officier. Quelques minutes après, entrèrent le Roi, la Reine et les Princesses.

» Le Roi, accablé de la fatigue d'un si pénible voyage, se retira ensuite dans l'intérieur de ses appartemens. Sa famille l'y suivit. Dans ce moment un officier de la Garde nationale voulut s'emparer de M. le Dauphin, le Roi s'y opposa; alors, d'après l'ordre de Sa Majesté, *prenant entre mes bras le jeune Dauphin, je le portai dans son appartement*, et le remis à la marquise de Tourzel.

» Le lendemain, à son lever, M. le Dauphin me dit, *en présence des gardes que M. de Lafayette avait placés auprès de lui, qu'il avait fait un rêve affreux; qu'il s'était vu entouré de loups, de tigres, de bêtes féroces qui voulaient le dévorer*. Chacun se regarda et n'osa proférer une parole. »

M. de Latour-Maubourg vivait encore, quand l'Orphelin du Temple vint à Paris en 1833. L'un des amis du Prince insistait auprès de ce gentilhomme, pour qu'il consentît à se faire présenter à S. A. R. Mais l'ancien commissaire, honteux sans doute du rôle qu'il avait joué en 1791, refusa obstinément de voir le prétendant, ajoutant que si, surpris par lui dans une maison où il se trouverait, le Prince entrait par la porte, *lui, sortirait par la fenêtre !*

Vous le voyez, Monsieur l'évêque, M. de Beauchesne invente l'histoire au lieu de la raconter, alors il fait mourir l'enfant royal au Temple. Sous le patronage de la politique et des hommes de parti, il a eu la simplicité de donner pour vrai, en 1852, un roman dérisoire sur le fils de Louis XVI, qu'il a intitulé : — Louis XVII, sa vie, son agonie, sa mort. — Il s'est imaginé qu'il avait tué la vérité d'un coup de pied de Lasne et de Gomin, et que la famille royale domiciliée en Hollande, qui représente la branche aînée des Bourbons, courbe honteusement la tête sous le poids des anathèmes de la sottise et de l'intrigue. Il a joui en paix pendant deux ans de son triomphe d'imposture, n'ayant eu une réplique de ma part qu'en 1854 : — Non, Louis XVII n'est pas mort au Temple, — publiée par M. Flatau, libraire-éditeur à Bruxelles. Il l'aurait eue bien long-temps auparavant, sans l'état déplorable auquel les spoliateurs de l'héritage du fils de Louis XVI ont réduit ses infortunés descendans, et si j'avais rencontré plus tôt un éditeur aussi facile pour le vrai qu'il en a trouvé un pour le faux.

Cet historien fabuliste, qui s'est fait le dernier écho de l'ignominieuse répulsion de l'Orphelin du Temple, est à la cinquième édition de l'ouvrage que vous glorifiez si chaleureusement. On voit que le mensonge aujourd'hui est fort lucratif. Toutefois ce succès est peu enviable, car l'inventeur d'un Louis XVII fantastique n'a pour approbateurs qu'un public hostile à la vérité, et des lecteurs, si bénévolement crédules, qu'ils n'ont pas eu le discernement de découvrir que le fatras d'allégations menteuses, dont fourmille le second volume de l'histoire, et qui n'ont même pas le mérite de la vraisemblance, sont réfutées, dans maint endroit du livre, par les bévues de l'historien et les insipides affirmations de ses deux complaisans co-associés, Lasne et Gomin. Cette grande intelligence n'a pas même soupçonné que la question de l'évasion était digne de son examen. Il n'en dit pas un mot ;

et pourtant elle est devenue l'objet d'une croyance générale. Il fait accroire à ses candides lecteurs et lectrices qu'il a consulté le monde entier, et que le monde entier lui a répondu : oui, Louis XVII est mort au Temple.

Dans la vérité, il n'a consulté que des imposteurs ou des ignorans, ou des personnes qui, sachant son inclination à ne pas permettre au Dauphin d'avoir été enlevé du Temple, étaient désireuses d'accréditer le faux acte de décès qu'on invoque contre lui. Ou il dissimule, ou il s'est bien gardé de demander des lumières à ceux qui pouvaient lui en fournir; il a préféré rester dans les ténèbres qui lui en tiennent lieu. Il m'eût semblé que quand des objections sérieuses, des faits démontrés jusqu'à l'évidence, ont eu la puissance de convaincre en faveur du Dauphin vivant des esprits graves et désintéressés, des jurisconsultes distingués, des hommes d'Etat; il m'eût semblé que c'étaient-là des faits qui méritent d'être pris en considération par un écrivain loyal, et qu'il eût convenu d'y répondre autrement que par ces paroles si absurdement ridicules, qui attestent l'impossibilité de les détruire :

« Ce sont des erreurs grossières et inexpliquées. »

Nos adversaires, Monsieur l'évêque, sont peu difficiles en fait de preuves, pour appuyer leur dénégation de l'existence de Louis XVII après sa prétendue mort au Temple, car, — je ne saurais trop le répéter, — nous leur opposons à l'appui de nos convictions des élémens de certitudes tels, qu'il n'y a pas au monde une vérité mieux démontrée; et ils n'en tiennent aucun compte !

C'est la tactique qu'ont recommandée tous les meneurs des partis qui nous sont hostiles; étouffer la vérité par le silence; la défigurer par l'imposture.

Je vais vous indiquer une série de publications qui, parmi les lecteurs de bonne foi, n'en laissent pas un d'incrédule; et comme je n'ai point eu d'évêque pour les introduire dans le public, mettant toute modestie de côté, à l'imitation de M. de Beauchesne, je ne tairai pas quelques-unes des appréciations qu'on en a faites; ce sera rendre à la vérité l'hommage que l'on a rendu au mensonge.

L'Abrégé de l'Histoire des Infortunes du Dauphin, dicté par le Prince, et traduit en anglais par l'Honorable et Révérend Ch. Perceval, a paru à Londres en 1836. Deux cent cinquante exemplaires de cet ouvrage furent expédiés en France. La police et le gouvernement avaient été pris au dépourvu par la célérité et le secret de l'envoi. Au bout de huit jours, tous les exemplaires étaient vendus, et l'on nous demanda une nouvelle expédition. Mais le pouvoir s'était ému de voir la vérité circuler dans Paris et dans les provinces; on avait confisqué la liberté du Prince, son instance devant les tribunaux civils, on ne devait pas plus respecter ses droits de propriété; en conséquence un second envoi fut saisi à la frontière par ordre exprès du ministre, et le livre n'a point été rendu à la circulation, malgré nos instances réitérées pour en obtenir la restitution, ou, du moins, pour qu'une décision légale intervînt. Cette confiscation, maintenue sans recours à l'autorité compétente pour en faire apprécier le mérite, était un vol manifeste à notre préjudice d'une valeur de seize cents francs, pour lequel M. le comte de Montalivet, avec l'agrément de Louis-Philippe, s'octroya l'impunité; et parce que le Prince déplaisait à toutes les factions politiques, la presse journaliste resta silencieuse, et n'eut pas un mot de reproche à adresser au pouvoir *constitutionnel*, en présence de dénis de justice qui servaient tous les partis.

À l'Étranger, les révélations du fils de Louis XVI produisirent leur effet persuasif sur tout esprit impartial.

Nous apprîmes par nos correspondances qu'elles excitaient une grande sensation en Allemagne parmi les plus hauts personnages, et que l'archiduc Jean d'Autriche, qui avait lu le livre, disait que d'une manière ou d'une autre un tel ouvrage exigeait une réponse.

Le chevalier de Caro, célèbre docteur en médecine des facultés d'Édimbourg, de Vienne et de Prague, était praticien à Carlsbad, et le médecin de Madame la duchesse d'Angoulême. Ce gentilhomme fut estimé de toute l'Allemagne et tenu en haute considération, je pourrais presque dire en Europe, par d'éminens personnages de toutes les nations qui, dans le cours d'un demi-siècle, ont eu l'avantage de le connaître à Carlsbad, ville dont les eaux thermales attirent de nombreux visiteurs.

Ce docteur était en relation avec un fidèle serviteur de la duchesse d'Angoulême qui, après avoir lu et relu le récit du Prince, déclara «qu'il le trouvait foudroyant, et il avoua sa conviction que, si la famille royale ne le réfutait pas authentiquement, elle serait à jamais perdue dans l'opinion du monde entier.»

Le silence gardé par les Bourbons est devenu un témoignage moral irrésistible de leur culpabilité; et ce silence a été forcé, car la réfutation du récit du Prince était impossible. On ne réfute pas la vérité; mais on l'embrouille par tant de mensonges, qu'il faut la bien connaître pour n'être pas impressionné, à son préjudice, par les mille bouches qui les répètent. Nous n'ignorons point cette tactique; elle est écrite, dans les termes suivans, par le mot d'ordre sorti du camp ennemi, et dont nous avons pu vérifier la perfide exécution, par les rumeurs qui sont parvenues jusqu'à nous.

« Notes : — la copie est textuelle. —

« Louis XIII fit perir segretement son frère dans la Bastille;
» le masque de fer avait à peine cessé de vivre qu'une infinité
» d'intrigans prenaient ce nom et reclamaient leurs droits —
» Ainsi devait arriver de Louis Charles fils de Louis XVI
» mort segretement dans la Tour du Temple et dont le lieu
» de la sepulture est ignoré.
» 1 Parler d'Hervagault —
» 2 De Bruneau —
» 3 De Richemont comme d'un Republicain caché aux
» yeux de la police travaillant pour son parti pendant qu'il
» essayait de se faire croire fils de Louis XVI.
» De son jugement pour delit politique —
» *De Naundorff comme d'un fou dont Louis Philippe profite*
» *pour mettre la dissention entre les legitimistes* —
» De sa conduite criminelle en Prusse du dementi donné
» à ses assertions par le gouvernement Prussien. De l'erreur
» de quelque legitimistes, *de la fausseté des depositions de*
» *Mme de Rambeau*, de la certitude que c'est un intrigant —
» D'un nommé frère Louis de la Comp^{ie} de Jesus vivant a
» Forli sous le nom de *Louis Rotano*)
» De la *probabilité* que celui là, qui ne dit rien et qui se
» cache à tous les yeux, *puisse-t-être le fils de Louis XVI*.
» Parler de ceci vaguement et de conclure que le fils de Louis
» XVI est mort ou *qu'il est en Italie*
» *et que c'est le frère Louis.* »

En 1840, Monsieur l'évêque, un procès en diffamation, que le Prince et moi nous fîmes au gérant du *Capitole*, me fournit l'occasion de publier un mémoire judiciaire qui se terminait par une remarquable consultation du célèbre avocat Jules Favre. Le pouvoir n'eut pas la hardiesse d'en arrêter la marche ; parce que j'étais en cause et que l'on ne pouvait pas me chasser de mon pays. Ce *factum*, tiré à deux mille exemplaires, fut adressé par moi à la magistrature, au barreau, aux principales sommités de la capitale, aux fonctionnaires de la diplomatie étrangère, à la noblesse du faubourg S^t. Germain, et dans les provinces.

M. Jules Favre qui, par l'éminence de ses talens, son incorruptible probité, son grand désintéressement, placé au rang des premiers orateurs, honore l'élite de notre barreau, ce grand jurisconsulte, assisté de M. Briquet, plaidait pour nous. Son esprit, son profond savoir, sa raison supérieure, donnent à son jugement une puissance d'entraînement devant laquelle s'effacent l'autorité de votre lettre au profit du mensonge, de même que les décisions judiciaires qui ont été rendues dans cette cause. La justice, en effet, dans une question de cette nature, ne se prononce que sous l'œil de la politique qui la regarde, la domine, et qui, l'asservissant, pour ainsi dire, la rend complice de ses répugnances.

M. Jules Favre, au contraire, comprenant les devoirs impérieux qu'impose la robe qu'il porte si dignement, ceux de la défense des opprimés contre les oppresseurs, a dû faire violence aux opinions politiques de toute sa vie pour ne pas se trouver en désaccord avec sa conscience d'avocat, en refusant l'assistance de son ministère à une grande infortune, parce qu'elle reposait sur la tête d'un fils de roi.

On ne peut donc pas soupçonner qu'il ait consenti, à la légère, à soutenir de sa parole indépendante les réclamations civiles du Duc de Normandie, et, après la mort du Prince, celles de ses enfans. Sa position est trop élevée au barreau et dans le monde des intelligences pour qu'il eût compromis sa réputation, la juste considération dont il jouit, en appuyant de son nom et de son talent des prétentions ridicules, des erreurs grossières, une famille d'imposteurs, selon M. de Beauchesne. Aussi ne s'est-il prononcé affirmativement dans la question qu'après l'avoir approfondie avec la maturité d'une raison éclairée, avec le discernement d'un esprit habitué à fouiller dans les consciences pour y chercher le vrai ou le faux, avec la sagacité d'un homme de loi qu'une grande expérience des affaires tient en garde contre la tromperie ; avec le sentiment du respect qu'il se doit et de la dignité d'une profession dont l'honneur, la justice, la vérité et le désintéressement sont la règle de conduite de ceux qui savent, comme lui, la pratiquer.

Lorsque j'allai le prier de plaider pour nous, il ne me connaissait pas. Il s'agissait de citer, devant le tribunal de police correctionnelle, le gérant du *Capitole* qui, dans son journal, qualifiait précisément de *sale intrigue* la prétention de Naundorff à la qualité de fils de Louis XVI, et les efforts de ses partisans à en établir la légitimité. Il faut convenir que ce début ne prévenait guère en ma faveur. Je me présentais d'ailleurs les mains vides, n'ayant à lui offrir pour honoraires que la reconnaissance et mon dévouement au malheur, monnaie qui n'a pas cours au Palais. Il ne m'a pas demandé, — à l'imitation d'un avocat légitimiste à qui l'on proposait de se charger de la défense des intérêts du fils de Louis XVII, — avez-vous soixante mille francs à déposer avec le dossier ? Non, il me répondit, avec autant de générosité que de noblesse d'âme : « si vous pouvez me convaincre que vous n'êtes pas dans une honorable illusion, comptez sur moi. »

M. Jules Favre a consacré tous ses soins à l'examen de la cause, et ce ne fut pas un travail d'un jour; car il ne croyait pas possible que le Dauphin ne fût pas mort au Temple. Il ne voulut pas se former une opinion avant d'avoir vu et interrogé le prétendant. Or, comme les portes de la France étaient fermées au Duc de Normandie, il ne pouvait aller lui-même chez son avocat; ce fut donc l'avocat qui alla chez son client.

Il fit le voyage de Paris à Londres, tout exprès, pour venir s'éclairer sur le mérite d'une origine royale qui, si elle était vraie, lui ferait prendre l'engagement de la soutenir en face du monde par la prépondérance de sa parole. Il passa plusieurs jours avec le Prince et sa famille, se convainquit de la vérité, et deux fois il l'a proclamée devant les tribunaux, en 1840 et 1851.

Les paroles de M. de Beauchesne, Monsieur l'évêque, sont bien futiles quand on les compare au témoignage des personnes seules compétentes pour guider la foi des autres. Le procès en diffamation, dont je rendrai compte à sa date, eut un grand retentissement qui, sans aucun doute, aura frappé les oreilles de l'historien du Louis XVII, de Lasne et de Gomin; car tous les journaux en ont parlé, peu importe dans quel sens. Je vous dirai, en passant, qu'il apporta une démonstration éclatante de l'origine royale du Martyr du 19me siècle, et de la certitude qu'en avaient la magistrature qui nous jugea, et le gouvernement qui l'expulsa de France.

Revenant à mon mémoire judiciaire : était-ce une œuvre sans portée, un assemblage de mots insignifians, sous le point de vue de l'histoire et de la logique, comme le sont tous les écrits de nos contradicteurs ?

Ceux qui l'ont lu, en France et à l'Etranger, vous diront ce que m'écrivait le docteur de Caro :

« Ce mémoire est tellement fait pour entraîner la conviction que ceux qui, après l'avoir lu, doutent encore, sont des gens qui ne veulent pas croire, et avec lesquels il est inutile de perdre son latin. Admirable et irrésistible, il a fait des croyans à Carlsbad, comme auparavant à Munich. L'envoyé extraordinaire et ministre plénipotentiaire d'une cour royale à celle de Berlin a été frappé au dernier point de tout ce qu'il a lu dans ce mémoire, qu'il a emporté à Berlin avec la ferme intention d'en parler. La première chose qu'il dit, ce fut :

» Maintenant, je comprends à merveille comment le courroux de Dieu s'est appesanti sur cette dynastie, et que sa chute n'est que le plus juste des châtiments. »

Je pourrais multiplier les témoignages de cette nature ; ils sont nombreux dans les lettres que j'ai reçues en félicitations de ce mémoire, et sur le prodigieux succès qu'il obtint partout où il fut répandu. Je vous citerai encore ceux qui suivent, et que j'extrais de ma correspondance d'alors :

« *Lyon*, Décembre 1840.

» J'ai lu votre mémoire avec un vif intérêt. C'est ce qui a été fait de mieux jusqu'à ce jour sur cette noble et touchante cause. C'est un résumé complet de tout ce qu'on avait recueilli de preuves, riche de faits, riche surtout de cet accent de conviction que vous, plus que tout autre, pouviez lui donner. Ce mémoire aura un immense succès. C'est une heureuse idée et dont les conséquences se déduisent naturellement ; vous l'avez très-habilement réalisée..... je vais le répandre à l'infini..... ce mémoire ne laisse aucune retraite à la mauvaise foi ; c'est une lutte à mort. Il faut ne pas le lire ou s'avouer convaincu. Je vous jure que s'il me fût resté l'ombre d'un doute, sa lecture bien qu'inachevée l'aurait complètement dissipé. Les preuves s'y pressent et s'y enchaînent d'une manière admirable..... Oh! oui, ce mémoire doit faire une profonde impression, et, dans l'état de dégoût et d'incertitude où se trouve l'opinion publique, elle ne saurait manquer d'être profondément touchée, et de l'immensité des malheurs du fils de Louis XVI, et de l'effrayante immoralité de ses persécuteurs. »

* * *

« *Le Mans*, 5 Janvier 1841.

» Je vous écris sous l'impression du plaisir et presque de l'enthousiasme que m'a causé la lecture de votre mémoire. Rien de ce qui a paru jusqu'ici ne peut être comparé à votre travail, pour l'ordre que vous avez su y mettre et l'arrangement avec lequel vous avez disposé vos preuves. En bon général, vous avez soutenu votre thèse par vos moyens de défense, d'abord les moins frappants, ensuite, à mesure que vous entriez plus avant dans votre sujet, vous avez développé avec art, méthode et lucidité, des faits dont l'évidence saisira nécessairement tous les lecteurs impartiaux qui liront votre ouvrage. Les quelques réflexions que vous avez jetées par-ci par-là sont pleines de sens et de logique. Vous avez évité avec sagesse les emportements qu'une conviction trop chaleureuse imprime malgré soi au style. Pour avoir été modéré dans votre critique, vous vous trouvez plus fort dans vos conclusions; en un mot, mon cher ami, pureté de langage, facilité d'élocution, argumention précise et serrée, composition bien ordonnée, preuves bien faites, conclusion rigoureusement déduite : rien ne manque à votre mémoire pour lui faire avoir le succès qu'il mérite..... »

* * *

« 17 Janvier 1841.

» La campagne que vous venez de faire ne sera pas sans résultat pour la cause du Prince, et la manière dont vous vous conduisez vous grandit singulièrement à mes yeux. Je suis jaloux des titres de gloire que vous acquérez ; je voudrais combattre avec vous, et je soupire ardemment après le moment où je pourrai paraître sur la scène.

» J'ai reçu le second envoi de votre mémoire ; je l'ai lu très-attentivement, après l'avoir dévoré une première fois en quelques heures. Vous connaissez mon sentiment et le jugement que j'en ai porté après une première lecture ; je ne saurais que vous répéter que j'en ai été enchanté et ravi de toutes les manières. Je l'ai fait lire ici à plusieurs personnes ; il n'y a qu'une voix sur votre compte ; vous êtes un noble avocat de la plus noble des causes.....»

* * *

Enfin M. Bourbon-Leblanc, avocat consultant à Paris qui, en 1836, a publié *Le Véritable Duc de Normandie, ou Réfutation de bien des Impostures*, m'a communiqué son opinion dans une lettre du 27 Décembre 1840 où il dit :

« J'ai soumis, à des yeux capables de bien lire, et à des intelligences en état de les apprécier, les exemplaires que vous avez eu la déférence de m'adresser.

» Votre mémoire a subi cette épreuve avec un immense avantage, et je me fais un devoir de vous annoncer cette bonne nouvelle.

» ..... Enfin votre mémoire a été lu, relu, analysé et retourné dans tous les sens, et, ce qui avait été regardé comme une fable commencée, suspendue, reprise, maniée et remaniée par des écrivains plus ou moins lettrés, a pris tout-à-coup, la gravité, l'aplomb, la consistance et l'homogénéité de la vérité matérielle et intellectuelle, autrement de la vérité historique dans toute sa pureté, sa force et son indépendance.

» Je ne vous parle pas de ces personnes polies qui font des révérences à tous les amours-propres, mais de personnages de sens, de savoir et de probité.

» Eh bien ! la sagesse de votre chaleureux exposé, *la masse imposante de vos pièces justificatives*, cette partie si touchante, *le Prince d'après ses écrits*, l'entente générale de votre travail, et *cette consultation si simple, si décisive, si majestueusement concluante de M. Jules Favre*, ont produit sur ces personnages, une impression si profonde et si durable, qu'il faudrait pour l'effacer la toute-puissance d'un arrêt lumineux d'une cour supérieure, qui confondît vos preuves et vos arguments.

» Quoiqu'il en soit et qu'il advienne, *votre mémoire*, soyez-en certain, restera comme un monument dans toutes les bibliothèques des jurisconsultes, des hommes d'État, et des historiens. C'est un imprimé volumineux, mais personne ne l'a trouvé long.

» Vous n'avez pas besoin de mes félicitations particulières ; sachez seulement que c'est de tout mon cœur que j'applaudis à votre succès.

» Je suis sincèrement.....

» G. Bourbon-Leblanc,
Avocat-consultant. »

De 1846 à 1848, j'ai fait paraître en Hollande, *les Intrigues dévoilées, ou Louis XVII, dernier Roi légitime de France*. Voici comment le docteur de Caro les apprécie dans l'Almanach de Carlsbad de 1856 :

« Les persécutions que le malheureux Prince a eu à endurer de sa propre famille, qui le tint dans l'exil, les cachots et l'oubli du monde entier, sont fidèlement décrites dans *les Intrigues dévoilées, ou Louis XVII dernier Roi légitime de France, né à Versailles le 27 Mars 1785 et décédé à Delft, en Hollande, le 10 Août 1845*, par M. Gruau de la Barre, avocat, procureur du Roi sous Charles X.

» C'est à cet ouvrage que je réfère tous ceux qui veulent connaître la vérité.

» Un habile diplomate piémontais, M. le comte Rossi, après avoir lu ce chef-d'œuvre, me dit : jusqu'à présent je n'ai trouvé dans l'histoire de France qui correspond à l'époque de Louis XVII que des erreurs ou des omissions. Maintenant, M. Gruau de la Barre a tout rectifié ; tout dans son ouvrage est clair et lumineux.

» L'auteur, en qualifiant Louis XVII de dernier Roi légitime de France, proclame l'usurpation de Louis XVIII et de Charles X, qui régnèrent, en effet, du vivant de leur neveu, dont personne mieux qu'eux ne connaissait l'existence.

» Un gentilhomme fort distingué, qui devait une grande partie de son bien-être aux Bourbons, me répondit, le cœur profondément navré, après avoir lu M. Gruau de la Barre, lorsque je lui demandai ce qu'il en pensait : je pense que si les Bourbons ne le réfutent pas, *il seront à mes yeux les derniers des derniers*.

» *Nous serions assurément fort embarrassé d'indiquer un seul ouvrage dans lequel ont ait seulement tenté de réfuter M. Gruau de la Barre, qui reste l'épouvantail des légitimistes, un vrai* NOLI ME TANGERE.

» *On s'est borné à des déclamations, à du scepticisme, à du persiflage; mais partout on y trouve une crasse ignorance des principaux faits.* »

L'histoire de Louis XVII par M. de Beauchesne, Monsieur l'évêque, est née des *Intrigues dévoilées*; vous ne le saviez peut-être pas. Cet ouvrage qui propageait en Allemagne et ailleurs la vérité déplaisante à M. le comte de Chambord, répandait la terreur dans son entourage. On avisa; il fut décidé, je présume, que ces messieurs devaient avoir la parole les derniers et qu'on garderait le silence sur les faits relatifs à Naundorff, qui produisaient tant de convictions à la croyance en son identité royale. Mais pris au dépourvu, nos contradicteurs n'avaient pas une histoire de Louis XVII, prête pour l'impression, à opposer sur-le-champ à la nôtre. M. de Beauchesne, qui se sacrifiait pour la gloire de son parti, eut alors l'ingénieuse idée d'informer le public de ses intentions par la lettre suivante, que publia, le 27 Septembre 1850, l'Opinion Publique, journal dévoué à la cour de Henri V futur, qui se vante de vouloir être Henri IV second, en usurpant la fortune et les droits de ses aînés!

« Nous publions la lettre suivante, que nous adresse M. de Beauchesne, elle renferme des détails pleins d'intérêt :

» Monsieur le rédacteur!

» Les mystères qui ont environné la fin si tragique du Dauphin, fils de Louis XVI, ont ouvert le champ à bien des conjectures. On s'est demandé si ce malheureux Prince était réellement mort dans sa prison du Temple.

» *N'aurait-il pas plutôt été sauvé par la substitution d'un autre enfant et la complicité de quelques gardiens?*

» *Il paraît que pour beaucoup de personnes le doute à cet égard serait encore permis aujourd'hui; et si j'en crois les bruits qui m'arrivent de quelques départements voisins du Rhin, ce doute aurait atteint même des personnes très-haut placées dans la société.*

» *Le seul moyen de clore le débat, c'est d'apporter à l'histoire les documents authentiques et officiels qu'elle attend encore.*

» Or, ces documents, je les ai entre les mains; *je les gardais dans l'ombre avec une piété silencieuse, ne sachant pas que de nouvelles prétentions viendraient leur donner un intérêt nouveau.* En présence de l'erreur qui se propage et s'accrédite, c'est un devoir pour ceux qui savent la vérité, de publier la vérité; ce devoir je le remplirai incessamment.....

» En vous adressant cette lettre, M. le rédacteur, j'ai voulu seulement prendre acte de cette déclaration, afin de prémunir l'opinion contre de fâcheux égarements que la crédulité accepte et que le charlatanisme a trop souvent exploités.

» Agréez, etc.

» A. de Beauchesne. »

Déjà, en Juin 1847, cette merveille historique était annoncée à M. Nijgh, mon éditeur, par un de ses correspondans qui lui écrivait :

« ..... Je viens de lire l'annonce ci-jointe dans le Journal d'Amsterdam, et je ne crois pas vous desservir en vous l'envoyant avant votre départ pour Delft.

» On sait qu'il a paru chez M. Nijgh, à Rotterdam, une *Histoire de la vie de Louis XVII, fils du Roi de France Louis XVI et de Marie-Antoinette*, d'après laquelle cet infortuné Roi doit être mort à Delft depuis peu de temps. Une gazette française rapporte qu'il en existe une autre, écrite par *un auteur correct et poétique*, particulièrement attaché à la branche aînée des Bourbons, et dont il a fait lecture dernièrement à Carlsruhe, devant un petit cercle de personnes haut-placées, tant par leur naissance que par leurs capacités. Cet ouvrage qui, au rapport du correspondant français, met à découvert de la manière la plus évidente les illusions d'une foule de prétendants, va sans doute bientôt paraître. »

M. Nijgh voulut s'assurer du dégré de confiance que méritait cette communication, et le rédacteur du Journal de la Haye le satisfit sur ce point par la lettre suivante :

« En réponse à la lettre que vous m'avez fait l'honneur de m'écrire, j'ai l'honneur de vous informer que l'article, *faits divers*, sur la lecture faite d'une brochure relative à Louis XVII est traduit textuellement de la *Gazette de Carlsruhe* du 1er Janvier.

cette feuille est le journal semi-officiel, et vous pouvez ajouter foi à ce qu'il dit de tout ce qui se passe à la cour de Bade.

» Dès que votre ouvrage aura paru entièrement, il en sera rendu compte. »

Ainsi voilà un fait bien manifeste ; M. de Beauchesne connaissait les *Intrigues dévoilées*. Et pourtant, le nom de *Naundorff* n'est prononcé qu'une seule fois dans un ouvrage de près de mille pages, pour l'assimiler aux imposteurs qu'on lui opposa, et dont le rôle était payé par la police et par la politique. C'est tout ce que nous en dit l'écrivain qui a la prétention d'écrire l'histoire de Louis XVII, *en affirmant qu'il a remonté à la source de tous les faits déjà connus!* S'il était vrai que les panégyristes de cet historien d'un genre à part trouvassent son livre admirable, comme vérité historique, j'aurais une bien pauvre idée de l'intelligence humaine de notre époque.

Cette affectation de passer sous silence, en 1852, des faits nombreux concernant Naundorff, et de la plus haute portée politique, parvenus alors à la connaissance du monde entier par vingt ans d'une notoriété publique incontestable, ne dénote-t-elle pas visiblement que les histoires de Louis XVII, venues après la nôtre, ne sont que des ouvrages de parti, des compilations d'impostures ?

Un auteur a bien le droit, sans doute, de tirer des faits omis par M. de Beauchesne d'autres conséquences que celles que nous en tirons, s'il le peut sensément ; mais il doit le récit fidèle de toutes les phases de cette affaire, si prodigieuse, qu'elle est devenue européenne et se lie aux intérêts de moralité de tous les gouvernemens depuis plus de cinquante ans. Ce n'est pas à lui de juger la question en la dépouillant des élémens qui la constituent ; c'est au bon sens public, à la conscience du genre humain, instruits du pour et du contre, qu'il appartient de rendre une sentence sans appel.

N'est-ce pas le comble du ridicule, que de vouloir faire accroire à un public sensé que les historiens qui précèdent M. de Beauchesne, que les diplomates de l'Europe, que les ministres de tous les gouvernemens, que les Bourbons, que la magistrature de France, qui n'ont jamais su opposer à la justification des droits de Naundorff à se qualifier fils de Louis XVI, que l'acte de décès de 1795, démontré radicalement faux, et auquel l'homme du plus mince bon sens aurait honte aujourd'hui d'ajouter foi ; que toutes ces puissances, qui n'ont combattu ce prétendant que par le mensonge, n'aient pas su qu'il existait *des documents authentiques et officiels que l'histoire attendait* pour établir le fait certain de la mort du Dauphin au Temple, et que lui seul, dans le monde entier, ait eu la capacité de dépister ces introuvables pièces historiques?

Mais quelle étrange idée l'on doit se faire de cet écrivain qui, *les mains pleines de ces documens*, aurait laissé calmement s'accréditer *des erreurs grossières*, lorsqu'il n'avait qu'un mot à dire pour désabuser tant de personnes honorables, dupes, selon lui, d'un adroit charlatanisme; qui se serait tû, jusque *sous l'Empire de* 1852, gardant, dit-il, ces documens dans l'ombre avec une piété silencieuse, *ne sachant pas que de nouvelles prétentions viendraient leur donner un intérêt nouveau ;* tandis qu'il avait vu et voyait, *depuis* 1833, les pouvoirs politiques, les hommes de son parti, la duchesse d'Angoulême, le duc de Bordeaux, couverts publiquement d'opprobre par les accusations véhémentes de Naundorff, et impuissans pour démontrer qu'il n'était pas l'héritier direct de la monarchie française !

Monsieur l'évêque, quand on s'est assuré, comme moi, que *ces documens si vantés ne sont que les attestations de Lasne et de Gomin*, on manque d'expressions pour qualifier convenablement une telle aberration de jugement de la part de l'historien qui n'a étudié le sujet, sur lequel il écrit, que dans les pitoyables mensonges de deux individus, dont l'un est signataire de l'acte de décès, que l'autre a refusé de signer, pour ne pas se compromettre en sanctionnant la vérité d'un faux authentique qui ne pouvait pas être équivoque pour lui.

Toutefois, le mobile de sa conduite n'est plus un mystère, depuis que nous avons la certitude qu'il a écrit son livre sous l'inspiration de ceux qui ne veulent pas convenir que Louis XVII vivait pendant que ses deux oncles et Louis-Philippe ont occupé le trône de ses pères. Assuré qu'il aurait pour complices de ses mensonges historiques tous les partis qui nous sont hostiles, il a compris avec eux qu'il fallait inventer *un Louis XVII*, pour l'opposer au véritable — trop puissamment manifesté dans les *Intrigues dévoilées* — dont, en France, où nos écrits sont peu répandus, on ne sait guère que ce que la mauvaise foi glorifiée en a dit. On s'explique ainsi comment l'imposture prospère, et que ceux-là même qui la rejetteraient avec indignation, s'ils ouvaient la suspecter, l'aient propagée, accréditée et mise en vogue.

Passons à mes autres écrits.

A la suite du procès de 1851, jugé politiquement, c'est-à-dire sans raison, sans vérité, sans justice, j'ai encore publié à Breda :

« *En Politique point de Justice,* ou Réplique judiciaire dans la cause des héritiers du duc de Normandie, contre Madame la duchesse d'Angoulême, M. le duc de Bordeaux et Madame la duchesse de Parme. »

Dernièrement, j'étais en Belgique ; un avocat de ce pays, qui n'avait point examiné la question historique relative au Dauphin, partageait l'erreur commune, et le croyait mort dans la Tour du Temple. Un monsieur de ma connaissance lui donna à lire *en politique point de justice ;* quand il rendit le livre, il dit : je n'ai pas besoin d'autres preuves !..... »

Un jurisconsulte de Paris m'écrivit aussi, le 14 Janvier 1853, à l'occasion de ma réplique judiciaire :

« Cher et vénéré ami,

» A la réception de votre lettre, j'ai couru acheter votre réfutation. Je l'ai dévorée et redévorée..... Vous êtes sublime !

» Démonstration irrésistible de la vérité, flétrissure impitoyable au front de tout ce qui l'a si monstrueusement mérité, réhabilitation et juste glorification des augustes infortunés dont les affreux malheurs dépassent l'imagination du plus sombre romancier ; tout cela est sorti de votre plume, je voulais dire de votre noble cœur, avec l'élévation et l'énergique chaleur qui n'appartiennent qu'à une âme comme la vôtre.....

» Je sens bien que, dans mon entraînement, je vous parle autrement que je ne devrais vous parler, à vous qui m'avez permis de vous traiter d'ami, et qui à ce titre répudiez un enthousiasme qui cadre mal avec la simplicité de nos relations. Mais tant pis ! Fâchez-vous contre moi, parce que je n'ai pu contenir mon admiration dans des termes que vous auriez pu accepter, je ne puis retirer mon mot : Vous êtes sublime !.... comme une Providence vengeresse !.... J'ai dit.....

».....L'illustre — M. Jules Favre — m'a prouvé avant-hier qu'il est toujours le même ; je veux dire qu'il a conservé ce cœur que nous lui connaissons : c'est avec une tendre sollicitude qu'il s'est informé auprès de moi, lui parlant de votre lettre et de votre riposte foudroyante, de chacune des nobles victimes et de leur infatigable champion. Aimez-le toujours, il en est digne.....

» L'*** »

Dans l'anné 1858, M. Flatau, libraire-éditeur à Bruxelles, a publié ma réfutation de l'ouvrage de M. de Beauchesne, « Louis XVII, sa vie, son agonie, sa mort, » sous le titre de : *Non Louis XVII n'est pas mort au Temple.*

Ce dernier ouvrage, pour éclairer les consciences erronées et les esprits de bonne foi, n'est pas moins substantiel que les autres, et n'a pas moins satisfait le public impartial. Quand il parut, une lettre d'Angleterre m'informait qu'un gentilhomme anglais trouvait ma réfutation triomphante, et qu'un autre, dont la raison avait un moment sommeillé, endormie sans doute au charme du récit de l'écrivain, après m'avoir lu, a exprimé sa satisfaction par ces paroles : « The Count (M. de la Barre) *cuts up Beauchesne, Lasne and Gomin most capitally.* »

C'est-à-dire : le comte a démoli de fond en comble Beauchesne, Lasne et Gomin.

« Votre Réfutation, m'a aussi écrit de Paris un homme d'un esprit supérieur et d'une grande probité, devrait exciter les plus amers regrets chez l'audacieux auteur ainsi aplati, s'il avait fait œuvre de conscience, et qu'il se fût involontairement mépris : mais il y a longtemps que vous l'avez écrit et triomphalement démontré : *en politique point de justice.* »

Je mets encore sous vos yeux ce passage d'une lettre d'une noble comtesse, qui nous a écrit de Russie. « Je viens de lire deux ouvrages qui ont attiré toute mon attention ; celui de M. de Beauchesne, et la Réfutation, par M. le comte Gruau de la Barre. J'ai été pénétrée d'admiration pour l'ouvrage de ce dernier..... Mais, je crois que toute âme bien née doit penser comme lui. Jusqu'à présent, j'avais fort peu entendu parler du sujet de cet ouvrage, dont la vérité profonde devrait frapper les plus aveugles. Je crois fermement à cette vérité : »

Un journal Belge, *Sancho, Revue des Hommes et des Choses,* contenait à ce sujet, le 9 Août 1857, l'article suivant :

« Un Mystère Historique.

» Dans le cimetière d'une petite ville de la Hollande méridionale, on lit sur la pierre de la plus humble des tombes cette inscription laconique :

Ici repose

LOUIS XVII,

Roi de France et de Navarre,

(Charles-Louis, Duc de Normandie)

Né à Versailles, le 27 Mars 1785,

Décédé à Delft, le 10 Août 1845.

» Que si le voyageur, effrayé, s'arrête devant ce sépulcre mystérieux et se reporte en imagination aux événements qui signalèrent la sinistre époque de la Convention, il se demandera comment le Dauphin de France, que les historiens font mourir dans sa prison du Temple, se trouve avoir vécu au-delà de la soixantième année, comme l'atteste sa sépulture ; car la terre étrangère — moins hostile que celle de la patrie — a laissé au mort qu'elle recouvre le nom fatal et doux de ses pères. Si alors, il examine avec une équitable impartialité la suite des événements contemporains, un doute immense et douloureux se fera dans son esprit, et une larme de pitié tombera de ses yeux sur cette pierre qui témoigne d'une lamentable destinée.

» Depuis un demi-siècle, l'Europe s'est préoccupée à diverses reprises de cette probabilité de l'existence de Louis XVII, probabilité foudroyante pour la famille des Bourbons et à laquelle des pièces authentiques ont apporté depuis tant d'éléments de certitude, — et chaque fois les gouvernements s'épouvantèrent des conséquences inappréciables d'une reconnaissance publique, quand bien même elle ne dût entraîner d'autre effet qu'une simple récupération de droits civils. Cependant l'imagination populaire, toujours avide de mystères et de merveilles, se plut à distinguer, parmi les prétendants à la succession de Louis XVI, une étrange personnalité à laquelle, malgré toutes les recherches ordonnées par tous les pouvoirs, on n'a pu assigner d'autre dénomination probable que celle de Duc de Normandie et de Dauphin de France. De nobles dévouements s'agitaient d'ailleurs autour de cet inconnu qui réclamait, devant la révolution victorieuse, l'effrayante succession d'un monarque supplicié par son peuple.....

» Et cependant Naundorff ne demandait pas un trône à la France; il se bornait à réclamer de Louis XVIII, du comte de Chambord, de la duchesse d'Angoulême, son nom enfoui dans la fosse révolutionnaire et sa part de l'héritage paternel!....

» Pour en revenir à l'objet principal de cette étude, c'est-à-dire à la fausseté des déclarations qui font mourir au Temple le fils de Louis XVI, des témoignages historiques d'une valeur réelle appuient l'affirmation contraire qui résulte de l'insignifiance et de l'illégalité de l'acte même de décès, lequel n'est signé que par Lasne, agent salarié de la Convention, et par un certain Remi Bigot qui se qualifie ridiculement ami de l'enfant-Roi. La plupart des historiens ont accepté aveuglément et sans le discuter ce témoignage que tant de raisons devaient leur rendre suspect. Ah! ce n'est pas ainsi que procédaient ces pères de l'histoire, qui croyaient devoir justifier pour ainsi dire leur narration au moyen de la philosophie. Tradition ou témoignages, tout était pour eux l'objet d'analyse minutieuse, de contrôle patient, de discussion approfondie. L'action posée, ils en recherchaient le motif et le but, et l'implacable logique des sentiments et des intérêts inondaient de clartés fécondes les pages les plus nébuleuses de leurs récits. Hérodote et Plutarque fondèrent ainsi la philosophie de l'histoire.

» Quelle était la situation de la France vers le milieu de l'année 1795, époque à laquelle on fait remonter la mort de Louis XVII? Effrayée des proportions que prenait la guerre civile depuis le supplice du Roi et de la Reine, la Convention cherchait un moyen de traiter avec les chefs vendéens. Ceux-ci, comme première condition, exigeaient qu'on leur rendît le Dauphin. La Convention s'y décida quoique à regret, et pour se réserver, dans l'avenir, un moyen de lutter contre le prestige qui ne pouvait manquer d'entourer le fils du Martyr couronné, elle fit dresser un faux acte de décès, au moyen duquel Louis XVII devenait à son gré un aventurier imposteur ou le véritable Duc de Normandie. Il est positif que les généraux Hoche, Pichegru et de Frotté, aidés de Joséphine Beauharnais, qui avait sur Barras une grande influence, contribuèrent puissamment à la délivrance ou à l'évasion du jeune Prince. Ces personnages payèrent plus tard de leur vie leurs sympathies pour l'Orphelin du Temple.

» Pour nous qui examinons de sang-froid ce problème de l'histoire contemporaine, qui ne nous laissons pas emporter, dans cette grave question, par le désir de voir triompher l'un ou l'autre des partis qui se disputent le gouvernement de la France, il est un point suffisamment élucidé, un point que nous regardons comme incontestable ; c'est l'évasion du Dauphin, soit que la Convention y ait complaisamment prêté la main, soit qu'on la doive à la réussite de la petite conjuration dirigée par le marquis de Briges. Nous ne sommes pas en mesure d'affirmer, d'une manière aussi péremptoire que le prétendant, connu sous le nom de Naundorff et dont la dépouille repose au cimetière de la ville de Delft, ait été bien réellement le malheureux Duc de Normandie. Cependant, s'il suffisait, pour y croire, du contact d'une conviction profonde, de la vue d'un dévouement inaltérable, de l'impression que laisse à l'auditeur la parole pleine d'amour et de pitié d'un homme de cœur, nous aurions cessé de douter après avoir entendu M. le comte Gruau de la Barre, nous parler de la vie et de la mort de cet ami infortuné qu'il appelait son Prince, et avec lequel il partageait le pain amer de l'exil et de la pauvreté.....

» Chose étonnante, à coup sûr ! cet homme que toutes les polices de l'Europe signalaient comme un imposteur, que tous les gouvernements traquaient comme une bête fauve, ce pauvre ouvrier horloger de Spandau, exerçait sur tous ceux qui l'approchaient une étrange fascination. Ni l'orgueil d'une naissance illustre, ni la conscience du talent reconnu, ne garantirent personne de cette influence en quelque sorte magnétique. M. Jules Favre, le célèbre avocat républicain, chargé de la défense de Naundorff devant les tribunaux, écrivait à son client : « Monsieur le Duc, j'ai compris de combien d'amertumes votre vie de proscription a été abreuvée ; je l'ai senti surtout en étant admis dans l'intérieur de votre intéressante et noble famille, et je vous ai sincèrement promis d'aider de tout mon pouvoir vos efforts pour faire triompher la vérité..... »

» M. le comte de la Barre a abandonné depuis plus de vingt ans sa famille et sa patrie pour rendre une patrie et une famille à ce Prince méconnu que les Rois, ses frères, ont mis au ban des nations. Jamais l'imposture et l'intrigue ne suscitèrent de semblables dévouements.

» Nous avons omis à dessein de parler du comte de Richemont, de Mathurin Bruneau et d'autres drôles, ridicules prétendants inventés par la police française pour les opposer à Naundorff. Leur fourbe grossière fut aussitôt découverte et la chanson du prince de Navarre en fit promptement justice.....

» Que de larmes ont été versées sur le sort de ce pauvre enfant qu'on nous a dit être mort au Temple, victime des brutalités immondes de ses gardiens ! Et cependant, s'il est vrai que Naundorff soit vraiment le fils de Louis XVI et de Marie-Antoinette, qui dira cette étrange destinée qui fit de l'héritier du plus beau trône de la terre le jouet de toutes les cruautés, de toutes les souffrances, de toutes les humiliations de ce monde ? Qui dira cette existence maudite, en proie à la fatalité antique, commencée dans les prisons de la République et des rois, traînée à travers les désolations de l'exil et terminée par une mort inconnue et violente ?

» Qui dira cette épouvantable agonie dans laquelle cet infortuné gémissait sur son sinistre isolement : « Depuis qu'ils ont coupé la tête à mon père, disait-il, il n'y a eu pour moi qu'obscurité..... » Et qui, alors, arrêté dans le cimetière hollandais, devant l'humble tombe dont nous parlions au commencement de ce récit, qui n'eût murmuré ces beaux vers que Victor Hugo fait adresser par Dieu à l'âme bienheureuse de Louis XVII enfant :

Viens ! ton Seigneur lui-même eut ses douleurs divines,
Et mon fils, comme toi, Roi couronné d'épines,
Porta le sceptre de roseau !

» La pourpre des prétendants est comme la robe du centaure : condamnés à ses horribles étreintes, ils ne peuvent l'arracher qu'avec des lambeaux de leur chair, et ce n'est que leur dernier soupir qui amènera leur dernier supplice.

» Ceux qu'intéressera ce mystère historique trouveront chez l'éditeur Flatau, à Bruxelles, un excellent ouvrage dû à la plume généreuse de M. le comte de la Barre, et dans lequel se trouvent victorieusement réfutées toutes les assertions calomnieuses qui font mourir Louis XVII dans sa prison du Temple.»

» F. S. »

Enfin, en 1859, M. le comte de Chambord étant venu en Hollande, avec l'intention d'y faire un assez long séjour, je lui adressai en forme de lettre imprimée : « *La Vérité au Duc de Bordeaux.* » Aussitôt que cette publication eut paru, il quitta brusquement le pays.

Lisez, Monsieur l'évêque, ce que dit de cet opuscule, le **8 Juillet 1860**, le rédacteur du *Progrès International, journal universel de la finance, du commerce et de l'industrie, organe des consulats* — publié à Bruxelles :

« Bibliographie.

» *La vérité au Duc de Bordeaux*, par le subrogé-tuteur des enfants du Duc de Normandie, dernier roi légitime de France.

» Tel est le titre d'une brochure qui a paru l'an dernier à Breda, à l'époque où le duc de Bordeaux était venu résider temporairement en Hollande. L'auteur, M. le comte Gruau de la Barre, défenseur solitaire des droits civils les plus sacrés, et les plus odieusement méconnus par une entente de la politique générale, y dit au Prince :

» En apprenant par les journaux, Monsieur le duc, votre arrivée en Hollande et votre désir d'y fixer momentanément votre résidence, je me suis demandé quelle pouvait être la cause secrète qui déterminait Votre Altesse Royale à choisir pour lieu de séjour actuel la terre où reposent les cendres de Louis XVII, où vit sa famille. Le Prince, me suis-je dit, ne vient point en Hollande, pays sympathique aux infortunes des descendants du Duc de Normandie, pour insulter à leurs angoisses par son ostentation ; pour mettre dédaigneusement, en présence des Orphelins royaux dépouillés de leur patrimoine, le détenteur de leur héritage, et vouloir les effacer moralement, par la hardiesse de son attitude, sous leurs yeux, sans même avoir l'air de s'apercevoir que la famille royale de Breda est en possession non contestée du nom de Bourbon, généralement reconnu et respecté dans leur personne en Néerlande. Si telle pouvait être l'idée politique de ses conseils, on abuserait de sa candeur, et sa droiture ne serait pas complice d'une tactique aussi perfide.

» Sans chercher à approfondir cette question, dont la solution est du domaine de la conscience, je profite du séjour de Votre Altesse Royale en Hollande pour lui faire entendre un langage consciencieux auquel elle n'est point habituée, et la mettre à même de s'assurer qu'on l'abuse scandaleusement en la maintenant dans une ligne de conduite qui excite contre elle des murmures improbateurs et indignés, qu'on ne lui laisse probablement pas soupçonner. Les démonstrations politiques et publiques que l'on vous fait faire et que font vos partisans, sachez-le, n'ont et ne peuvent avoir aucune consistance sérieuse, aucun résultat pour vous, tant que vous n'aurez pas, par des preuves acceptables autres que les mensonges d'écrivains de votre parti, répondu à des écrits qui vengent si victorieusement la personne et la mémoire diffamées de l'auguste fils de Louis XVI. Ces manifestations de votre part, qui offrent un côté étrangement puéril, n'ont d'autre effet que de vous compromettre gravement aux yeux du monde intègre, celui dont le témoignage seul a de la valeur; parce que dans ce monde on a lu nos écrits, et qu'on s'est convaincu, par une raison éclairée, que le dernier roi légitime de France était le personnage en faveur duquel le Commissaire de Justice et Syndic de Crossen a eu le courage d'écrire au roi, le 24 Septembre 1831, et aux ministres de Prusse, le 19 et le 22 Juillet de la même année :

« ...... Le nommé NAUNDORFF ne porte ce nom, qui n'est pas le sien, que parce qu'il y a été forcé par les circonstances malheureuses qui enveloppent son existence. *Il est Français de nation et fils de Louis XVI et de Marie-Antoinette, morts sur l'échafaud; il est ainsi le dernier Dauphin de France, duc de Normandie, que les annales de l'histoire prétendaient faussement décédé au Temple sous le nom de Louis XVII.* Muni de pleins pouvoirs et chargé d'affaires de ce Prince malheureux, je fis un rapport à S.M. notre roi, dans lequel je spécifiai que j'étais chargé de demander l'appui de S. M. le roi des Français, afin que mon mandant pût rentrer dans sa fortune paternelle. Je suppliai S.M. le roi d'appuyer cette demande par son intervention puissante.

» Comme fidèle et heureux sujet de S M. et particulièrement *en ma qualité de fonctionnaire prussien*, je n'aurais jamais osé importuner le roi mon maître dans une semblable circonstance, *si je n'étais convaincu que mon mandant est en vérité celui qu'il dit être;* car j'ai eu le temps de l'étudier dans une longue intimité et de le connaître conséquemment à fond depuis l'année 1828. Mes rapports continuels, mes occupations journalières avec lui, mes observations attentives de chaque jour, de chaque instant, *tout a concouru à établir dans ma conscience la conviction inaltérable et profonde qu'il ne peut être question ici ni d'une erreur, ni d'une imposture, dont les suites seraient un mépris général et une peine infamante…..* »

» Mais d'ailleurs, ce n'est plus ici un débat politique ; il ne s'agit point de la dispute d'un trône qui n'est point vacant, et qui, s'il l'était, appartient, comme je l'ai dit, à la souveraineté nationale qui remplace aujourd'hui chez nous la légitimité. Ce n'est qu'une question de famille, une question d'héritage civil à décider entre vous et les infortunés Bourbons de Breda. Mais, par rapport à vous, c'est une question de justice et de probité, une question de conscience. Vous pratiquez avec une grande ponctualité les œuvres extérieures de religion ; la religion du Christ n'est pas là. La vraie religion consiste à accomplir les commandements de Dieu, qui défend de prendre et retenir le bien d'autrui, rien de ce qui lui appartient. Faites que votre piété ne soit point un scandale pour l'Eglise, une honte pour vos confesseurs, une hypocrisie aux yeux du monde, une raison de suspecter la divinité du christianisme catholique, de la part duquel il y a trop souvent et trop visiblement des accommodements impies avec le Ciel qu'il enseigne. Vous ne pouvez donc, sans compromettre pour toujours l'honneur de votre nom, sans inspirer une juste défiance sur la sincérité de vos sentiments religieux en vous montrant au public dans toutes les splendeurs d'un faste entretenu par la fortune enlevée à des orphelins, vos parents ; vous ne pouvez pas refuser d'accéder à ma loyale proposition, d'entrer avec vos accusateurs dans une voie quelconque d'examen, pour tenir ensuite la conduite d'un fils de France qui veut se rendre digne de l'estime de ses concitoyens et des respects du monde.

» Prenez garde, si l'on vous faisait accueillir par un coupable silence, qui vous condamne, comme à Londres, le défi que j'ai porté à vos légitimistes et que je renouvelle en ce moment de la manière la plus péremptoire et la plus pressante ; prenez garde qu'on ne dise de vous ce que l'on a dit de Madame la duchesse d'Angoulême, que vous repoussez tout examen par un cupide intérêt d'argent, et que vous méconnaissez les enfants du fils de Louis XVI pour en conserver le patrimoine.

» Monsieur le duc, l'histoire a déjà commencé pour vous ; si vous ne m'écoutez pas, elle vous prépare une page bien sévère à côté de celles qui illustreront la mémoire, à jamais glorieuse et vénérée de votre héroïque père. Elevez-vous à la hauteur de ce Bourbon sublime, qui, voulant la justice avant tout, vécut et mourut véritablement honnête homme. Inspirez-vous du même honneur royal, auquel il a dévoué sa vie, quand, sommant Louis XVIII de descendre du trône pour remettre sa couronne usurpée à son roi légitime, Louis XVII, il répondit fièrement à ce monstrueux égoïste :

»Sire, plutôt la justice qu'une couronne!» Montrez-vous digne de lui et dites noblement, à votre tour, aux courtisans qui endorment votre conscience dans un sommeil d'iniquité et voudraient vous détourner de votre devoir, dites-leur : Messieurs, la justice plutôt que des millions ! »

«M. le duc de Bordeaux a quitté la Hollande, sans vouloir comprendre ce que sa qualité d'héritier de Mme la duchesse d'Angoulême lui impose de devoirs de justice et de conscience, envers ceux dont l'auteur des feuilletons de *l'Indépendance belge*, *Eraste*, disait, dans la feuille du 20 du mois dernier, en nobles paroles vivement senties par tous ceux que n'aveugle pas l'esprit de parti, ou l'incrédulité systématique et intéressée :

» ..... Ainsi sont restés, humiliés, dans l'abandon, dans la
» pauvreté, d'humbles enfants, sans asile et sans pain, des
» noms glorieux aussi éclatants que le nom même de la Maison
» de Bourbon. »

«Mais, nous disait tout dernièrement M. le comte Gruau de la Barre : » La vérité est implacable et ne se modifie point, ne se prescrit point, par des considérations égoïstes ; je l'ai dite au duc de Bordeaux ; il la fuit pour ne pas l'entendre. Pour elle il n'y a point de distance ; elle le poursuivra partout sans rémission, sans pitié ; car elle est dans sa conscience, et cette conscience, il la porte avec lui ; il ne peut pas s'en séparer, en étouffer la voix ; et elle lui criera jusqu'à sa dernière heure, quand ses biens, qui font son iniquité et sa culpabilité devant Dieu, lui échapperont : « Malheur à votre âme, si vous mourez les mains polluées du bien d'autrui ! »

» Nous apprenons que le gouvernement français n'a pas permis la circulation de l'ouvrage de M. le comte de la Barre. Et pourquoi donc ? Il n'y a rien, selon nous, dans cet écrit, qui puisse exciter le moins du monde sa susceptibilité. Est-ce que par le temps qui court il y aurait des principes qui font peur? Dans tous les cas, ce n'est pas pour plaire au roi illégitime des légitimistes de France que cet acte aura été pratiqué. Pour nous, notre politique serait, si nous avions une dynastie impériale à créer pour la France, de reconnaître en fait les petits-enfants du fils de Louis XVI, et de leur assurer une noble indépendance, en retour des propriétés de Louis XVI et de Marie-Antoinette qui font partie des domaines de l'Etat. Cet acte de haute justice, autant que d'humanité, élèverait l'empereur des Français au-dessus de tous les souverains qui, pendant plus d'un demi-siècle, n'ont eu que dédains et persécutions pour l'héritier direct de l'antique monarchie française, et réduirait désormais à un honteux silence l'usurpateur en perspective des droits politiques de la branche aînée de sa royale Maison; droits inoffensifs et inefficaces dans la personne des Bourbons de Breda, qui ne demandent qu'à vivre tranquillement, comme simples citoyens, loins des grandeurs, sources de toutes les infortunes de leur père et des leurs. »

Il y aura peut-être des personnes, Monsieur l'évêque, qui me blâmeront d'avoir cité plus haut des passages de lettres, sans y mettre de signature. Comme il s'agit d'une correspondance privée, j'ai dû agir ainsi par discrétion. Cependant j'en fournirais, au besoin, la justification à qui douterait de leur réalité.

Peut-être dira-t-on encore que j'ai un peu abusé du droit de citation, surtout en raison des éloges qui me sont personnels. Mais je ne m'en prévaux pas, car ce n'est pas pour ma propre satisfaction que je les ai reproduits. D'ailleurs tout l'honneur en revient à l'auguste famille qui en recueille le profit, dans les témoignages de justice qu'on lui rend. J'ai voulu aussi que d'autres paroles que les miennes parlassent à votre conscience, et vous prouvassent comment un public clairvoyant, autre que celui de M. de Beauchesne, accueille une certitude démontrée qui n'est pour lui que l'effet *d'erreurs grossières inexpliquées;* erreurs qu'il n'a pas eu la pensée, disons mieux, la capacité d'expliquer, parce que, s'il eût voulu le faire, il ne l'aurait pu que dans le sens des convictions qu'elle opère. Je l'engage à peser attentivement cette observation et à nous montrer, dans une nouvelle édition de son livre, son habileté de raisonnement pour changer la lumière en ténèbres. Il ne peut plus garder le silence à notre égard s'il ne veut pas qu'on lui applique le proverbe : qui ne dit rien consent. Vous comprenez que le jugement, porté sur mes écrits par des intelligences qui valent la sienne, couvre d'un vernis de suprême ridicule son Louis XVII de l'hôpital ; il nous doit donc une bonne explication de nos *erreurs grossières*, pour sauvegarder son amour-propre d'historien et sa véracité d'écrivain. Qu'il laisse en conséquence tomber sous nos yeux *les nombreux documens officiels, presque tous inédits, dont ses mains sont pleines, et qui devaient venir au besoin confirmer la scrupuleuse exactitude de son récit* : ce besoin est actuel et urgent pour lui et pour ses lecteurs qu'il a mystifiés.

Une baronne hollandaise écrivait dernièrement à une de ses amies, à propos de ma Réplique Historique : M. de la Barre se donne beaucoup de mal afin de convaincre des .... gens qui se donnent beaucoup de peines pour ne pas croire. Cette remarque est d'une grande justesse ; tous ceux qui se disent incrédules ne le sont pas. Ils nient seulement la foi cachée dans leur for intérieur. Ayant des raisons pour ne pas l'avouer, ils pratiquent l'axiôme du plus fourbe des diplomates qui disait : que la parole a été donnée à l'homme pour déguiser sa pensée. Est-ce que le bon sens n'est pas le régulateur de la croyance humaine ? Alors ce qui l'éclaire chez les uns ne peut point être obscurité pour les autres ; voilà pourquoi M. de Beauchesne ne mentionne pas mes publications si judicieusement appréciées, si pleines de faits qu'on ne peut pas détacher de l'histoire réelle de Louis XVII. Il est visible qu'il a craint d'appeler l'attention sur le personnage qu'elles identifient avec l'Orphelin du Temple. Il est par conséquent impossible d'admettre qu'il se soit livré à un examen consciencieux de la question qu'il tranche si souverainement, sans l'avoir envisagée sous toutes ses faces ; et nous ne pouvons croire à sa parole quand il nous déclare, avec tant d'aplomb : *qu'il n'a rien négligé pour s'assurer de la vérité.*

Vous avez dit que cet écrivain « avait connu trois amies intimes de la femme Simon, qui avait été recueillie aux Incurables par la Restauration. » Il a dû alors apprendre d'elles que leur amie avait eu une connaissance personnelle de la libération du Dauphin ; car elle le répétait à qui voulait l'entendre. Elle a tenté en vain à la Restauration d'en instruire Madame la duchesse d'Angoulême d'une manière efficace. Repoussée des Tuileries, malgré la bonne nouvelle qu'elle croyait annoncer, consignée d'abord, puis resserrée plus étroitement dans l'hospice qu'elle habitait, toujours la fille de Louis XVI fut pour elle inaccessible.

Vous avez dit aussi que M. de Beauchesne avait *vu, connu, entretenu tout ce qui survivait des acteurs* du temps ; qu'il s'est mis en relation *avec les personnes encore vivantes auxquelles le hasard de leur position avait ouvert les portes du Temple.* Cela n'est pas exact. Moi, j'en ai connu plusieurs, qu'il s'est bien gardé d'interroger, parce qu'elles attestaient, en même temps que l'évasion, l'identité du prétendant avec le royal Orphelin du Temple. Ces personnes sont : Mme Delmas, qui fut la nourrice du duc de Berri ; Bulot, le ferblantier du Temple ; et Joseph Paulin, dont le Prince nous parle dans son récit. Leurs attestations viendront en temps et lieu. Je ne puis pas entrer ici dans une discussion approfondie, comme je l'ai fait en 1854 ; il me suffira, au surplus, pour illuminer votre intelligence abusée, de vous mettre à même de comparer, ce que Lasne et Gomin lui ont fait écrire dans son histoire de Louis XVII, avec des dépositions judiciaires qu'ils ont été appelés à donner en justice, et vous serez pleinement convaincu que cette histoire est bâtie sur une série de mensonges si peu déguisés, et de conversations avec l'enfant si impossibles, si extravagantes, que le plus commun bon sens ne saurait s'y méprendre, que tout esprit raisonnable s'écrie en les lisant : ce n'est pas vrai !

Revoyons ensemble ce que Gomin et Lasne ont raconté de plus saillant sur le Dauphin à M. de Beauchesne. Le premier a déployé une imagination de romancier des plus merveilleuses. Quant à Lasne, c'était vraiment un homme fort extraordinaire. Il possédait une mémoire phénoménale autant que bizarre. Ainsi nous le voyons oublier ce qu'il devait se rappeler, ses propres paroles, pour ne pas se démentir ; et il se souvient de celles des autres, d'une inscription en vers, d'un compliment textuel, enfin d'une foule de particularités qu'il aurait connues en 1791, et dont il cause avec l'enfant. On pourrait donc, jusqu'à un certain point, s'expliquer l'empire qu'a exercé sur l'esprit et la confiance de l'historien une semblable merveille humaine, enrichie de la vaste intelligence de Gomin.

Relisons le tissu de phrases combinées pour faire croire que les enfans substitués au Dauphin, le *sourd-muet* et *le malade de l'hôpital*, étaient le royal Orphelin du Temple, dont ils n'avaient point été les gardiens :

« Gomin, ayant su que l'Orphelin royal avait toujours aimé les fleurs, fit monter dans sa chambre quatre petits pots de fleurs qu'il avait choisis lui-même, et qui étaient dans tout leur éclat. La joie mouilla les yeux de l'enfant, il pleura. Il tournait autour d'elles avec ivresse; il les prenait à deux mains pour en respirer les odeurs! il finit par en cueillir une!..... puis il regarda Gomin d'un regard profondément mélancolique: *une pensée filiale* lui avait traversé le cœur.

» Gomin, depuis son entrée au Temple, bien que des jours et des jours se fussent écoulés, n'avait pu encore obtenir une parole de son prisonnier.

— C'est tout naturel l'enfant était muet. —

» Peu à peu l'enfant le regarda d'un œil moins inquiet, et finit même par devenir assez expansif. Le premier mot qui sortit de ses lèvres fut un mot de gratitude. *C'est vous qui m'avez donné des fleurs! je ne l'ai pas oublié*, dit-il.

» Le 25 Janvier 1795, l'Orphelin passa la moitié de la journée dans la salle du Conseil, et dîna avec le commissaire, Laurent et Gomin! Le commissaire ayant dit en parlant de l'enfant, vous me disiez qu'il était bien malade, il n'y paraît pas,.... il se porte comme il se porte; il y a tant d'enfants qui le valent, qui sont plus malades que lui! il y en a tant qui meurent et qui sont plus nécessaires! *Le Dauphin* détourna son front déconcerté et regarda vaguement la muraille. Le prisonnier prenait tranquillement sa part du dîner avec appétit avant la virulente sortie du municipal; dès ce moment il refusa tout ce qu'on lui présenta. Une frangipane argentée d'une poudre de sucre le trouva froid et insensible; il affecta même de n'y faire aucune attention: il grignotait du bout des dents une petite croûte de pain. Le commissaire versa du vin pur dans son verre et dit: il faut qu'il boive à la santé de la République. L'enfant ne daigna regarder ni son échanson ni son verre. On le fit remonter dans sa chambre. Le bon Gomin avait mis en réserve un morceau de frangipane qu'il lui laissa sur sa table en se retirant.

» Le lendemain ce fragment de gâteau était encore dans son entier. Le gardien fit à l'enfant un bienveillant reproche de n'y avoir pas touché: *je l'aurais accepté de vous avec grand plaisir, dit-il, mais cet homme avait découpé cette pâtisserie, elle provenait de son dîner; et je ne veux rien de lui, pas plus que de son vin.* Deux jours après, Gomin fut péniblement surpris de l'entendre répéter tout bas cette phrase : *il y en a tant qui meurent et qui sont plus nécessaires.*

» Plein de sympathie pour Gomin, auquel il livrait maintenant volontiers la confidence de ses peines, rien ne pouvait vaincre son ombrageuse répugnance pour tous les visiteurs du dehors ; jamais ils *n'obtinrent un mot de lui.* Quelques-uns, plus d'une fois, employèrent la prière pour lui arracher une réponse: *il les regardait d'un œil fixe et ne répondait pas.* D'autres souvent eurent recours à la menace..... Oh! pour ceux-là; *il n'avait pas même un regard.*

— L'enfant malade de l'hôpital fut substitué au muet du 15 Février 1795 au 3 Mars. —

» Des commissaires civils se rendirent le 26 Février au comité de sûreté générale, annonçant *le danger imminent que couraient les jours du prisonnier.* Interrogé sur la nature de ce danger, ces officiers municipaux répondirent que *le petit Capet avait des tumeurs à toutes les articulations et particulièrement aux genoux ; qu'il était impossible de lui arracher une parole, et que toujours assis ou couché, il se refusait à toute espèce d'exercice.*

» Gomin essaya de multiplier autour du *Dauphin* les distractions et les délassements. Il allait parfois chercher dans la bibliothèque du Temple un ouvrage qui pût intéresser l'enfant et il le lui présentait ouvert : je prie Monsieur de vouloir bien lire. *Et l'enfant commençait à la page indiquée, de la meilleure grâce du monde.* Il lisait avec beaucoup de netteté et de correction, en tenant le livre à distance, sur les genoux ou sur la table. C'était ordinairement un volume des *Contes moraux de Marmontel,* ou *des Veillées du château,* ou de l'*Histoire de France.* Un jour, dans un conte de Marmontel, il rencontra une anecdote qui captiva au plus haut point son attention et son intérêt. *Il lut avidement jusqu'au bout toute l'histoire.* Le plus habituellement il jouait aux dames avec lui, ou bien encore, si les forces de l'enfant lui permettaient cette distraction, on montait dans le comble de la grande tour, et on faisait une partie de volant. A ce jeu le jeune invalide se défendait parfaitement; son coup d'œil était sûr, sa main prompte ; il avait toujours la main gauche appuyée sur la hanche et tenant son pantalon, tandis que la main droite était armée de la raquette.

— Quel changement subit dans l'état de santé du prisonnier qui, le 26 Février, se refusait à toute espèce d'exercice ! —

» Un soir le 12 Mars 1795, Gomin s'assit auprès du *Prince* et lui proposa une lecture ou une partie de dames. L'enfant reconnaissant, le regarda profondément, se leva et se dirigea doucement vers la porte, sans cesser de tenir attaché sur son gardien un regard tout à la fois interrogateur et suppliant. — Vous savez bien que cela ne se peut pas, dit celui-ci. — *Je veux la revoir une fois, dit le pauvre enfant, laissez-moi la revoir avant de mourir, je vous en prie !* — Gomin reconduisit l'enfant à sa place, qui se jeta sur son lit, au plutôt y tomba presque sans connaissance, sans mouvement. Quand il eut repris ses sens, *l'âme de l'enfant s'exhala tout entière en cris de détresse :* — Monsieur Charles ne pleurez pas ainsi, *on vous entendrait*. Il se tut aussitôt.

» Le 23 Mars 1795, il vint un municipal qui, examinant profondément les yeux du *Dauphin* dit : Cet enfant n'a pas six décades à vivre..... Le regard de l'enfant resta doux, une larme brilla dans ses yeux, et de son cœur trop plein s'échappèrent ces paroles avec un soupir angélique : *je n'ai pourtant fait de mal à personne.* »

— Si nous étions encore dans le temps des sorciers et des sortilèges, je me figurerais que Gomin, qui a fait parler un sourd-muet, a rendu aveugle l'écrivain qui donne pour de l'histoire authentique les conceptions de la plus impudente imposture. Lasne à son tour va entrer en scène. Remarquons bien qu'il a écrit sur l'album de M. de Beauchesne après sa signature : *dernier gardien des enfants de France et* LE SEUL *qui ait soigné Louis XVII* PENDANT LES DEUX DERNIERS MOIS DE SA VIE ; *c'est-à-dire, depuis le 8 Avril jusqu'au 8 Juin :* Gomin, Lasne et M. de Beauchesne vont l'oublier bien des fois.

» Le nouveau gardien fut *effrayé de l'état dans lequel il trouva le Dauphin. Il avait plusieurs fois,* étant de garde aux Tuileries, *aperçu le royal enfant* dans son petit jardin et sur la terrasse du bord de l'eau ; *je le reconnus* parfaitement, me dit-il.

» Mais malgré toutes ses attentions, depuis trois semaines qu'il était au Temple, Lasne n'avait pu tirer une seule parole du *Dauphin*. Il devint dès-lors fort assidu auprès de lui. Il ne négligeait rien pour lui procurer quelques distractions ; il le promenait souvent sur la plate-forme pendant une heure ou deux, selon le temps. L'enfant le tenait par le bras gauche ; il marchait avec peine et boitant ; — depuis qu'il avait joué au

olant dans le comble de la grande Tour, — Lasne le soutenait
de son mieux ; et le pauvre enfant lui exprimait sa reconnaissance
par un regard, *par un mot*, par un geste.

» Quand le temps était mauvais, le gardien jouait avec le
Dauphin aux cartes ou aux dominos, et ce fut ainsi qu'un jour
il lui rappela, tout en remuant les dominos, le présent que
le jeune Prince avait reçu jadis aux Tuileries, alors qu'il jouissait
encore d'une ombre de son ancienne fortune. Lasne avait été
témoin de la joie du fils du Roi lorsque, le 21 Mai 1791, les
élèves militaires qui composaient ce petit régiment du Royal
Dauphin vinrent apporter à leur colonel *un jeu de dominos
fabriqués, par les soins de M. Palloy, avec un marbre noir
provenant des débris de la Bastille.*

» Quelques rayons de joie se ranimèrent dans le cœur du jeune
captif quand Lasne lui rappela toutes les circonstances de cette
journée. « Lorsque les bataillons des élèves militaires, lui dit-il,
réunis à celui des vieillards, arrivèrent au château, le Roi était
absent, et vous étiez à votre jardin. Les enfants entrèrent en
corps dans les Tuileries. Après avoir défilé devant la Reine, ils
se rendirent au jardin de leur colonel ; ils firent alors plusieurs
manœuvres avec une précision remarquable ; puis le fils de
M. Palloy, à la tête de la députation des élèves, vous présenta
le jeu de dominos en récitant ce quatrain, qui était écrit en lettres
d'or sur la boîte :

De ces affreux cachots, la terreur des Français,
Vous voyez les débris transformés en hochets :
Puissent-ils, en servant aux jeux de votre enfance,
Du peuple vous prouver l'amour et la puissance !

» Ensuite M. Joly, organe des enfants, vous adressa un compliment :

» De jeunes Français, vous dit-il, soutiens futurs du trône
qui vous est destiné, et que la sagesse de votre père a placé
sous l'empire immuable des lois, se font une jouissance
bien douce de vous présenter en corps leurs respects, leur
amour et leur hommage. L'offrande qu'ils vous font est
bien peu de chose, mais chacun d'eux y joint celle de son
cœur. »

» Madame de Soucy fit alors l'éloge du présent qui vous était fait, et assura la députation que vous ne le verriez jamais sans éprouver un vif sentiment de reconnaissance. « Oh! c'est bien vrai! » vous écriâtes-vous. On vous fit remarquer un petit accident qui était arrivé au domino : « c'est égal, répondîtes-vous, il ne m'en sera pas moins précieux. » On vous montra après le portrait du Roi gravé sur la pierre sacrée de l'autel de la Bastille : « Ah! voilà papa Roi. » Chacun de nous le porte dans son cœur, vous dit alors M. Joly; comme lui, vous vivez pour le bonheur de tous, et, comme lui, vous deviendrez l'idole de tous les Français. Vous vous approchâtes alors de M. Joly, et vous lui dîtes : « Monsieur, je vous prie de bien remercier pour moi ces messieurs de leur cadeau, et surtout d'avoir bien fait l'exercice. » La députation se retira et les bataillons défilèrent. »

— On croit lire un passage d'histoire copié quelque part. Mais non, c'est un souvenir rapporté; car M. de Beauchesne « assure que, pendant que Lasne discourait sur le jeu de dominos et rappelait l'inscription qu'il portait, l'enfant, *avec un sourire maladif où il y avait un peu de gaieté nuancée de malice, montra de la main* les murs que l'architecte Palloy, devenu le patriote Palloy, avait bâtis ou exhaussés pour fortifier la prison du Temple, après avoir démoli la Bastille. *Un geste que Lasne fut obligé de traduire, ce fut tout ce que la conduite de Palloy inspira à l'enfant*, dont un dernier éclair de joie illumina les yeux languissants quand Lasne lui dit, en sa qualité de vieux soldat, que ce régiment manœuvrait comme une troupe d'élite, et qu'un peu plus tard, le colonel aurait été digne du régiment. A ces mots, l'enfant releva la tête, en jetant un regard oblique *comme pour s'assurer qu'il ne pouvait être entendu de personne* : « M'as-tu vu, lui dit-il, avec mon épée? » *Lasne se souvint en effet d'avoir vu aux Tuileries le Dauphin avec sa petite épée*, et sa réponse sur ce point satisfit l'enfant, inquiet de savoir ce qu'elle était devenue.

» Quand la conversation fatiguait l'enfant malade, le gardien lui chantait quelques airs pour l'égayer. Le refrain de l'opéra *de Richard Cœur de Lion* le faisait toujours rire :

<blockquote>
Et zig et zoc,
Et fric et froc,
Quand les bœufs sont deux à deux
Le labourage en va mieux.
</blockquote>

» Sa physionomie s'épanouissait lorsque le chanteur entonnait le couplet de Sedaine :

O Richard, ô mon Roi,
L'univers t'abandonne ..... »

— Couplet qui, s'il eût été chanté alors dans le Temple, aurait fait envoyer le chanteur à l'échafaud. —

« Mais lorsque Lasne passait à une chanson révolutionnaire, il ne paraissait plus écouter ou bien *il levait les épaules et une petite moue remplaçait le sourire.*

» Le temps marchait ; le mal qui consumait l'enfant prenait des allures plus rapides ; la crise approchait. Gomin —qui, depuis le huit Avril, ne soignait plus l'enfant— et Lasne écrivirent sur le registre : *le petit Capet est indisposé.* Le lendemain, l'avertissement fut renouvelé : *le petit Capet est dangereusement malade*; il y a crainte pour ses jours.

» Le 6 Mai 1795, M. Desault fut appelé à donner les soins de son art au malade. Il questionna le malheureux enfant sans pouvoir en obtenir de réponse. Le lendemain, comme M. Desault se retirait, *Gomin* lui demanda s'il ne faudrait pas essayer de promener l'enfant dans le jardin. Des décoctions de houblon à prendre par cuillerées de demi-heure en demi-heure, et des frictions d'alcali volatil sur les tumeurs avaient été ordonnées. Ces frictions furent faites par Lasne ; mais il fut moins facile de lui faire accepter la potion, dont il n'avait pas voulu encore goûter. *Gomin* eut beau, à trois reprises différentes, boire devant lui un verre de cette potion, il n'en obtint rien. Le second jour Lasne renouvela ses sollicitations, et comme, en le suppliant, il recommençait à goûter la potion dans un verre, l'enfant lui prit des mains la cuillerée qu'il lui présentait : *tu as donc juré que je le boirais ?* » s'écria-t-il avec fermeté, *eh bien! donne, je vais le boire.*

» Sur le créneau de la plate-forme, la pluie avait creusé une espèce de petit bassin ; l'eau s'y conservait. Chaque fois que l'enfant était conduit sur la plate-forme, *il pouvait apercevoir une bande de moineaux qui venaient boire à ce réservoir et s'y baigner.* Ils s'envolaient d'abord à son approche ; mais l'habitude de le voir presque tous les jours se promener paisiblement, avait fini par les rendre plus familiers, *et ils ne secouaient* leur plumage qu'au moment où il arrivait tout près deux. C'étaient toujours les mêmes : il les reconnaissait, IL LES APPELAIT SES OISEAUX.

» Il était sensible au vif intérêt que lui montrait son médecin. *La reconnaissance lui délia la langue, les bons traitements lui rendirent la parole* Il n'avait point eu de voix pour maudire, *il en eut pour remercier.*

» Le 30 Mai, le sieur Breuillard, commissaire de service, qui connaissait Desault, lui dit, en redescendant l'escalier après la visite : « C'est un enfant perdu, n'est-ce pas ? »

» Je le crains, mais il y a peut-être dans le monde des gens qui l'espèrent, repondit M. Desault. *Dernières paroles que le docteur ait prononcées dans la Tour du Temple, et qui, bien que proférées à voix basse, ont été entendues de Gomin* qui marchait derrière Breuillard.

» Le 31 Mai le commissaire de service, M. Bellanger, peintre, dit à l'enfant : J'aurais bien désiré, Monsieur, emporter un croquis, mais je ne veux pas le faire si cela vous contrarie. *Quel croquis?* dit *le Dauphin.* Celui de vos traits ; cela me ferait bien plaisir, si cela ne vous faisait pas de peine.

» *Cela vous fera plaisir? dit l'enfant; et le plus gracieux sourire* compléta sa phrase et l'approbation muette qu'il donnait au désir de l'artiste.

» Le 31 Mai et le 1ᵉʳ Juin, M. Desault ne vint point. Le commissaire de service émit l'opinion qu'il serait convenable d'envoyer chez le médecin pour s'enquérir du motif d'une absence aussi prolongée. Gomin et Lasne n'avaient point osé déférer encore à cet avis, lorsque le lendemain le nouveau commissaire dit : M. Desault est mort hier.

» Le 5 Juin 1795, M. Pelletan, chirurgien, fut chargé de continuer le traitement du *fils de Capet.* Ce médecin *envoyé pour la forme à l'enfant mourant* dit avec force au municipal : si vous ne faites pas disparaître cet abat-jour, vous ne pouvez pas vous opposer à ce que nous transportions cet enfant dans une autre chambre.

» *Le Prince,* ému de ces paroles prononcées avec feu, fit signe au médecin d'approcher. « *Parlez plus bas, je vous en prie,* dit-il, *j'ai peur qu'elles vous entendent là-haut et je serais bien fâché qu'elles apprissent que je suis malade, car cela leur ferait beaucoup de peine.*

» Le commissaire se prêta à la demande du médecin, et l'on transporta le prisonnier *dans la pièce de la petite Tour* qui avait servi de salon à M. Barthélemi. Ce fut *Gomin qui le porta à bras-le-corps*. Il ouvrit de grands yeux pour contempler sa nouvelle demeure et reposa *sur Gomin* un regard plein d'amour heureux et de reconnaissance. Le traitement prescrit se bornait à des frictions et à *une tisane de houblon.*

» Le 6 Juin, Lasne monta *le premier* dans sa chambre et lui donna *une cuillerée de tisane qu'il prit sans opposition.* M. Pelletan arriva et dit à l'enfant : êtes-vous content d'être dans cette chambre? *Oh! oui, bien content!* répondit *le Dauphin*. Vers deux heures Gomin monta avec le dîner.

» Remonté le soir à l'heure du souper, *Gomin* fut bien agréablement surpris de trouver le malade un peu mieux. *C'est vous, dit-il à son gardien?* Enfin vous souffrez moins, lui dit *Gomin*. *Moins!* dit l'enfant. Il regarda le *surveillant* d'un œil plein d'amertume. *Gomin* lui demanda ce qu'il avait. *Toujours seul!* avait-il répondu, *ma mère est restée dans l'autre Tour.*

» *Gomin* reprit : *c'est vrai, vous êtes seul, mais vous n'avez pas ici le spectacle de tant de méchants hommes et l'exemple de tant de mauvaises actions. Oh! j'en vois assez, murmura-t-il; mais,* (ajouta-t-il, d'une voix adoucie en arrêtant les yeux sur son gardien, et en appuyant la main sur son bras) *je vois aussi de braves gens et ils m'empêchent d'en vouloir à ceux qui ne le sont pas.* Gomin dit alors : *M....., que vous avez vu souvent ici comme commissaire a été arrêté, et il est maintenant en prison. J'en suis fâché, dit le Prince. Est-ce ici?* — Non, ailleurs, à la Force. Il fit une longue pause et *répéta avec réflexion :*

» *J'en suis bien fâché; car, voyez-vous, il est plus malheureux que nous : il mérite son malheur.*

» Ce fut encore Lasne qui, le 8 Juin, entra le premier dans sa chambre. *Gomin* nous a avoué qu'*il n'osait plus, depuis plusieurs jours, y monter le premier*, dans l'appréhension de trouver le sacrifice accompli. L'enfant était levé quand Pelletan vint le voir à huit heures. *Le jeune malade demanda bientôt lui-même à se coucher.*

» *Gomin* remplaça Lasne dans la chambre du *Dauphin*. Il s'assit près de son lit. Que je suis malheureux de vous voir souffrir comme cela, lui dit-il! *Consolez-vous, lui dit l'enfant, je ne souffrirai pas toujours.* Gomin se mit à genoux pour être plus près de lui. L'enfant lui prit la main et la porta à ses lèvres ; le cœur religieux de *Gomin* se fondit en une prière ardente.

» L'enfant ne quitta pas la main fidèle qui lui restait ; il éleva un regard vers le ciel, pendant que *Gomin* priait pour lui. *Gomin,* voyant l'enfant calme, lui dit : j'espère que vous ne souffrez pas dans ce moment ? *Oh! si, je souffre encore, mais beaucoup moins : la musique est si belle !*

» Or on ne faisait aucune musique ni dans la Tour ni dans les environs. *Gomin,* étonné, lui dit : de quel côté entendez-vous cette musique ? — *De là-haut ! — Y a-t-il longtemps ? — Depuis que vous êtes à genoux. Est-ce que vous n'avez pas entendu ? Ecoutez! Ecoutez!* — Après quelques instants d'attention, l'enfant tressaillit, ses yeux étincelèrent, et il s'écria dans un transport indicible : *Au milieu de toutes les voix, j'ai reconnu celle de ma mère !* — Un instant après l'éclat de ce regard s'était éteint.

» Lasne remontait *pour relayer Gomin :* celui-ci sortit le cœur serré. Lasne s'assit auprès du lit ; *le Prince* le regarda longtemps d'un œil fixe et rêveur. Comme il fit un léger mouvement, Lasne lui demanda comment il se trouvait et ce qu'il désirait. L'enfant lui dit : *Crois-tu que ma sœur ait pu entendre la musique ? Comme cela lui aurait fait du bien !* Lasne ne put répondre. Le regard plein d'angoisse du mourant s'élançait perçant et avide vers la fenêtre. *Une exclamation* de bonheur s'échappa de ses lèvres ; puis, regardant son gardien : J'AI UNE CHOSE A TE DIRE. Lasne approcha et lui prit la main ; *la petite tête du prisonnier se pencha sur la poitrine du gardien qui écouta, mais en vain.* Tout était dit. Dieu avait épargné au jeune martyr l'heure du dernier râle ; Dieu avait gardé pour lui seul la confidence de sa dernière pensée. Lasne mit la main sur le cœur de l'enfant : *le cœur de Louis XVII avait cessé de battre.* Il était *deux heures un quart après midi.*

» A huit heures du soir on avait, ce jour-là, comme de coutume, préparé le souper du *petit Capet,* sur l'ordre d'un des membres du Comité de sûreté générale qui avait fait la recommandation de garder le secret de la mort de l'enfant jusqu'au lendemain, et de continuer le service comme à l'ordinaire ; parce que le rapport ne pouvait pas être fait à la Convention nationale.

» Gomin feignait de monter le souper. Mais il monta sans le souper, en proie à la plus profonde affliction. Cette affliction, contenue pendant cinq heures devant le public, se fit jour enfin par les larmes quand il se trouva seul *en présence du corps inanimé* de *Louis XVII*. Il me disait : j'ai eu le courage de rentrer dans sa chambre. Après avoir refermé la porte derrière moi et m'être assuré que j'étais seul, j'ai soulevé timidement le linceul : vous n'eussiez pas cru qu'il était mort.

» Les plis que la douleur avait formés à son front et à ses joues avaient disparu ; les belles lignes de sa bouche avaient repris leur suave repos. Ses paupières, que fermait à demi la souffrance, s'étaient ouvertes et rayonnaient pures comme l'azur du ciel. On eût dit que son dernier regard avait rencontré une figure aimée. Il avait l'air de sourire, *il avait repris le caractère qu'il devoit avoir eu dans ses beaux jours d'autrefois !*

» On eût dit que la sérénité de ses traits était revenue comme d'elle-même, et que la candeur et la grâce morale lui montaient du cœur au visage..... La terre n'a eu pour lui que des outrages ; et pourtant, en ce moment, *ses yeux entr'ouverts semblaient regarder la terre avec tant d'amour, qu'on eût pu croire le pauvre enfant dans une douce contemplation.*

» Une heure s'écoula pendant laquelle haletant, les yeux fixes, sans voix, je demeurai près de ces dépouilles. Une voix avait parlé en mon cœur, à laquelle *j'avais promis d'être honnête homme.*

— Ce qu'il n'était probablement pas auparavant. Alors il a tenu sa promesse, en voulant démontrer, par des fables, la mort du Dauphin au Temple, pour faire outrager le Prince vivant par un monde de *Simons*, et perpétuer la désolation de la vie du père dans celle de ses enfans. —

» Je suffoquais ; je me retirai. Je songeai à monter sur la plate-forme pour respirer. Je voulus franchir deux à deux les dégrés de l'escalier ; je ne pus. *Je n'avais cependant plus à mon bras le malade que j'y traînais les jours précédents ;* mais mes forces étaient brisées..... *J'approchai du petit bassin : l'eau était tarie et les oiseaux étaient envolés.....!!! »*

A la simple lecture de ce que je viens de raconter, Monsieur l'évêque, sous la plume de M. de Beauchesne, il n'est pas une personne intelligente qui ne reconnaisse que les conversations de Lasne et de Gomin, avec le prisonnier, sont fabuleuses et maladroitement inventées. Ouvrez le second volume de la première édition, et vous lirez à le page 234 :

« Ce bel enfant, tant admiré à Versailles et aux Tuileries, délicieuse créature qui flattait tant l'orgueilleux amour de sa mère, regardez-le maintenant :..... *il ne se reconnaîtrait pas lui-même s'il se voyait dans un miroir ; ce n'est presque plus une forme humaine ; c'est quelque chose qui végète, des os et de la peau qui bougent.* »

L'imagination des trois fortes têtes qui ont concouru à la confection de l'histoire de *Louis XVII, sa Vie, son Agonie, sa Mort*, a tiré un parti inimaginable de ces os et de cette peau qui bougeaient, dans les souvenirs inventés au fur et à mesure que se développait la narration. Il est évident que toutes les paroles qu'on attribue au Dauphin, représenté par les deux enfans substitués, ont été co-ordonnées pour les besoins d'une méconnaissance qu'on ne put jamais soutenir que par le mensonge. M. de Beauchesne a servi à souhait les personnes dont « *l'imagination affriandée par l'extraordinaire a besoin d'être étonnée pour croire.* » Il nous l'a dit : « *ce qui est incroyable est toujours ce qui séduit le plus la crédulité : la vraisemblance est peu de chose pour l'homme.* »

Ainsi, en auteur habile et tant soit peu charlatan, il mène ces personnes par la lisière, à sa guise, comme des enfans, ayant su se montrer sentimental, émouvant, pathétique, quelquefois larmoyant, et s'écriant d'un ton doctoral : n'écoutez point ceux qui ne pensent pas comme j'écris, ou qui n'écrivent pas comme je pense ou fais semblant de penser ! Ce sont des inventeurs d'erreurs grossières ! Voulez-vous la vérité ? C'est moi seul qui la donne ; elle est là, elle n'est que là, dans mon livre, qui apporte à l'histoire non seulement la certitude, mais encore la preuve matérielle, authentique, que le Dauphin de France, fils de Louis XVI, est bien réellement mort au Temple.

Moi, Monsieur l'évêque, j'écris pour les esprits sérieux, et je rappelle à M. de Beauchesne qu'on lit sur son album ces lumineuses paroles de Lasne, du 21 Octobre 1837, au bas d'une lettre qu'il lui a adressée :

« Lasne, DERNIER gardien des enfants de France, et LE SEUL qui ait soigné Louis XVII pendant *les deux derniers mois de sa vie.* »

Par conséquent Lasne dément formellement toutes les paroles que Gomin fait dire à l'enfant pendant les mois d'Avril et de Mai jusqu'au 8 Juin, jour de la mort de cet enfant. De cette certitude acquise nous pouvons, sans craindre de nous tromper, conclure que Gomin, reconnu menteur, a aussi menti antérieurement à cette époque, et que l'on doit rayer de l'histoire de Louis XVII par M. de Beauchesne tous les témoignages de ce fourbe. J'opposerai tout-à-l'heure cet homme à lui-même, qui se donnera le même certificat d'imposture. Je vais d'abord opposer Lasne à Lasne qui, lui aussi, va certifier qu'il est un effronté menteur. Il a déposé trois fois en justice; en 1834, en 1837 et en 1840. Je ne relèverai point les nombreuses contradictions qui existent dans ses trois dépositions judiciaires; peu de mots suffiront pour la manifestation de la vérité que j'avance. Voici donc ce que Lasne a affirmé, sous la foi du serment, en 1840 :

« En Germinal an III (Avril 1795), je fus chargé par le Comité de Sûreté Générale de la garde du Prince et de sa sœur. A mon arrivée au Temple, je visitai *le Dauphin : ce malheureux enfant inspirait la pitié et presque le dégoût.* Mon premier soin fut de faire un rapport à la Convention sur l'état dans lequel j'avais trouvé le jeune prisonnier, ce qui avait été négligé jusqu'alors. Ce rapport fit impression sur l'Assemblée, qui chargea Desault, chirurgien en chef, de le visiter.

» L'enfant avait des calus et une tumeur assez forte aux genoux; il se soutenait à peine..... Au milieu des souffrances les plus aiguës, LE PRINCE montrait une impassibilité extraordinaire; aucune plainte ne sortait de sa bouche *et jamais il ne rompait le silence.*

» *Dans une* SEULE *circonstance, il daigna m'adresser* LA PAROLE. Un jour, plus souffrant que de coutume, il était étendu sur son lit; la douleur avait altéré ses traits, il cherchait encore à dissimuler son mal. Je lui présentai une potion stomachique qu'on avait recommandé de lui donner dans ses moments de crise; il refusa. Je revins à la charge à diverses reprises; même refus. Enfin, fatigué de mes importunités, il prit le verre qui renfermait le breuvage, et contractant sa figure d'une manière toute particulière, signe manifeste de son mécontentement, il en jeta le contenu par terre. Sans me déconcerter, sans lui adresser le moindre reproche, je remplis de nouveau le verre, et pour lui inspirer plus de confiance je le portai à ma bouche et bus moi-même devant lui. « *Tu as donc juré que je le boirais?* me dit-il en se levant brusquement sur son séant, *eh bien! donne, je vais le boire.....* » Et d'un trait il avala ce qu'il y avait dans le verre; puis il me le remit. *Ce sont les seules paroles que je lui ai entendu proférer pendant tout le temps que j'ai passé auprès de lui.....*

» Un matin, et le souvenir de ce moment me suivra jusqu'au tombeau, *il me fit signe qu'un besoin le tourmentait ;* — c'est là toute la poésie de la dernière confidence du pauvre mourant.— depuis deux jours il était alité. *Je le pris dans mes bras, il jeta les siens autour de mon cou,* puis un soupir sortit de sa poitrine, l'infortuné avait cessé de souffrir. »

Dans la déposition de Lasne du 13 Juillet 1837, et qu'il oublie, il a affirmé que l'enfant « avait rendu le dernier soupir *sur son bras gauche,* dans un moment où il le soulevait de son lit. »

Voilà donc un enfant, *qui n'a parlé qu'une seule fois à Lasne,* magiquement métamorphosé dans un être supérieur qui ravit d'admiration son gardien par tout ce qu'il aurait dit de si extraordinairement sensé.

Vous voyez, Monsieur l'évêque, comme l'histoire de M. de Beauchesne est illuminante. Gomin, interrogé aussi en justice, en 1837, après avoir prêté serment de dire la vérité, déposa devant le juge d'instruction :

» ..... Lorsque j'entrai en fonction, *la santé du Prince était déplorable,* son état de langueur et d'abattement annonçait une fin prochaine ; je cherchais par tous les moyens qui étaient en mon pouvoir à raviver cette frêle existence, mes soins étaient inutiles ; depuis longtemps il portait dans son sein le germe de la mort. A une époque que je ne pourrais préciser, il fut visité sur l'ordre de la Convention nationale par le chirurgien Desault ; et après la mort de ce dernier par le sieur Pelletan, premier chirurgien de l'Hôtel-Dieu, assisté de M. Dumangin et *d'un troisième* dont j'ai oublié le nom ; — parce que ce troisième est inventé.—

» Ces Messieurs disaient que l'état du Prince était désespéré, et que sa mort était imminente.

» Pendant sa maladie, *le Prince, que je voyais à tout les instants de la journée, causait sans effort ; il a même parlé une heure avant de mourir.*

» Je suis d'autant plus certain que l'enfant que j'ai vu mourir au Temple, était le Duc de Normandie, fils de Louis XVI, *qu'antérieurement à sa détention je l'avais vu plusieurs fois et de très-près* (étant à cet époque commandant d'un bataillon de la garde nationale de Paris) *dans le jardin, dit du Prince, aux Tuileries,* où il avait l'habitude de jouer, accompagné de sa gouvernante, Mme de Tourzel.....

» *Quant au fait de l'identité du Duc de Normandie, fils de Louis XVI, avec l'enfant confié à ma garde au Temple, et à celui d'un enfant muet qui lui aurait été substitué, mes souvenirs sont précis, et j'ai à cet égard la conviction la plus entière. Ainsi, je le déclare en mon âme et conscience : Je connaissais parfaitement avant sa détention le Duc de Normandie, fils de Louis XVI, l'ayant vu souvent, et à une distance fort rapprochée, dans le jardin du Prince, aux Tuileries, où il jouait sous la surveillance de Mme de Tourzel.*

» *C'est cet enfant dont la garde m'a été confiée ; c'est lui que j'ai soigné, c'est lui qui est mort sous mes yeux en Juin 1795 à la Tour du Temple, c'est lui enfin qui parlait encore une heure avant de mourir.*

Voilà des paroles bien précises, et pourtant elles sont toutes mensongères, deux fois mensongères même, car Gomin a été témoin de la substitution de l'enfant de l'hôpital au muet. Mais le seul point que je relève ici, c'est l'affirmation de Gomin qu'il a parfaitement connu le Dauphin avant sa détention. M. de Beauchesne nous assure le contraire.

» Gomin, dit-il, en se rendant, le 9 Novembre 1794, de la section de police à la prison du Temple, était accompagné d'un agent qui garda le silence pendant toute la route ; il se présenta avec sa nomination au commissaire, et à *Laurent* qui le reçut comme son adjoint. *Il était nuit*. Les deux gardiens montèrent ensemble, accompagnés du commissaire, pour voir les prisonniers.

» Entrés au second étage, *Laurent demanda à son collègue s'il avait vu autrefois le Prince royal.*

» *JE NE L'AI JAMAIS VU, répondit Gomin.*

» En ce cas il se passera du temps avant qu'il vous dise une parole »

Gomin a donc traîtreusement menti devant la justice, et — soit dit pour mémoire — le jugement rendu, en 1851, contre les héritiers du Duc de Normandie, est basé sur le parjure. La vérité perce le tissu d'impostures dont s'efforçaient en vain de l'envelopper les puissances de ténèbres. Les imposteurs se flétrissent eux-mêmes, et, comme toujours, dans cette sainte cause du droit le plus légitime aux prises avec l'iniquité, les cris d'anathème retombent sur la tête de ceux qui maudissent. Cinq mots sortis de leur bouche nous donnent raison contre eux tous, et, s'ils savent rester cachés sous l'opprobre de leurs propres œuvres, ils se tairont du moins, et laisseront souffrir en paix les victimes royales, dont ils ont empoisonné l'existence par leurs honteuses diffamations.

Et l'on ose vouloir glorifier le mensonge; et le mensonge prévaut, on l'exalte; un monde qui se dit honorable l'accueille et le propage, sans se sentir la conscience troublée du mal qu'il fait à des innocens calomniés; on admire l'auteur d'une publication qui le développe et l'enjolive; on a l'impudence de le décorer du nom de *documens officiels, authentiques, irrécusables;* et c'est nous qu'on accuse de charlatanisme et de croire *à des erreurs grossières!* Tant d'audace et d'hypocrisie soulèvent dans l'âme honnête un sentiment de dégoût si profond, qu'on est impuissant pour l'exprimer.

Barras, Monsieur l'évêque, qui, de concert avec les autres libérateurs du Prince, dirigeait l'entreprise, avait précisément choisi Gomin pour adjoint à Laurent, parce qu'il ne connaissait pas le fils de Louis XVI, que remplaçait le muet. Mais il pouvait avoir été induit en erreur, la nuit couvrait de ses ombres le changement de personne, et ce fut pour avoir une certitude rassurante que la substitution ne serait pas remarquée par Gomin, que Laurent lui adresse la question à laquelle il répond:

»*JE N'AI JAMAIS VU LE PRINCE ROYAL.*

On pouvait donc le conserver sans danger.

Assez sur Lasne et sur Gomin. Leur figure est à découvert; ils ont eux-mêmes brisé le masque dont ils l'avaient recouverte, et qui vous empêchait de la voir au naturel. Ils ne peuvent plus faire de dupes que ceux qui voudront bien l'être; et vous, Monsieur l'évêque, vous devez être suffisamment illuminé, par la lumière que j'ai fait jaillir de l'histoire illuminante de M. de Beauchesne, et que vous n'aviez pas aperçue.

Gomin et Lasne écartés de l'enquête de M. de Beauchesne, que lui reste-t-il de ses *preuves matérielles?* Absolument rien dans sa première édition puisque ses deux plus *lourds* témoins lui échappent; eux qui étaient le pivot autour duquel tourne toute son histoire.

Mais, dans la cinquième édition, de tous les documens *irréfragables, infaillibles,* qu'il gardait dans l'ombre avec une piété silencieuse, il en est tombé un de ses mains, qui en étaient pleines, et qu'il convient d'apprécier; car il le présente avec une confiance trop aveugle. Sentant le besoin de mêler à son roman un témoignage honorable pour couvrir la vulgarité de ses autres témoins, il s'est flatté d'éblouir son public par le prestige d'un beau nom, celui de Mme de Tourzel : « Grâce à la parfaite obligeance de Mme la duchesse de Cars, nous dit-il, j'ai pu réunir dans cette nouvelle édition de nombreux détails empruntés aux mémoires de Mme la duchesse de Tourzel, sa grand'mère. C'est celle-ci qui parle :

« Ne pouvant supporter l'idée d'une perte qui m'était si sensible et conservant quelque doute sur sa réalité, je voulus m'assurer positivement s'il fallait abandonner tout espoir. Je connaissais, depuis mon enfance, le médecin Jeanroy ; vieillard de plus de quatre-vingts ans, d'une probité peu commune, et profondément attaché à la famille royale. Pouvant compter sur la vérité de son témoignage comme sur le mien propre, je le fis prier de passer chez moi. Sa réputation *l'avait fait choisir par les membres de la Convention* pour fortifier, par l'approbation de sa signature au bas du procès-verbal de l'autopsie, que le jeune Roi n'avait point été empoisonné. *Ce brave homme avait d'abord refusé la proposition qui lui avait été faite de se rendre au Temple pour constater les causes de sa mort, les avertissant que s'il apercevait la moindre trace de poison il en ferait mention au risque même de sa vie. « Vous êtes précisément l'homme qu'il nous est essentiel d'avoir, lui dirent-ils, et c'est par cette raison que nous vous avons préféré à tout autre. »*

» Je demandai à M. Jeanroy s'il avait bien connu le Dauphin avant son entrée au Temple ; il me dit *qu'il l'avait vu rarement, et ajouta, les larmes aux yeux, que la figure de cet enfant, dont les ombres de la mort n'avaient point altéré les traits, était si belle et si intéressante, qu'elle était toujours présente à sa pensée, et qu'il reconnaîtrait parfaitement le jeune Prince si on lui en montrait un portrait. Je lui en fis voir un frappant que j'avais heureusement conservé : on ne peut s'y méprendre,* dit-il, fondant en larmes, *c'est lui-même, et on ne peut le méconnaître.*

» Ce témoignage fut encore fortifié par celui de *Pelletan,* qui, *appelé chez moi en consultation, quelque années après la mort de Jeanroy, fut frappé de la ressemblance d'un buste qu'il trouva sur ma cheminée et de celle de ce cher petit Prince, et quoiqu'il n'eût aucun signe qui pût le faire reconnaître, il s'écria en le voyant : « C'est le Dauphin ; et qu'il est ressemblant ! » et il* répéta le propos de Jeanroy; « les ombres de la mort n'avaient point altéré la beauté de ses traits. » Il m'était impossible de former le plus léger doute sur le témoignage de deux personnes aussi recommandables, et il ne me restait plus qu'à pleurer mon cher petit Prince. »

M. de Beauchesne, comme on le voit, est un écrivain privilégié. C'est toujours à lui qu'arrivent les prodigieuses découvertes historiques. Mais, par une fatalité inconcevable attachée à ses preuves irrécusables, c'est toujours trop tard qu'elles lui parviennent; quand la lumière est faite et qu'elles ne prouvent rien, sinon les efforts laborieux et inefficaces des propagateurs du mensonge pour le faire prévaloir sur la vérité! il faut que M. de Beauchesne fasse bien peu de cas de l'intelligence de ses lecteurs et lectrices pour croire que leur bon sens prenne au sérieux son nouveau document. Si la famille de Mme de Tourzel l'a gardé dans l'ombre jusqu'à ce jour, avec une piété silencieuse aussi, ce ne peut être que parce qu'il n'avait à ses yeux aucune valeur.

D'abord, il y a dans les assertions de Mme de Tourzel une grave inexactitude. Elle dit que Jeanroy et Lassus ont été choisis *par la Convention*, et M. de Beauchesne la dément, page 371 du second volume de la première édition où on lit :

« Sont arrivés les chirurgiens chargés de faire l'autopsie; c'étaient Dumangin, Pelletan, Jeanroy et Lassus. *Ces deux derniers avaient été choisis par Dumangin et Pelletan*, à cause des rapports que M. Lassus avait eus avec Mesdames de France, et M. Jeanroy avec la Maison de Lorraine, ce qui donnait une autorité toute particulière à leur signature. »

Ensuite, est-il supposable que, lorsque le Prince était en France, entouré de tous les anciens serviteurs de la cour de Louis XVI, qui reconnaissaient dans sa personne le royal prisonnier du Temple; est-il admissible qu'on n'eût pas produit contre lui le témoignage de Mme Tourzel, si, tel qu'on le donne si tardivement, on ne l'avait pas jugé, sous tous les rapports, de la plus complète insignifiance.

Comment! Messieurs Jeanroy et Pelletan, à la seule vue d'un portrait et d'un buste du Dauphin, auraient déclaré qu'ils avaient une ressemblance frappante avec l'enfant rachitique et scrophuleux, défiguré par la maladie et la mort; lui, qu'on a représenté, de son vivant, comme incapable de se reconnaître lui-même s'il se fût regardé dans un miroir ! et cette reconnaissance aurait eu lieu, spontanément de la part de M. Pelletan, plusieurs années après le décès de M. Jeanroy, c'est-à-dire, après celui de l'enfant, dont la physionomie serait restée dans sa mémoire, au point de lui faire redire, comme Jeanroy : « *les ombres de la mort n'avaient point altéré la beauté de ses traits.* » paroles qui ont une grande similitude avec celles de Gomin citées plus haut !

En vérité, ces détails sont si étranges, si inconciliables avec les idées qu'on doit se faire rationnellement de la possibilité ou de l'impossibilité d'une chose, que, vouloir y prêter plus longtemps une attention raisonnable, ce serait leur conférer une importance qu'ils ne comportent pas ; car ce sont des mots, et rien de plus.

Ce n'est pas la première fois qu'on a invoqué maladroitement le nom de Mme de Tourzel contre le Prince.

Un ami de M. Sosthène de Larochefaucault a fait dire, par cette Dame, que le Dauphin n'avait pas la plus petite marque sur le corps ; et pourtant, il a été connu de tous les personnages de l'ancienne cour de France, et particulièrement de Mme de Rambaud, femme de chambre du Dauphin, que le fils de Louis XVI en avait plusieurs ; et ces signes, elle les a retrouvés sur la personne du prétendu Naundorff. Nous pouvons donc encore en toute conscience mettre au rebut, comme par trop chimérique, comme n'étant pas de meilleur aloi que les divagations de Lasne et de Gomin, cet infaillible document nouvellement trouvé par M. de Beauchesne qui, dans un autre passage de son histoire, va bientôt nous raconter, cette fois d'accord avec la vérité, que Mme la duchesse d'Angoulême n'a jamais cru que son frère fût mort au Temple.

Quoi qu'on dise, ou quoi qu'on fasse, on ne parviendra jamais à se soustraire aux conséquences fatales qui résultent, pour les dénégateurs de l'évasion, de l'absence de toute constatation de l'identité de l'enfant mort avec le Dauphin, par le gouvernement révolutionnaire.

Voici, Monsieur l'évêque, dans la rigoureuse acception des mots, *les seules pièces officielles qui existent pour établir le décès du Prince.*

Le 21 Prairial an 3 (9 Juin 1795), Sévestre, au nom du Comité de Sûreté Générale, fit à la Convention le rapport suivant :

» Citoyens ! *Depuis quelque temps*, le fils de Capet était incommodé par une enflure au genou droit et au poignet gauche; le 15 *Floréal* (20 Avril), les douleurs augmentèrent, le malade perdit l'appétit et la fièvre survint. Le fameux Desault, officier de santé, fut nommé pour le voir et pour le traiter; ses talents et sa probité nous répondaient que rien ne manquerait aux soins qui sont dus à l'humanité.

» Cependant la maladie prenait des caractères très-graves. Le 16 de ce mois (4 Juin 1795), *Desault mourut*. Le Comité nomma pour le remplacer le citoyen Pelletan, officier de santé très-connu, et le citoyen Dumangin, premier médecin de l'hospice de santé, lui fut adjoint. Leurs bulletins d'hier, à onze heures du matin, annonçaient des symptômes inquiétants pour la vie du malade; *à deux heures un quart après-midi, nous avons reçu la nouvelle de la mort du fils de Capet.* Le Comité de Sûreté Générale nous a chargés de vous en informer. *Tout est constaté. Les procès-verbaux en seront déposés aux archives.* La Convention décrète l'insertion de ce rapport.

Les procès-verbaux dont on parle n'ont jamais été déposés aux archives, parce qu'il n'en a point été rédigé. Ce langage n'était qu'un leurre commandé par la circonstance.

Vient ensuite le procès-verbal d'autopsie dressé à la Tour du Temple, le même jour 21 Prairial (9 Juin).

» Nous soussignés, Jean-Baptiste-Eugénie Dumangin, médecin en chef de l'hospice de l'Unité, et Philippe-Jean Pelletan, chirurgien en chef du grand hospice de l'Humanité, accompagnés des citoyens Nicolas Jeanroy, professeur aux écoles de médecine de Paris, et Pierre Lassus, professeur de médecine légale à l'école de santé de Paris, *que nous nous sommes adjoints* en vertu d'un arrêté du comité de Sûreté Générale de la Convention nationale, daté d'hier, et signé Bergoing, président, Courtois, Gauthier, Pierre Guyomard, à l'effet de procéder ensemble à l'ouverture du corps du fils de défunt Louis Capet, en constater l'état, avons agi ainsi qu'il suit :

» Arrivés tous les quatre à onze heures du matin, à la porte extérieure du Temple, nous y avons été reçus par les commissaires, qui nous ont introduits dans la Tour. Parvenus au deuxième étage, dans un appartement dans la seconde pièce duquel nous avons trouvé dans un lit le corps mort d'un enfant qui nous a paru âgé d'environ dix ans, que les commissaires *nous ont dit* être celui du fils de défunt *Louis Capet*, et que deux d'entre nous ont reconnu pour être l'enfant auquel ils donnaient des soins depuis quelques jours ; les susdits commissaires nous ont déclaré que cet enfant était décédé la veille, *vers les trois heures de relevée;* sur quoi nous avons cherché à vérifier les signes de la mort, que nous avons trouvés caractérisés par la pâleur universelle, le froid de toute l'habitude du corps, la raideur des membres, *les yeux ternes*, les taches violettes ordinaires à la peau d'un cadavre.

» Nous avons remarqué, avant de procéder à l'ouverture du corps, une maigreur générale qui est celle du marasme.....

» *Tous les désordres, dont nous venons de donner le détail*, sont évidemment l'effet *d'un vice scrophuleux existant depuis long-temps*, et auquel on doit attribuer la mort de l'enfant.

» Le présent procès-verbal a été fait et clos à Paris, au lieu susdit, par les soussignés, à quatre heures et demie de relevée, les jours et an que dessus.

» *Signé*: J. B. E. Dumangin, P. J. Pelletan,
P. Lassus, N. Jeanroy. »

Voici enfin l'acte de décès :

Extrait du registre des actes de décès du 24 Prairial, de l'an 3 de la République (12 *Juin* 1795).

« Acte de décès de Louis-Charles Capet, du 20 de ce mois (8 *Juin*), *trois heures après midi*, âgé de dix ans deux mois, natif de Versailles, département de Seine-et-Oise, domicilié aux Tours du Temple, section du Temple ;

» Fils de Louis Capet, dernier roi des Français, et de Marie-Antoinette-Joséphine-Jeanne d'Autriche ;

» Sur la déclaration faite à la Maison Commune par *Etienne Lasne*, âgé de trente-neuf ans, gardien du Temple, domicilié à Paris, Rue et Section des droits de l'homme, N°. 48.

» Le déclarant a dit être voisin ;

» et par :

» *Remi Bigot*, employé, domicilié à Paris, Vieille-Rue du Temple, N°. 61 ;

» Le déclarant se dit être *ami* ;

» Vu le certificat de Dusser, commissaire de police de ladite section, du 22 de ce mois (10 *Juin*).

» *Signé*: Lasne, Bigot et Robin, officier public.
» Pour extrait conforme, etc. »

Je mets sous vos yeux, Monsieur l'évêque, le jugement que portent de l'histoire de M. de Beauchesne, des écrivains qui font autorité dans le monde littéraire. Lisez ce qu'en dit la *Revue des deux Mondes*, tome 72, pages 931, 932 :

« M. Henri de Sybel, professeur à l'université de Bonn, consacre aux derniers jours du Dauphin des pages larmoyantes, dont la longueur n'est nullement en proportion du reste ; il n'en ignore aucun détail, il n'en omet aucune circonstance, et parmi ces circonstances, il en est plusieurs de réellement étonnantes, et qui tiennent presque du miracle : toutes les paroles de l'enfant sont marquées d'une sagesse au-dessus de son âge qui confond ses gardiens ; il a des visions, il converse avec les anges, il entend une musique céleste, sa mère l'appelle du fond du Paradis, et lui répond. Où M. de Sybel a-t-il trouvé de telles choses ? Quelle découverte inattendue l'a mis en possession de ces détails sur un événement qui était jusqu'ici le plus énigmatique de la révolution française, et dont les témoignages contradictoires, recueillis quarante ans après, et dépourvus de tout caractère authentique, n'avaient point suffi à dissiper l'obscurité ? Pourquoi M. de Sybel ne cite-t-il pas ses documents, n'en donne-t-il pas même le titre ? *Pourquoi ? C'est que, sans en dire un mot, il a tout pris dans un de ces livres (Louis XVII sa Vie, son Agonie..... par M. A. de Beauchesne) qu'on dispense de toute critique, parce qu'ils ne relèvent pas de la science, parce qu'ils procèdent uniquement de la religion des souvenirs, parce qu'ils ne sont écrits que pour flatter les regrets d'un parti longtemps en travail de légende, et que rien n'oblige à examiner les preuves...* De pareils procédés frappent l'histoire de nullité. Efforts sans résultat, recherches vaines, talent perdu.....

»..... Nulle victime n'est exclue de notre pitié, nous y faisons la plus grande part à celles qui sont tombées de plus haut. Ce n'est pas toutefois une raison pour nous d'accueillir sans examen *les fables et, qu'on me passe le mot, les fictions niaises inventées à leur sujet.....*

» P. Challemel-Lacour. »

A cette intelligente appréciation de l'ouvrage du romancier historique, j'ajoute encore celle de Louis Blanc, dans son histoire de la Révolution Française, tome douzième, ch. 4 : Mystères du Temple. J'en extrais pour le moment les seuls passages qui s'appliquent à M. de Beauchesne :

« L'enfant qui mourut dans la Tour du Temple, le 20 Prairial, an III (8 Juin 1795), était-il le Dauphin, fils de Louis XVI, ou bien un enfant substitué ?..... Que l'évasion ait été, pour un grand nombre de royalistes, une espèce d'article de foi, rien ne le prouve mieux que le succès prodigieux qui, au commencement de ce siècle, couronna les efforts de Jean-Marie Hervagault..... Tout contribue à mettre l'événement dont il s'agit au rang des problèmes historiques.....

» Ce problème, M. de Beauchesne prétend l'avoir résolu dans le livre qu'il a publié sur *Louis XVII, sa Vie, son Agonie, sa Mort*, livre auquel les royalistes ont fait un grand succès. Ce chapitre montrera d'une manière péremptoire, nous l'espérons, combien peu la prétention de M. de Beauchesne est justifiée, et sur quelles bases fragiles son succès repose. *Tout ce qu'il apporte de nouveau* dans la question résulte des dires de deux hommes que leur propres déclarations, faites à diverses époques, et rapprochées, *prouvent avoir été tous les deux de faux témoins*.

» En attendant, nous citerons le jugement que porte de l'ouvrage de M. de Beauchesne un critique célèbre, dont toutes les sympathies politiques, qu'on le remarque bien, sont celles de M. de Beauchesne lui-même :

» M. de Beauchesne, en fait de choses essentielles, a ajouté peu, nous pouvons même dire rien, à ce qui a été si abondamment détaillé dans les Mémoires de MM. Hue, Cléry, Turgy, et dans ceux de la duchesse d'Angoulême, qui habitaient le Temple, et aussi dans les *Mémoires Historiques* de M. Eckard..... De ces ouvrages, bien connus, M. de Beauchesne emprunte les trois quarts de son livre au moins, et quoiqu'il les cite occasionnellement, il n'avoue pas l'étendue de ses obligations, particulièrement envers M. Eckard, aussi largement que, selon nous, il aurait dû le faire..... »

(*Essays on the early period of the French revolution by the late Hon.* John Wilson Croker, London 1857.)

« Le 11 Thermidor an II (29 Juillet 1794), — date indiquée d'une manière précise par M. Jules Favre, dans sa plaidoirie en faveur des héritiers de Naundorff, — un nommé *Laurent* fut nommé SEUL gardien du Temple. La grande crise politique, dont le souvenir se rattache à cette date, venait de s'accomplir ; *Barras* figurait au premier rang des vainqueurs ; *ce fut lui qui désigna Laurent — une de ses créatures.*

» M. Wilson Croker pense que l'influence de *Joséphine de Beauharnais*, liée dès cette époque avec Tallien et Barras, ne fut peut-être pas étrangère à la nomination de Laurent, qui, comme elle, était Créole. »

Je dois faire remarquer ici que Louis Blanc n'admet pas comme possible le silence absolu gardé par le Prince dans les derniers temps de sa captivité ! Cette incrédulité lui fait commettre une erreur grave, en introduisant dans la Tour du Temple l'enfant muet, à la place du Dauphin, lorsque le Prince était toujours dans sa prison. La méprise a lieu à l'occasion d'une démarche faite par l'autorité, pour constater l'état de l'Orphelin royal. Voici ce qu'en a dit le Prince :

« Mes geôliers et deux municipaux entrèrent avec d'autres personnes que je ne connaissais pas, et que j'ai pensé être des médecins ; car ils m'interrogèrent, me prièrent de leur parler et de leur dire ce que je désirais. *Je ne leur fis point de réponse.* »

M. de Beauchesne rend compte de cette démarche de la manière suivante :

» Le 13 Thermidor an 2 (Juillet 1794), plusieurs membres du Comité de Sûreté Générale et quelques municipaux se rendirent ensemble à la Tour pour constater l'état du prisonnier. Ils l'appelèrent, *il ne répondit pas.* Ils ordonnèrent d'ouvrir la chambre.

» .... On lui demanda pourquoi il n'avait pas répondu. *L'enfant garda le silence....* Cent questions lui furent faites, *il ne répondit à aucune.* Etonné de trouver sur la petite table son dîner presque intact, un des commissaires lui demanda pourquoi il ne mangeait pas. Cette demande ne fut pas d'abord mieux reçue que les autres, mais comme elle fut renouvelée plusieurs fois par le plus ancien de la députation, qui s'était approché de lui, et *dont il avait pu remarquer la tête grise, l'attitude convenable et l'accent paternel:* — « NON JE VEUX MOURIR », dit-il enfin, d'un ton tranquille et résolu..... Ce furent les seules paroles qu'on put lui arracher dans cette visite si cruellement mémorable. »

Cette visite fut réellement faite au Prince ; mais il ne dit point ces paroles inventées: *Je veux mourir.* Louis Blanc suppose que le prisonnier ne parla pas parce qu'il était muet. C'est une erreur. Au surplus tout ce qui va venir ensuite est parfaitement raisonné. Lisons maintenant ce que dit l'historien de la révolution :

» L'enfant que les députés du Comité de sûreté générale visitèrent, le 13 Thermidor, ne parlait pas. M. de Beauchesne s'exprime en ces termes, touchant la visite dont il s'agit : Ils l'appelèrent, il ne répondit pas..... Cent questions lui furent faites, il ne répondit à aucune.

» A la vérité l'auteur finit par lui mettre dans la bouche ce mot touchant : je veux mourir. Mais quelles sont ses autorités pour affirmer que cette parole fut prononcée? Il ne les cite pas, et c'eût été nécessaire. On verra plus loin combien peu dignes de foi, ou plûtot *combien misérables sont les témoignages sur lesquels M. de Beauchesne s'appuie,* en attribuant au prisonnier certains mots semblables à celui qui vient d'être cité ; mais ces témoignages, quelque vains qu'ils soient, il ne peut pas même les invoquer ici, puisque Gomin et Lasne, *ses deux grandes autorités,* n'étaient pas encore au Temple à cette époque.

» ..... Le 19 Brumaire (9 Novembre 1794), un assistant fut donné à Laurent dans la personne d'un tapissier nommé Gomin. (Plaidoirie de M. Jules Favre.)

» Selon M. de Beauchesne, écrivant cette fois d'après les communications personnellement à lui faites par Gomin lui-même, le nouveau gardien ne fut pas plus tôt entré au Temple, que Laurent lui demanda s'il avait vu autrefois le Prince. « *Je ne l'ai jamais vu,* » répondit Gomin ; sur quoi, Laurent dit : « En ce cas, il se passera du temps avant qu'il vous dise une parole. »

» A qui croire de Gomin racontant cela à M. de Beauchesne, ou de Gomin faisant devant la justice la déclaration suivante :

« Antérieurement à la détention, *je l'avais vu plusieurs fois* (le Dauphin) et de très-près, étant à cette époque commandant d'un bataillon de la garde nationale de Paris, dans le jardin dit du Prince, aux Tuileries, où il avait l'habitude de jouer, accompagné de sa gouvernante, Madame de Tourzel ? »

» Il importe de remarquer que, de ces deux affirmations contradictoires, la seconde est *la seule que Gomin fût intéressé à faire,* attendu qu'il était attaché au service de la duchesse d'Angoulême, qui l'avait fait nommer concierge du château de Meudon en 1814, et de laquelle il recevait une pension. Or, que la duchesse d'Agoulême ait toujours montré une répugnance extrême, soit à admettre, soit à permettre qu'on accréditât l'idée que son frère n'était pas mort au Temple, c'est là un fait certain de quelque manière qu'on l'explique.

» Mais si, *comme il l'affirma* en présence de Laurent, *Gomin n'avait jamais vu le Dauphin*, quelle valeur attacher à tout ce qu'il a pu dire, depuis, sur l'identité du Dauphin et de l'enfant qui mourut au Temple?

» Quant à la réplique de Laurent, telle que les communications de Gomin à M. de Beauchesne la constatent, elle serait incompréhensible, s'il ne fallait pas l'interpréter comme l'attestation par Laurent lui-même de cette circonstance singulière *que l'enfant ne parlait pas*. Car le fait que Gomin n'avait jamais vu le Dauphin ne pouvait être une raison pour que le prisonnier s'abstînt pendant longtemps de lui parler. Le dialogue rappelé doit donc, pour avoir un sens, être complété et traduit de cette manière: « Laurent: avez-vous vu autrefois le Prince royal? — Gomin: *Je ne l'ai jamais vu.* — Laurent, d'un ton ironique: *En ce cas ce n'est pas de lui que vous apprendrez qui il est; il se passera du temps avant qu'il vous dise une parole!* »

» A en croire certains écrivains ..... ils étaient parvenus, — oubliant de dire à la postérité par quel merveilleux moyen, — à connaître jour par jour, heure par heure, presque minute par minute, ce qui se passait dans une chambre bien fermée, bien verrouillée, bien obscure, et où était laissé *seul* cet enfant dont pas un mouvement, pas un geste, n'a été perdu pour eux! Qui croirait, par exemple, qu'après une description minutieuse à l'excès des souffrances du prisonnier, description qui va jusqu'à nous montrer ce prisonnier, *qu'on laissait seul*, se levant dans les ténèbres, abandonnant son lit aux rats et aux araignées, se plaçant sur une chaise, et passant le reste de la nuit, les coudes appuyés sur la table,.... M. de Beauchesne s'écrie: « *Voilà, autant qu'on peut lire dans une histoire fermée, quels furent les jours et les nuits du jeune Roi pendant cette séquestration!* » Il n'est pas effectivement facile de comprendre comment *l'histoire fermée* d'un prisonnier, qui n'a jamais ni rien raconté ni pu rien raconter à personne des faits relatifs à sa *séquestration*, ait été cependant connue à ce point, qu'on nous puisse donner le compte rendu détaillé de ses jours et de ses nuits!

» Il est à noter que, pour les détails auxquels nous faisons allusion ici, M. A. de Beauchesne n'a pas même la ressource de dire qu'il les tient des deux gardiens Gomin et Lasne, puisque ces détails se rapportent à une époque antérieure à l'entrée au Temple de ces deux hommes. Il est vrai que, pour prouver

« comme quoi l'enfant se levait pendant la nuit, se plaçait sur une chaise, appuyait ses deux coudes sur la table, etc., etc.,...
M. A. de Beauchesne, qui en général ne cite pas ses autorités, cite, chose assez plaisante, M. Simien-Despréaux, auteur d'une rapsodie publiée en 1817, sous le titre de Louis XVII ; — celle au sujet de laquelle le Prince fut consulté par le rédacteur du journal La Justice.— Il est surprenant que M. Simien-Despréaux lui-même, que M. de Beauchesne appelle par erreur Desparaux, et qui n'était pas au Temple, lui non plus, encore moins dans la chambre de l'enfant, pendant la nuit, ait bien pu savoir ce qui s'y passait ! »

M. Louis Blanc rend compte ici d'une députation envoyée au Temple, par le Comité de sûreté générale, pour constater l'état du prisonnier.

Le procès-verbal de cette visite étant essentiel à connaître dans tout son contenu, pour bien apprécier les réflexions auxquelles il a donné lieu, de la part de l'historien de la *Révolution française*, je le reporte à cette place, quoiqu'il eût figuré plus convenablement à l'endroit où je traite à fond la question d'évasion, mais il est difficile de suivre une méthode bien régulière, dans un sujet aussi compliqué, où les dates et les incidens se pressent et s'entre-croisent, par suite des nombreux détails qu'il s'agit d'expliquer avec clarté. Trois conventionnels, Mathieu, Harmand et Reverchon, membres du Comité de sûreté générale, furent choisis pour aller au Temple visiter et interroger le prisonnier. Cette démarche avait un caractère politique. C'était une sorte de réponse à de sourds murmures qui inquiétaient le gouvernement, car des bruits d'évasion s'étaient répandus en dehors de la Tour, et il était urgent de les faire cesser. Les trois visiteurs avaient été désignés, ou parce qu'ils ne connaissaient pas le Dauphin, ou parce que, le croyant en liberté, ils étaient informés de la substitution. Tout naturellement, ils se conduisent comme s'ils se trouvaient en présence du fils de Louis XVI ; mais les détails du procès-verbal de leur visite pouvant donner lieu à des commentaires dangereux, leur rapport fut fait *en comité secret, dans le comité seulement.* Quant à moi, j'ai lieu de croire qu'ils savaient le secret de la substitution. J'ai lu une lettre de *Reverchon*, au timbre de la République, postérieure de quelques jours au 8 Juin 1795, écrite à une Dame de ses amies, de Lyon, dans laquelle il l'informait que le Dauphin s'était évadé du Temple.

Un gentilhomme d'Allemagne m'a aussi raconté qu'un *M. Harmand* assurait que le fils de Louis XVI n'était pas mort dans sa prison. Ce ne pouvait être que le conventionnel, nommé par Louis XVIII, en 1814, préfet des Hautes-Alpes, qui rédigea alors ainsi son rapport dans un style approprié aux circonstances :

« .....Une préoccupation, dont je n'ai pas été le maître, ne m'a pas permis de garder *la date précise de notre visite au Temple*; mais voici les faits :

» Nous arrivâmes à la porte ; *le Prince* était assis auprès d'une petite table carrée, sur laquelle étaient éparses beaucoup de cartes à jouer ; quelques-unes étaient pliées en forme de boîtes et de caisses, d'autres élevées en château. Il était occupé de ses cartes lorsque nous entrâmes, *et il ne quitta pas son jeu.*

» Il était couvert d'un habit neuf en matelot, d'un drap couleur ardoise ; sa tête était nue ; la chambre propre et bien éclairée.

» Son lit était derrière la porte en entrant. Au pied de ce lit en était un autre qui avait été celui du savetier Simon.

» Après avoir entendu l'affreux récit de toutes les cruautés de ce monstre, je m'approchai du *Prince*. Nos mouvements ne semblaient faire aucune impression sur lui. Je lui dis que *le gouvernement, instruit trop tard du mauvais état de sa santé,* et du refus qu'il faisait de prendre de l'exercice et de répondre aux questions qu'on lui adressait, *nous avait envoyés près de lui pour lui renouveler* nous-mêmes des propositions qui pourraient lui être agréables, telles que d'étendre ses promenades et de lui procurer des objets de distraction. Je le priai de vouloir bien me répondre si cela lui convenait.

» Pendant que je lui adressais cette petite harangue, *il me regardait fixement* sans changer de position, et il m'écoutait avec l'apparence de la plus grande attention, mais, pas un mot de réponse.

» Alors, je particularisai mes propositions de cette manière : J'ai l'honneur de vous demander, Monsieur, si vous désirez un cheval, un chien, des oiseaux, des joujoux, un ou plusieurs compagnons de votre âge? Voulez-vous dans ce moment descendre dans le jardin ou monter sur les Tours? Désirez-vous des bonbons, des gâteaux ?

» J'épuisai en vain toute la nomenclature des choses qu'on peut désirer à cet âge ; *je n'en reçus pas un mot de réponse; pas même un signe ou un geste,* quoiqu'il eût la tête tournée vers moi et qu'il me regardât avec une *fixité étonnante*, qui exprimait la plus grande indifférence.

» Alors, je me permis de prendre un ton plus prononcé. Je lui reprochai son opiniâtreté, en l'engageant de rechef à nous indiquer ce qui lui serait agréable.... *Même regard fixe*, même attention, mais pas un seul mot.

» Je repris : Vous voulez donc nous compromettre ? Quelle réponse pourrons-nous faire au gouvernement, dont nous ne sommes que les organes ? — Ayez la bonté de me répondre, je vous en supplie, ou bien nous finirons pas vous l'ordonner. — Pas un mot, et *toujours la même fixité*.

» J'étais au désespoir, et mes collègues aussi. Ce regard surtout avait un tel caractère de résignation et d'indifférence qu'il semblait nous dire : *Que m'importe ? Achevez votre victime !*

» J'essayai alors l'effet du commandement, et *me plaçant tout près du Prince*, je lui dis : *Monsieur, ayez la complaisance de me donner la main*. Il me la présenta, et je sentis, en prolongeant mon mouvement jusque sous l'aisselle, une tumeur au poignet et une au coude, comme des nodus. Il paraît que ces tumeurs n'étaient pas douloureuses, car *le Prince* ne le témoigna pas. — L'autre main, Monsieur ! — Il la présenta aussi : il n'y avait rien. — *Permettez, Monsieur, que je touche aussi vos jambes et vos genoux*. — Il se leva. Je trouvai les mêmes grosseurs aux deux genoux, sous les jarrets.

» Placé ainsi, *le jeune Prince avait le maintien du rachitisme et d'un défaut de conformation. Ses jambes et ses cuisses étaient longues et menues, les bras de même ; le buste très-court*, la poitrine élevée, *les épaules hautes et resserrées : la tête très-belle dans tous ses détails, le teint clair, mais sans couleur, les cheveux longs et beaux*, bien tenus, *châtain-clair*.

» Maintenant, Monsieur, *ayez la complaisance de marcher*. — Il le fit aussitôt, en allant vers la porte qui séparait les deux lits, et il revint s'asseoir sur-le-champ.

» Je saisis ce moment pour lui représenter le tort que lui faisait le défaut d'exercice, et pour lui proposer la visite d'un médecin. — Faites-nous signe au moins, lui dis-je, que cela ne vous déplaira pas. — *Pas un signe, pas un mot*.

» *Monsieur, ayez la bonté de marcher encore et un peu plus long-temps*. — Silence et refus ; il resta sur son siège, les coudes appuyés sur la table. Ses traits ne changèrent pas un seul instant ;

pas la moindre émotion apparente, pas le moindre étonnement dans les yeux, comme si nous n'eussions pas été là.

» On apporta le dîner du Prince..... Une écuelle de terre rouge contenait un potage noir couvert de quelques lentilles; dans une assiette de la même espèce était un petit morceau de bouilli noir et retiré, le fond d'une seconde était rempli de lentilles, dans une troisième étaient six châtaignes plutôt brûlées que rôties; un couvert d'étain, point de couteau et point de vin..... Je voulus à l'instant même qu'on lui procurât du raisin, qui était rare alors.

» Je lui demandai s'il était content de son dîner. *Point de réponse.* S'il désirait du fruit. *Point de réponse.* S'il aimait le raisin. *Point de réponse.* Le raisin arriva : il le mangea sans rien dire. En désirez-vous encore ? *Point de réponse.*

» Il ne nous fut plus permis de douter alors, que toutes les tentatives de notre part pour en obtenir une réponse seraient inutiles. Je lui représentai que son silence était d'autant plus pénible pour nous que nous ne pouvions l'attribuer qu'au malheur de lui avoir déplu ; que nous proposerions, en conséquence, au gouvernement de lui envoyer des commissaires qui lui seraient plus agréables. *Même regard et point de réponse.*

» Voulez-vous bien, Monsieur, que nous nous retirions ? *Point de réponse.*

» Cela dit, nous sortîmes pour nous communiquer nos réflexions sur le *moral* et sur le *physique* du jeune *Prince*.....

» J'ignore si ce jeune Prince a parlé à M. *Desault*, lorsque ce médecin est allé le voir, parce que, *peu de jours après notre visite au Temple*, une intrigue me fit nommer par la Convention *Commissaires aux Grandes-Indes.* Je partis à cet effet pour Brest, où je restai plusieurs mois, et à mon retour j'appris que le *malade et le médecin étaient morts.*

» Enfin nous convînmes que pour l'honneur de la nation qui l'ignorait, pour celui de la Convention, qui *l'ignorait* aussi, nous ne ferions point de *rapport en public*, mais en *Comité secret*, dans le *Comité de sûreté générale seulement :* ce qui fut fait ainsi.

» En quittant l'antichambre du Prince, nous montâmes chez Madame ; j'ai compté les marches, et, si ma mémoire est fidèle, j'en ai compté 82.....»

Les détails si explicites de la démarche des hommes du gouvernement révolutionnaire, rédigés par l'un d'eux, démontrent invinciblement que l'enfant assujetti à un long interrogatoire, loin d'affecter un mutisme volontaire qui se serait trahi par des signes d'entendement, était véritablement sourd-muet de naissance. Tous ceux qui ont vu des sourds-muets le jugeront tel à l'attitude impassible, au regard fixe, à l'immobilité constante de la physionomie. Tout l'extérieur de sa contenance indique la stupéfaction d'un enfant qui voit sans entendre, un état moral en quelque sorte hébété, signes ordinaires de surdité et de mutisme, dans le bas âge surtout où les facultés de l'esprit n'ont pas encore acquis un grand développement. Ce ne sont point là les indices d'un silence opiniâtre et réfléchi qui, pendant le long interrogatoire, n'eût point absorbé jusqu'à la moindre apparence d'émotion. Mais en outre le Dauphin n'avait aucun défaut de conformation, ses jambes et ses cuisses, ses bras n'étaient point longs et menus, son buste court, ses épaules hautes et resserrées. Enfin, il n'avait plus ses beaux et longs cheveux. C'est Cléry qui nous l'apprend :

« Le Dauphin, quoique déjà fort mal vêtu, fut un jour privé de ses habits ordinaires et couvert de guenilles dégoûtantes. La femme Simon qui présidait à ce changement de costume l'appelait, par une allusion cruelle, le jeu du Roi dépouillé. Pour achever la métamorphose, *l'impitoyable geôlière abattit, sans miséricorde comme sans goût, cette forêt de blonds cheveux qui ombrageait son front royal,* le plus bel ornement qui lui restât, les délices de son auguste mère qui tant de fois avait pris plaisir à les tresser de ses propres mains. »

Pourquoi enfin cette détermination de ne point faire de rapport *en public,* mais en *Comité secret, dans le Comité de sûreté générale seulement ?* Cette réserve ne donne-t-elle pas un nouveau poids à la vérité des assertions du Prince ? Ce mystère ne prouve-t-il pas l'intérêt majeur qu'avait le gouvernement à éviter, par un silence obligé, tout commentaire dangereux ?

M. de Beauchesne, dans sa fable sur Louis XVII, cherche à atténuer l'immense signification de ce document, par des considérations puériles, il dit :

« Quant au silence opiniâtre gardé par le Prince dans cette visite, à laquelle le narrateur a voulu donner une trop grande portée, nous avons déjà eu l'occasion d'expliquer notre pensée à ce sujet.

» L'air d'indifférence de l'infortuné et de dédain semblait dire : Vous me faites mourir depuis deux ans, que m'importent aujourd'hui vos caresses ? *Achevez votre victime.* De tout le récit de M. Harmand, c'est cette dernière appréciation qui est la plus vraie. »

Si cette appréciation était la seule vraie, l'enfant fût constamment demeuré impassible, et n'eût pas obéi à des gestes dont le mouvement, fort intelligible surtout pour un sourd-muet toujours attentif au moindre signe, indiquait ce qu'on désirait de lui ; car c'est au geste du commissaire qui, en lui demandant la main, lui présentait naturellement la sienne, et non pas à sa voix, qu'il a obéi. Il en est de même sans doute quant au commandement de marcher ; il s'est levé, parce qu'il a dû comprendre par un mouvement impératif de la main ce qu'on exigeait de lui. Si cet enfant n'avait pas été muet, pourquoi n'aurait-il pas parlé ? Il n'y avait de sa part ni indifférence ni dédain, puisqu'il marche quand il conçoit ce qu'on exige de lui, et qu'il a mangé le raisin que les conventionnels lui ont fait apporter ? Cet enfant, prétendu si opiniâtre dans la volonté de ne pas parler, et si docile tout à la fois, n'était bien certainement pas le Dauphin, qui fut constamment inébranlable dans la résolution de ne manifester jamais par un signe quelconque qu'il prêtait la moindre attention à ce qu'on lui disait. Le fils de Louis XVI n'aurait ni donné la main, ni marché, comme l'a fait le substitué.

M. Louis Blanc envisage, avec raison, la démarche des conventionnels, comme apportant une preuve, sans réplique, de la substitution d'un sourd-muet au Prince, et il dit :

« ..... Reste donc ce fait qu'il faut absolument expliquer, si l'on nie celui de l'évasion suivie d'une substitution : à l'époque de la visite d'Harmand (de la Meuse), *l'enfant se trouva être muet.*

» M. de Beauchesne, dont l'ouvrage repose tout entier sur la méconnaissance de ce fait, et à tel point que, si le mutisme est établi, cet ouvrage est un livre à refaire, M. de Beauchesne met sur les lèvres de l'enfant, dans diverses circonstances, des paroles, tantôt très-touchantes, tantôt très-philosophiques, quelquefois même d'une profondeur étonnante ; et cela, sur la foi de ce que lui auraient raconté en tête-à-tête, Gomin d'abord et ensuite Lasne, autre gardien donné à l'enfant par le Comité de sûreté générale, le 14 Germinal an III (3 Avril 1795) : — Lasne a été nommé le 11 Germinal an III (31 Mars 1795). —

» Malheureusement, M. de Beauchesne (et l'on a lieu d'en être surpris) a ignoré que Gomin et Lasne ont fait en public, à l'occasion de procès fameux, des déclarations inconciliables avec celles qu'ils lui ont faites à lui en particulier, et ce qui est pire, inconciliables entre elles.

» Un simple rapprochement donnera une idée de la confiance que méritent les rapports faits en particulier à **M. de Beauchesne** *par les deux hommes qui lui ont fourni les seules choses neuves qu'il y ait dans son livre.*

» Déposition de Lasne en 1834.
— D. Avez-vous causé avec l'enfant ?
— R. Tous les jours.
— D. Sur quels objets ?
— R. Jamais que sur des objets sérieux et graves. Ces conversations ont laissé des souvenirs profonds chez moi..... Je surprendrais l'auditoire, si je voulais dire ce qu'il me disait. »

Pour conserver à **M. Louis Blanc** toute la force de ses argumentations, je me vois obligé de reproduire des détails déjà connus. Mais cette répétition, accompagnée de considérations judicieuses et concluantes, qui ne viennent pas de moi, a l'avantage de confirmer la démonstration que j'ai présentée sous le même point de vue, et de la faire mieux comprendre, sans fatiguer l'attention.

« Déposition de Lasne en 1837.

» Au milieu des souffrances les plus aiguës, le Prince montrait une impassibilité extraordinaire ; aucune plainte ne sortait *de sa bouche, et jamais il ne rompait le silence.* » Ici, Lasne raconte qu'un jour, ayant présenté à l'enfant une potion stomachique que ce dernier hésitait à prendre, comme s'il eût craint qu'elle ne fût empoisonnée ; lui, Lasne, pour le rassurer, porta le verre à ses lèvres ; sur quoi l'enfant se serait écrié : Tu as donc juré que je boirai ce verre ? Eh bien, donne, je vais le boire. Et Lasne ajoute : *ce sont les seules paroles que je lui ai entendu proférer pendant tout le temps que j'ai passé près de lui.* »

» Ainsi le Lasne de 1834 *avait causé tous les jours* avec l'enfant, au Temple, et le Lasne de 1837 ne l'avait entendu parler *qu'une fois !*

» Ce n'est pas tout : dans cette anecdote où, en 1837, Lasne se met lui-même en scène, il avait fait figurer, en 1834, un autre que lui. Voici sa version de 1834 :

» Le médecin lui dit : vous croyez donc cette potion empoisonnée ? Eh bien, je vais la boire ; et il la but. L'enfant lui dit : On a donc juré que je la boirai aussi ! » Ce qu'il fit. »

Gomin a dit avoir bu lui-même pour déterminer l'enfant à boire !

« Déposition de Gomin en 1837.

» Pendant sa maladie, le Prince, que je voyais, causait sans effort ; il a même parlé une heure avant de mourir..... J'ajouterai que plusieurs membres de la Convention sont venus visiter cet enfant, à l'époque où il était confié à ma garde, et que jamais il n'a fait de réponse aux questions qu'ils lui adressaient, ce qui a pu accréditer la version qu'il était muet. Il répondait volontiers aux Sieurs Laurent et Lasne, ainsi qu'à moi. »

« Qui croire de Gomin, affirmant que l'enfant du Temple *causait sans effort*, parlait volontiers à Lasne, ou de Lasne affirmant, en 1837, que l'enfant ne *rompait jamais le silence* et que ces mots : « tu as donc juré que je boirai ce verre ? Eh bien ! donne je vais le boire, » ce sont *les seules paroles* qu'il lui ait jamais entendu prononcer ?

» Rien de plus frappant que l'empressement de Gomin à prévenir l'objection qu'on pourrait tirer de la visite du 31 Juillet 1794....., et de la nouvelle visite — des trois conventionnels députés. —

» Appelé par le gouvernement d'alors à opposer son témoignage à des prétentions *dont la dynastie régnante n'est pas sans prendre souci*, Gomin *répète la leçon qui lui a été faite*, et il a soin d'aller au-devant d'une objection trop facile à prévoir, en avouant, ce qu'il eût été téméraire de nier, que l'enfant, visité par plusieurs conventionnels, ne répondit jamais aux questions qu'ils lui adressaient. Mais avouer le fait n'est pas l'expliquer. Si, devant Gomin, Lasne et Laurent, l'enfant *causait sans effort, volontiers*, d'où vient qu'Harmand, après tant d'autres, ne put lui arracher une parole, même en l'interrogeant avec bonté, même en lui témoignant un vif intérêt, plus que cela : en lui adressant des questions qui touchaient de si près à son bien-être. Or, à et égard, l'affirmation d'Harmand est formelle, sans compter qu'il prend à témoin ses deux collègues, Mathieu et Reverchon qui vivaient encore.....

» Pour ce qui est d'Harmand, il n'est pas inutile de faire observer qu'on se hâta de l'écarter de la scène : selon son propre récit une intrigue, sur laquelle il ne s'explique pas, lui valut la faveur d'être envoyé Commissaire aux Grandes-Indes, peu de jours après sa visite au Temple ! Craignait-on qu'il ne se laissât aller tôt ou tard à une indiscrétion ?..... »

Après la mort subite du docteur Desault, M. Pelletan fut chargé de le remplacer.

« Suivant M. de Beauchesne, le docteur Pelletan n'aurait pas plus tôt paru et ouvert la bouche, que l'enfant, sans qu'on se fût adressé à lui, et de son propre mouvement, aurait dit ; *Parlez plus bas, je vous en prie ; j'ai peur qu'elles vous entendent, et je serais bien fâché qu'elles apprissent que je suis malade, car cela leur ferait beaucoup de peine.*

» Il est dommage que ni M. de Beauchesne, ni Eckard, qui, avant lui, avait enregistré cette anecdote, avec quelques légères variantes et sans indication de source, n'aient pris la peine, ni d'établir qu'elle était vraie, ni même d'examiner si elle était vraisemblable.

» L'appartement que Marie-Antoinette et Madame Elisabeth avaient occupé et que la fille de Louis XVI occupait encore, *ne communiquait pas avec celui de l'enfant. Il en était éloigné, trop éloigné pour qu'il fût matériellement possible d'entendre dans l'un ce qui se disait à haute voix dans l'autre ;* et cela l'enfant ne pouvait l'ignorer, si *c'était le fils de Louis XVI* : comment donc se serait-il préoccupé d'une crainte qu'il savait tout-à-fait chimérique ? D'autre part, ce n'était pas la première fois qu'on s'entretenait à haute voix devant lui de sa maladie : d'où vient qu'il avait attendu si tard pour exprimer la crainte dont il est ici question ? Enfin, circonstance non moins singulière, il aurait parlé spontanément, sans être interrogé, à un homme qu'il n'avait jamais vu, qu'il ne connaissait pas, lui, à qui les sollicitations amies et cent fois répétées d'Harmand n'avaient pu arracher une seule parole ! *Ce qu'on donne comme un fait est donc une invention pure et une invention absurde.*

» Pour ce qui est de beaucoup d'autres paroles que, sur la foi de Gomin et de Lasne, M. de Beauchesne prête au prisonnier, il suffira de les citer pour montrer que *ce sont des paroles imaginées à plaisir et arrangées.* »

Il est question ici du colloque entre Gomin et l'enfant, qui se plaint d'être toujours seul, et au sujet du commissaire arrêté. Nous le connaissons. Après l'avoir reproduit tel que je l'ai rapporté, M. Louis Blanc ajoute :

« Socrate n'aurait pas dit mieux. Cela rappelle Lasne mentionnant, en 1834, les discours surprenants que l'enfant lui tenait *tous les jours,* sur des objets graves, et finissant par déclarer, en 1857, *qu'il ne rompait jamais le silence!*

» Et ce langage si profond, si élevé, si philosophique, à qui s'avise-t-on de le prêter? A un enfant de dix ans dont une captivité dure et barbare avait dû anéantir les facultés, qui se mourait.....

» Inutile d'insister, et de donner place dans un livre sérieux aux *détails fantastiques dont Lasne et Gomin ont composé leur roman de la mort du prisonnier du Temple.* »

Mettons le romanesque de côté, Monsieur l'évêque, et employons mieux notre temps en nous occupant de l'histoire véritable. A chaque pas que nous ferons désormais sur le terrain où nous allons marcher, nous nous convaincrons, de plus en plus, que M. de Beauchesne n'a pas la moindre notion du sujet historique auquel il a consacré *vingt ans de travaux et d'investigations, que rien n'a pu lasser;* qu'il n'est pas admissible *qu'il n'ait épargné ni soins, ni recherches, ni études, pour arriver à la vérité; qu'il ait remonté à la source de tous les faits déjà connus, et qu'il ait apporté dans son récit la plus exacte impartialité, s'abstenant de rien hasarder de douteux.* Vous, qui connaissez parfaitement son livre, puisque vous en avez fait journellement le sujet de vos méditations spirituelles, vous peserez la valeur de ses documens irrécusables mis en présence de ceux que nous, de notre côté, nous trouvons dans l'histoire, et que *nous ne lui apportons pas; qu'elle n'attend plus.* Vous reconnaîtrez en un mot, qu'il n'a cherché ni à s'éclairer, ni à éclairer le public, malgré son apparente sincérité, dont se sont impressionnées les personnes, dupes encore de belles paroles, qui ne connaissent pas, dans cette affaire, les élémens d'après lesquels doit se former leur conviction, selon le sens des véritables documens historiques. Quand on va au fond de la conscience de l'homme politique, qui a arboré une couleur qu'il ne peut à aucun prix changer, il y a beaucoup à rabattre des magnifiques protestations de loyauté et de désintéressement dont on masque une arrière-pensée, et qui, spécialement dans l'amour qu'on dit avoir eu pour le fils de Louis XVI, jurent avec les actions.

N'est-il pas effectivement étrange, que les écrivains, dits légitimistes, n'aient songé à rendre hommage à la mémoire de Louis XVII, qu'ils soutiennent mort dans la prison du Temple, que depuis que la révélation de son existence a occupé sérieusement l'attention publique? Avant le retour du Prince en France, ils se donnaient bien de garde de prononcer son nom. On aurait craint de le réveiller dans le cercueil politique où on le tenait enseveli. Mais aussitôt qu'il en est sorti de lui-même avec la manifestation non équivoque de son individualité, ils ont creusé plus profondément le sépulcre menteur, afin de l'y réenterrer encore tout vivant, en se composant une figure boursouflée de pleurs et de désolation. Pendant quarante ans, ils avaient oublié de gémir sur le sort du dernier Dauphin; à son souvenir, ils ne s'étaient pas senti une larme dans les yeux, pas une tristesse dans le cœur, pas un regret à lui donner! Et voilà que soudainement leur douleur si longtemps concentrée fait une étourdissante explosion; elle déborde, leur âme ne saurait plus la contenir; ils en assourdissent le monde jusqu'à satiété; ils l'éparpillent dans toutes les feuilles monarchiques! La pensée de ses infortunes du Temple, dont la réminiscence ne leur est revenue qu'à partir de 1833, les bouleverse et les suffoque! Alors ils ont écrit de chaleureuses lamentations sur sa cruelle destinée, qui redoublaient, au fur et à mesure qu'il devenait évident que Louis XVII n'était pas mort.

Eh bien, toutes ces pages larmoyantes sur le Dauphin qui se révélait et leur disait à tous : voyez-moi, étudiez-moi, interrogez-moi, et consolez-vous; je suis le Prince dont vous déplorez la mort si amèrement; tout ce vacarme d'acerbes regrets, donnés aux mânes d'un roi qu'ils savaient plein de vie, n'avait d'autre but que d'en imposer à la crédule ignorance, et de faire dire :

Naundorff est un imposteur, car l'Orphelin du Temple est véritablement décédé dans sa prison en 1795. Voyez comme on le pleure !..... Si ce fait n'était pas vrai, est-ce que la duchesse d'Angoulême aurait l'abominable impiété de méconnaître son frère? Est-ce que M. de Châteaubriant aurait écrit son oraison funèbre en 1838? Est-ce que M. Berryer ne serait pas son plus énergique soutien? Est-ce que des évêques, le Pape lui-même, et tant d'autres personnages que le monde vénère et que la religion glorifie; est-ce que tous ceux qui se font les guides de nos consciences; est-ce que les ministres des rois et les monarques, jaloux du respect des peuples, insulteraient d'une manière aussi scandaleuse au fils de Louis XVI, s'il était vivant? Non, cela n'est pas possible. Décidément, Louis XVII est mort, et tous les témoignages dignes de foi, qui attestent le contraire, ne sont que de misérables impostures, *des erreurs grossières inexpliquées !!!*

Une dernière observation, Monsieur l'évêque, va vous éclairer sur la bonne foi de M. de Beauchesne. S'il était un écrivain impartial, ami de la vérité et de la seule vérité, quelle qu'en dût être la conséquence pour tous ceux qui ont intérêt à la nier, il ne reculerait pas devant un examen approfondi des faits qu'il a passés sous silence, ce qu'il fait sciemment. M. Perceval, l'auteur de la publication en anglais de *l'abrégé des infortunes du Dauphin*, lui a écrit pour lui faire remarquer que Lasne, dans des dépositions judiciaires, dit le contraire de ce qu'il lui fait attester; il lui recommandait donc de lire ma réplique judiciaire : *En politique point de justice.*

Un historien, désireux de rectifier une erreur capitale qu'il aurait pu commettre involontairement, et qui prend le caractère de calomnie contre une famille malheureuse et respectable à tous égards, se fût empressé de s'assurer s'il s'était en effet trompé dans ses affirmations. Loin de là! La réponse de M. de Beauchesne témoigne une sorte de mauvaise humeur exprimée par ces paroles :

« Je ne sais pas qui a pu dire ou faire dire à Lasne que le Dauphin ne lui a parlé qu'une seule fois; lui-même m'a rapporté toutes les paroles que j'ai mises dans la bouche de l'enfant! »

Qu'importent les raisons qui ont pu déterminer Lasne à mentir, s'il a menti? Son faux témoignage, loin d'infirmer la vérité qu'il repousse, en devient, par une conséquence forcée, la plus irrésistible confirmation. Si M. de Beauchesne ne veut pas le comprendre, vous, Monsieur l'évêque, vous comprendrez que ce n'est pas ainsi « qu'on se met en garde contre la crédulité complaisante, qui admet tout sans preuve, et l'incrédulité prévenue, qui rejette tout sans examen. »

Si vous avez la courageuse patience de lire, en entier, l'histoire du Royal Martyr du 19ᵉ siècle, avec une attention aussi soutenue, aussi réfléchie que celle que vous avez apportée à la lecture de l'ouvrage de M. de Beauchesne, vous admirerez, avec moi, par quel merveilleux enchaînement de voies providentielles s'est opérée la conservation du fils de Louis XVI; comment, après avoir été, pendant près de quarante ans, perdu dans l'humanité, effacé en quelque sorte de la mémoire des hommes, il a été conduit à la manifestation, nous pouvons dire infaillible de sa personnalité royale cachée sous le nom de Naundorff. Mais avant de continuer le récit commencé dans ma première livraison, pour répondre à toutes les objections et satisfaire à toutes les exigences, il importe de s'assurer que le mode d'évasion, tel qu'il est rapporté, se sanctionne par des faits et des rapprochemens historiques qui lui donnent un cachet d'évidence palpable, l'indélébile empreinte de la plus saisissante vérité, d'où résulte nécessairement, et dès le principe, l'identité du narrateur avec l'orphelin du Temple.

Quand nous avons quitté le Prince, nous étions entrés dans une nouvelle phase de la révolution; la tête du bourreau de la France était tombée sur la planche fatale, rougie du sang de tant de milliers de victimes de son atroce domination.

Quelles furent les suites immédiates de la réaction thermidorienne? Je l'ai dit: un allégement du sort cruel des enfans de Louis XVI, et, de la part de plusieurs conventionnels, un retour vers des idées monarchiques, l'intention bien arrêtée de délivrer le Dauphin de son emprisonnement.

Le Prince, nous nous le rappelons, après avoir donné un faible aperçu de l'horreur de son existence solitaire, dans une chambre d'où il ne sortait jamais, et où la brutalité de ses geôliers troublait son repos le jour et la nuit, nous a dit que, fatigué de ces affreux tourmens, il avait pris l'inébranlable résolution de garder un silence absolu. Malgré l'invraisemblance d'un fait aussi extraordinaire, on est forcé de l'admettre, car il est enregistré par l'histoire dans des écrits d'auteurs bien informés; seulement, comme on ne pouvait en connaître la raison que par le Prince lui-même, on l'attribue à un motif qui n'est pas le véritable. Ce fut dans ces circonstances qu'un changement subit se fit en sa faveur, qu'on lui procura de grands soulagemens, qu'on purifia, et qu'on assainit sa chambre, qu'on le fit nettoyer, et qu'on lui donna du linge et des vêtemens propres: ces particularités nous sont apprises par lui. Mais à quelle cause attribuer ces procédés plus humains, dont il se voyait l'objet ? Il ne le savait pas. Racontant par sa mémoire, il ne pouvait pas co-ordonner ses souvenirs avec les événemens auxquels ils se rattachaient. Pour l'orphelin prisonnier, étranger à ce qui se passait en dehors du lieu de sa réclusion, tout était obscurité dans son esprit, il ne voyait et n'entendait que ses féroces gardiens, et les seules paroles qui sortaient de leur bouche étaient des paroles de haine et d'exécration : il n'a donc pas pu nous en dire davantage ; car, ignorant lui-même l'histoire de la révolution, elle se résumait toute entière, à ses pensées, dans les impressions ineffaçables de son âme d'enfant, dans ses propres souffrances et dans celles de sa royale famille. Il se revoyait donc aux jours de sa captivité, et, nous en dépeignant les tristesses, il en rassemblait quelques détails, qu'il mettait sous nos yeux, restreints, avec discernement, aux choses qui ne pourraient pas être considérées comme le produit de l'imagination. Et en effet, pour nous, ces souvenirs sont de l'histoire. L'histoire écrite, en confirmant les faits auxquels ils se rapportent, les complète, les explique, en détermine la cause et les résultats ; de sorte qu'il est impossible de ne pas être convaincu que des réminiscences d'un long passé, qui se trouvent d'accord avec des témoignages historiques, inconnus du narrateur, démontrent, en même temps, la vérité de ses prétentions royales. Ces considérations que je présente, afin de me rendre intelligible à toutes les classes de lecteurs, sont, d'avance, un commentaire explicatif des passages d'écrits que je vais transcrire, et dont la coïncidence, avec les communications du Prince, préparera leur esprit à voir clair dans la question d'évasion. *Laurent* et *Barras* nous sont nommés comme ayant été du nombre des libérateurs de l'orphelin du Temple. Nous allons les voir se dessiner dans le sens des actes qui contribueront, plus tard, au dénouement du grand mystère dont nous cherchons la solution. On lit à la suite du *journal* de Cléry :

« Au moment où l'odieux Simon exerçait sur le fils des rois ses fureurs brutales, le char révolutionnaire commençait à écraser, dans sa course vagabonde, les plus vigoureux champions de la démocratie, et lui-même en fut la victime. On croirait qu'à dater — du moment où Simon quitta le Temple — Louis XVII obtint quelque relâche aux maux qu'il endurait depuis sa séparation d'avec sa mère. On se tromperait. La commune, continuant de poursuivre, dans la personne du fils, la mémoire du père, plaça près de lui deux dogues, dirai-je à figure humaine, qui nuit et jour veillaient autour du réduit où gisait leur victime.....

» Ces tortures cruelles continuèrent jusqu'au 9 Termidor, époque de la chute du tyran Robespierre. Alors la France commença à respirer avec un peu plus de liberté, et l'amélioration que chaque individu éprouva dans son sort se fit sentir jusque dans l'intérieur de la Tour du Temple. Les nouveaux gouvernants, quels qu'ils fussent, devaient nécessairement marcher en sens contraire de ce qu'avaient fait leurs prédécesseurs ; et c'est ce qu'ils firent. Rien ne fut négligé pour adoucir l'existence des victimes de la révolution. La plus illustre d'entr'elles devait avoir part à cet heureux changement ; des soins plus assidus, des vêtements décents et commodes, une habitation plus salubre, une nourriture plus saine,..... tels furent les avantages que le jeune Roi retira de la destruction du régime révolutionnaire. Quelques personnes, désignées pour veiller à ses besoins, s'en acquittèrent avec zèle, douceur et humanité.»

Dans le 4ᵉ vol. de la Révolution française par Thiers, l'auteur nous dit :

« Les malheureux enfants de Louis XVI, séparés l'un de l'autre, *avaient vu leur sort un peu amélioré depuis le 9 Thermidor.....* Simon guillotiné comme complice de Robespierre, on avait substitué au Prince trois gardiens, dont un seul changeait chaque jour, et *qui montraient au Prince plus d'humanité*. On tirait de ces changements opérés au Temple de vastes conséquences..... On répandait le bruit de la paix, dont la condition serait le rétablissement de Louis XVII. »

Il est écrit dans l'*Histoire de la captivité de Louis XVI et de sa famille* :

« Le 9 Thermidor arriva..... Le 10, Madame Royale, à six heures du matin, entendit un bruit affreux au Temple, la garde criait aux armes, le tambour rappelait ; les portes s'ouvraient et se fermaient avec bruit.

» Tout ce tapage était fait à l'occasion d'une visite des membres de l'Assemblée Nationale qui venaient voir si tout était tranquille..... C'était Barras et plusieurs autres. Ils étaient en grand costume, ce qui étonna un peu la Princesse. *Barras l'appela par son nom*..... Les trois municipaux qui étaient au Temple y restèrent huit jours. A la fin du troisième jour, à neuf heures et demie, on frappa à la porte de la jeune Princesse, pour la présenter à *Laurent, commissaire de la Convention, qui devait la garder ainsi que son frère.* Le lendemain, à 10 heures, *Laurent* entra dans sa chambre et lui demanda avec politesse si elle n'avait besoin de rien. Il entrait tous les jours trois fois chez elle, toujours avec honnêteté, et ne la tutoyait point. Il ne fit jamais la visite des bureaux et des commodes.

» *La Convention envoya au bout de trois jours une députation pour constater l'état du Dauphin.* Les membres envoyés en eurent pitié et ordonnèrent qu'on le traitât mieux. *Laurent* fit descendre un lit, le sien était rempli de punaises. Il lui fit prendre des bains, lui ôta la vermine dont il était couvert. Cependant on le laissa encore seul dans sa chambre. *Laurent* entrait chez lui trois fois par jour ; mais, dans la crainte de se compromettre, il n'osait faire tout ce qu'il aurait voulu, étant surveillé. Madame Royale n'eut qu'à se louer de ses manières pendant le temps qu'il était de service. Il lui demandait souvent si elle n'avait besoin de rien, et la priait de dire ce qu'elle voudrait, et de le sonner quand elle aurait besoin de quelque chose.

» Au commencement de Novembre, arrivèrent des commissaires civils ; c'est-à-dire un homme de chaque section qui venait passer 24 heures au Temple, pour constater l'existence du Dauphin. »

Certes il est difficile de sanctionner d'une manière plus directe les circonstances qui précédèrent la substitution d'un enfant muet à la place du Prince. Les changemens qui s'effectuent dans l'intérieur du Temple, ne semblent-ils pas des préparations préliminaires au dénouement qui survint ; surtout quand on voit *Barras* prendre lui-même la peine de visiter les enfans de Louis XVI et de les faire présenter à *Laurent*.

Il y avait quarante-huit sections, ayant un comité composé de six membres. Un membre de ces comités allait chaque jour demeurer au Temple pendant vingt-quatre heures. Comme les membres des comités se succédaient, un à un, dans cette fonction, et que le nombre total des individus qui en faisaient partie était si grand que le même commissaire ne devait reparaître en surveillance qu'à cinq ou six mois d'intervalle, il est évident que la plupart n'ont pu aller au Temple qu'une seule fois; puisqu'il n'a dû s'écouler qu'environ deux cents jours, depuis l'établissement de cette surveillance, jusqu'au jour où elle a cessé par la mort de l'enfant arrivée le 8 Juin 1795.

Ces éclaircissemens sont fournis par l'auteur du *Passé* et de *l'Avenir*, M. l'abbé Perrault, qui savait pertinemment que Louis XVII n'était pas mort au Temple. Cet ecclésiastique, secrétaire de la grande aumônerie de France pendant la révolution, faisait partie d'un comité de recherches sur Louis XVII, et il avait ainsi acquis la certitude de l'existence du Prince.

Il est un fait qu'on peut regarder comme certain, c'est qu'aucun de ces commissaires ne connaissait le Dauphin. Cette nouvelle organisation du service du Temple avait été faite en vue de l'évasion projetée. Il est même probable que, avant l'entrée en fonction du premier commissaire, déjà l'enfant royal avait disparu, et le muet se trouvait à sa place; car quand je serai arrivé au moment de prouver la réalité de l'évasion, on verra qu'au 7 Novembre la première substitution était effectuée.

Il est une autre particularité fort remarquable rapportée dans l'Histoire de la Captivité de Louis XVI et de sa famille, ouvrage déjà cité, et qui, bien qu'antérieure et étrangère à l'époque dont je retrace la physionomie, mérite d'être signalée ici.

Le Prince raconte que J. P. — Joseph Paulin — avait remis au Roi trois rouleaux d'or et qu'il fut chargé par son père d'en donner un à sa tante. L'écrivain rend compte d'une fouille faite par les municipaux dans la chambre de la Princesse Elisabeth, et ce qui va suivre est vraisemblablement un corollaire du fait révélé:

« Les municipaux trouvèrent derrière les tiroirs de la commode de Madame Elisabeth *un rouleau de Louis* dont ils s'emparèrent sur-le-champ avec une avidité extraordinaire. Ils l'interrogèrent soigneusement pour savoir qui lui avait donné cet or, depuis quand elle l'avait, et pour qui elle l'avait conservé. Elle répondit que c'était Madame la princesse de Lamballe qui le lui avait donné après le 10 Août, et que, malgré les recherches, elle l'avait toujours conservé. Madame Elisabeth ne pouvait pas avouer la vérité. Elle nomma la princesse de Lamballe parce qu'elle n'existait plus.

On trouve écrit dans la Biographie Universelle à l'article Barras:

« *Barras* devint un des principaux auteurs de la révolution du 9 Thermidor 1794. Nommé membre du Comité de sûreté générale, il se déclara tout-à-fait contre les Montagnards, et se jeta dans le parti de la réaction. Lorsque le 1 Avril, la Convention fut assiégée par le peuple des faubourgs, *Barras* fit déclarer Paris en état de siège, et donner le commandement des troupes à *Pichegru*. Il paraît certain que le directeur prêtait l'oreille à des propositions de la part des Bourbons. *Il se serait engagé, dit-on, à rétablir cette famille sur le trône, moyennant des conditions qui assuraient son propre avenir.* »

Les mêmes renseignemens sont donnés dans la Biographie nouvelle des Contemporains : Mounier fut envoyé en Allemagne par *Barras* auprès des Princes, *avec des instructions secrètes.*

Par décret du 8 Décembre 1794, soixante-treize députés mis hors la loi antérieurement avaient été rappelés, et peu de temps après rentrèrent à la Convention. On lit dans Touchard-Lafosse : (Souvenirs d'un demi-siècle.)

« Les Soixante-Treize rappelés dans le sein de la Convention Nationale ont ressaisi le sceptre de la domination ; mais ce n'est plus sous les bannières de la Gironde qu'ils combattent..... Sous quelles couleurs est-ce donc ? Je ne sais, mais ils ont appelé *Pichegru*. — Pichegru qui correspond avec le prétendant, avec le Prince de Condé, depuis plusieurs mois..... Ce *traître* commande à Paris, il a fait déclarer Paris en état de siège. Ah ! Boissy-d'Anglas ; Ah ! Lanjuinais..... où conduisez-vous donc la révolution ?

» Il est de fait que le concours de *Pichegru*, à l'intérieur, et de Barthélemy dans la diplomatie, ne donnait pas une haute idée du républicanisme qui gouvernait avant et après le 12 Germinal. *C'est beaucoup de ne pas avancer que le parti dirigeant visait dès lors à une restauration monarchique*, mais j'attendrai pour émettre cette opinion que les événemens en aient révélé plus nettement la probabilité..... Il sera facile de reconnaître, plus tard, que *Barthélemy négociait à Bâle dans l'intérêt d'une monarchie qui jetait au sein de la Convention même les bases de sa restauration.*

» La réaction marchait à Paris sur les confins de la contre-révolution ; un désarmement de tous les républicains proclamés anarchistes avait été opéré le 9 Avril ; le 10, la Convention s'était empressée de rapporter les décrets des 27 Mars 1793 et 13 Mars 1794, prononçant la mise hors la loi des ennemis de la révolution, et la punition de leurs complices. Les ennemis de la révolution en conclurent sans doute qu'ils pouvaient attaquer ouvertement; c'est ce qu'ils feront au 13 Vendémiaire et au 18 Fructidor.....

» En 1795 il existait à Paris un Comité royaliste ouvertement organisé. La Garde Nationale des sections du centre était bourrée de partisans des Bourbons bien connus, auxquels les intrigues exercées dans les élections avaient obtenu des grades et conséquemment de l'influence; enfin, des agens de la royauté, au nombre de 3 ou 4 mille, s'étaient introduits à Paris, sous différens prétextes et par divers expédiens. »

Il est impossible de nier qu'il y eût dans la Convention un parti de représentans disposés à faire bon marché de la République. Vauban, dans ses mémoires sur les guerres de la Vendée, écrit à l'appui de cette vérité :

« Vers la fin de Juillet (1795), après la bataille de Quiberon, *le comte de Puisaye* reçut beaucoup de lettres *de sa correspondance secrète*. Il y en avait plusieurs de Paris, écrites par *des personnes prépondérantes dans les factions qui gouvernaient alors la France.* On lui offrait des secours et des moyens pour soutenir le parti, l'augmenter, enfin des moyens assez considérables pour l'utiliser; mais tout cela portait la condition de recevoir *M. le duc d'Orléans* que l'on voulait faire arriver parmi nous. Le parti dévoué à ce prince était mené par les gens qui, alors, étaient le plus en crédit;..... ceux qui, *dans le gouvernement républicain*, soutenaient les pays royalistes, mais qui les soutenaient *dans une direction de projets absolument différente*, se refusèrent à toute communication ultérieure. »

Le représentant du peuple *Tallien* était alors commissaire près les armées de l'Ouest, et vers l'époque de Vendémiaire, dit Touchard-Lafosse, une lettre saisie sur le paquebot la *Princesse Royale*, faisant la traversée d'Hambourg à Londres, contenait cette phrase singulière : «Je ne puis pas douter que *Tallien ne penche pour la royauté*, mais j'ai peine à croire que ce soit *pour la royauté véritable.* »

« Quoiqu'il en soit, ajoute le même écrivain, si Tallien conspirait pour la monarchie, il cachait bien son jeu..... Las d'entendre décrier le Coup d'état de Vendémiaire, qu'il considérait avec raison comme le sauveur de la république, Tallien se leva un jour, courut à la tribune, et fit entendre cette sortie violente :

« J'aurais dû dénoncer, depuis longtemps ceux qui, le 13

Vendémiaire, conspiraient avec les factieux de Paris, ceux que les sections avaient pris sous leur protection et qui, par une réciprocité facile à concevoir, prenaient sous leur protection les sections de Paris; ceux qui auraient été épargnés *du massacre général de la représentation nationale;* ceux pour lesquels des chevaux étaient prêts non loin d'ici; ceux qui recevaient les présidents des sections rebelles; ceux auxquels ils disaient : *dormez-vous?.....* non, sans doute, ils ne dormaient pas, ils conspiraient le renversement de la république; je le répète, *leurs chevaux étaient prêts, ils marchaient bientôt au devant du Roi, dont ils auraient été les principaux ministres.....* Je connais ceux qui s'agitent encore, ceux qui sont unis aux conspirateurs de l'intérieur. »

» Tallien est sommé de nommer les représentants qu'il accuse ; il nomme Lanjuinais, Boissy-d'Anglas, Henri Larivière et Lesage. Dix-neuf ans plus tard les caresses *de Louis XVIII* justifièrent le discours de *Tallien.* »

Mais Tallien qui affectait le terrorisme, pour mieux dissimuler ses *menées royalistes,* dénonça dans ce temps au ministre de la police Cochon une conspiration contre la représentation nationale, organisée dans les bureaux de la police; et il fut reconnu que lui-même entretenait des communications secrètes avec un Anglais qui fréquentait *les royalistes, distribuait de l'argent et faisait le terroriste.* « Cette maladroite sortie de Tallien, observe Touchard, acheva peut-être de confirmer l'opinion presque générale, *que cet ancien montagnard était vendu au parti monarchique.* »

Louis XVII était alors en liberté, et nous voyons déjà le comte de Provence chercher à attirer vers lui tous les regards, toutes les influences révolutionnaires, se créer le chef du parti monarchique qui vise à une restauration au profit de Louis XVIII. Comme j'aurai à faire de ce prince une mention toute particulière, et qu'il va lui-même bientôt se mettre en scène, ces premiers aperçus de son véritable caractère ne sont point un hors d'œuvre, et disposent le lecteur à l'envisager tel qu'il fut, tel qu'il se montra toujours, infatigable dans ses menées ténébreuses pour parvenir au trône et s'y maintenir, quand il eut enfin obtenu le triomphe de toutes ses scélératesses.

Lisons encore les extraits suivans des mémoires de Barrère, qui, en sa qualité de membre du Comité de salut public, a pu, mieux que personne, discerner la réaction anti-républicaine qui s'était formée dans la Convention depuis le 9 Thermidor :

« Le 9 Thermidor brisa le ressort révolutionnaire. Le pouvoir appartint dès lors au premier occupant. Le parti le plus osé fut celui qui avait été le plus comprimé, *le royalisme girondin*,.... les *Barras*, les *Fréron*, les *Tallien*, Merlin de Thionville, André Dumon, Monestier du Puy-de-Dôme, les corrompus du parti Danton et les fanatiques de la cause de Robespierre, les Legendre, les Courtois, et certains habitués du Marais, ne formèrent plus qu'une coalition contre-révolutionnaire, *à laquelle vinrent s'associer des agents secrets de Louis XVIII et des émigrés* rentrés par autorisation des nouveaux Comités. La persécution contre les patriotes et les républicains, désignés sous le nom de terroristes, fut si générale, si atroce, *que le royalisme* pur *crut qu'on agissait pour lui.* Il travailla en conséquence *les sections* de Paris, dont la tendance fut toujours monarchique, et qui espérèrent enfin revenir toujours à leur but..... Mais la majorité des hommes lâches et vindicatifs de Thermidor n'avait fait que changer de camp. De la Convention Nationale éteinte ils passèrent aux places *du Directoire* exécutif naissant. Les mêmes hommes, les mêmes opinions de parti devaient amener les mêmes résultats. *Les tendances monarchiques*, sanctionnées par l'établissement des deux conseils et du pouvoir directorial, *se renforcèrent tellement, que*, si elles avaient été dirigées ou développées par des têtes fortes et habiles, *les affaires publiques auraient pris un cours contraire à la révolution* faite au nom de la liberté.

» La journée du 18 Fructidor an V n'eut lieu que parce que *Barras* ne put s'accorder avec LE BOURBON sur les conditions d'une restauration. Ce chevalier d'industrie prétendait être nommé Maréchal de France, ce qui ne convenait pas au Roi de l'ancien régime.

» *Tallien, Barras, Boissy-d'Anglas, Treillard*, André Dumont, voulaient être à leur tour membres du Comité de salut public. La maxime favorite de ces Messieurs était alors comme aujourd'hui : *ôte-toi de là, que je m'y mette.* Cambacérès, Clauzel, Pémartin, voulaient aussi tâter du gouvernement. Cela leur tenait bien plus à cœur *que de défendre la république*, qu'aucun de ces Messieurs n'avait *ni voulue*, *ni soutenue* dans les temps de danger, où la liberté et son succès étaient très-problématiques.

» Les Fréron, les Tallien soldés par Coblentz et Londres, trouvèrent long-temps des imitateurs. Dès qu'un changement eut été opéré dans le comité, *les attaques contre le gouvernement* républicain commencèrent ; *la république fut accusée par les réacteurs de 1795 qui agissaient pour les Princes emigrés.* Après le 9 Thermidor, Fréron rédigea *leur journal* intitulé : *l'Orateur du Peuple*, digne pendant de *l'Ami du Peuple* de feu Marat. Il y débuta par une invocation solennelle au sombre et féroce génie de Marat dont il se glorifia publiquement d'avoir été le collaborateur,

» Pendant la première période de la révolution depuis 1790 jusqu'en 1794, *Fréron* fut l'associé de *Marat ;* il rédigeait avec lui *l'Ami du Peuple*, dont les dépenses étaient payées par M. de Calonne, *agent du comte de Provence et du comte d'Artois.*

» A la Convention Nationale, Joseph d'Orléans prononça le vote de la mort contre Louis XVI. Ce vote retentit à Coblentz sans douleur ; mais non sans y fournir un prétexte de se débarrasser du votant. L'intrigue des Princes bannis était occulte mais puissante, à Paris, où elle avait des agens, *à la commune, aux Cordeliers, aux Jacobins,* et *à la Convention.* Le Comité de salut public avait oublié que le duc d'Orléans était à Marseille mais les ennemis du Prince s'en occupaient sans doute. Sa perte avait été résolue à Coblentz dont les agens parvinrent à le faire revenir de Marseille, pour lui susciter des accusations et le faire condamner à mort. C'est à Louis XVIII qu'il faut reporter cette accusation, *lui qui a intrigué secrètement pour exciter le peuple contre son frère Louis XVI, contre Marie-Antoinette et Madame Elisabeth ; comme cela est prouvé par des lettres et documens recueillis à Vienne, dans le cabinet de l'empereur, d'après le dire du Prince Charles.* C'est la perfide et infatigable intrigue de Coblentz qui amena, *par le mouvement des sections* et de l'esprit de parti, la perte de toute cette minorité de la noblesse qui s'était réunie aux communes en Juin 1789. *Le Comte de Provence* fut l'intrigant le plus corrupteur et le plus perfidement habile, que la famille des Bourbons ait produit. »

Ce que nous venons de lire constate bien positivement l'amélioration du sort du Dauphin et qu'elle concourut avec le renversement de Robespierre. *Barras* aussi nous est représenté, par des témoignages non suspects, ainsi que d'autres conventionnels, comme enclin à se prêter à une restauration monarchique, et nous voyons *Laurent* commencer son service au Temple de manière à nous faire lire, dans sa pensée, ses sentimens de bienveillance en faveur du fils de Louis XVI.

L'histoire marche donc, pour ainsi dire, côte à côte, avec les communications du Duc de Normandie et s'identifie avec elles. Le retour à des idées monarchiques, par beaucoup de membres de la Convention, devient un fait historique non équivoque, qui va acquérir la certitude de l'évidence par la pacification de la Vendée.

Fin de la deuxième partie.

1-12
42433

Imprimerie de N?S Fabres, à Orad.

LE ROYAL MARTYR
DU 19ᵉ SIÈCLE.

RÉPLIQUE HISTORIQUE

À Monsieur DUPANLOUP, Evêque d'Orléans,
apologiste de l'œuvre mensongère de M. DE BEAUCHESNE :

LOUIS XVII, SA VIE, SON AGONIE, SA MORT ;

par M. Gruau de la Barre,
ANCIEN PROCUREUR DU ROI.

TROISIÈME PARTIE.

L'ÉVASION PROUVÉE PAR L'HISTOIRE ET LA TRADITION.

TOME PREMIER.

BREDA, 1870.
Tous droits réservés.

La pacification de la Vendée, Monsieur l'évêque, fut l'événement précurseur de la liberté rendue à l'orphelin du Temple, et constate visiblement qu'il avait des protecteurs puissans au sein de la Convention, après le 9 Thermidor. Le gouvernement entra en négociation avec le général Charette, qui fit un acte de haute politique en écoutant les offres de paix qu'on lui proposa, et en les sanctionnant par un traité. La Vendée étant soumise, et les royalistes qui se battaient pour la légitimité ayant mis bas les armes, Louis XVII devenait un être inoffensif aux yeux de la Convention, et la sécurité qui résulterait, pour les hommes du pouvoir, de ce nouvel état de choses, offrait aux amis dévoués de l'orphelin de grandes chances de succès pour sa libération. Ce ne fut point, de la part du héros vendéen, une abnégation de ses principes : c'était une tactique commandée par son dévouement lui-même à son Roi; une concession momentanée, faite aux ennemis de la légitimité qu'il avait si vaillamment défendue, et dont il ne pouvait espérer le rétablissement tant que le monarque eût gémi dans ses fers; il importait avant tout de l'arracher des mains de ses oppresseurs, et le moment était plus opportun que jamais.

L'auteur de l'*Histoire d'Europe* — Annual Register — publiée à Londres, pour l'année 1795, rapporte qu'une motion avait été faite à la Convention pour que la liberté fût rendue à Louis XVII.

« Un grand nombre des plus chauds partisans du système républicain, dit-il, désapprouvaient la cruelle détention d'un enfant dont la liberté ne pouvait pas être un danger pour la république, puisque, s'il venait à mourir, il ne manquait pas d'autres membres de la famille de Bourbon, jeunes ou vieux, qui se porteraient comme prétendans, et réclameraient l'héritage de ses droits. Tous ces Bourbons étant hors de France, à l'abri des atteintes du gouvernement, il n'y avait donc aucune raison de retenir en captivité ce faible enfant dont la santé dépérissait, par suite des cruels traitemens qu'on lui faisait subir. »

Ces considérations n'eurent pas le succès désiré ; mais néanmoins elles guidèrent la conduite que tinrent les conventionnels qui étaient disposés à concourir à la mise en liberté et à la conservation du Dauphin.

Le traité de pacification fut signé, le 15 Février 1795, par les commissaires de la Convention et le général Charette. Une clause secrète y fut insérée, qui montre, mieux que tous les commentaires possibles, les dispositions de bienveillance qui animaient en faveur de l'orphelin royal des révolutionnaires convertis ou, comme l'avenir l'a prouvé, des spéculateurs politiques. Nous avons vu en effet que, tout en conservant le Dauphin, on s'y prit de manière à ce que son existence devînt plus tard problématique et pût servir un jour aux vues ambitieuses des conventionnels qui en posséderaient le secret.

Nul ne saurait disconvenir que la première condition à exiger par le général Charette, des délégués de la Convention, fut et dut être la liberté du fils de Louis XVI. Ce fait devient évident par les témoignages qui vont suivre. Charette l'annonce ainsi au comte de Provence :

« ..... Je traite avec la Convention dite nationale..... mon Roi et le vôtre est prisonnier des bourreaux de son père, qui peuvent devenir les siens ; sa vie sacrée est perpétuellement menacée, tout est donc permis, tout est donc légitime pour le rendre à la liberté. Eh bien ! *cette liberté, je l'ai obtenue. Une convention secrète entre les commissaires du pouvoir exécutif et moi*, convention dont je mettrai l'original sous vos yeux, décide du sort de Sa Majesté. On remettra la personne du Roi aux commissaires que j'enverrai à Paris ; *on consent à ce qu'il revienne parmi nous*.....

» On me donne toutes les assurances possibles de la fidélité qu'on mettra à remplir la grande condition.....

» La Jaunais, ce 20 Février, 1795. »

Le comte de Provence, en rapportant dans ses mémoires la lettre de Charette, la fait précéder et suivre de réflexions où, malgré sa dissimulation, les personnes qui l'ont étudié et approfondi dans sa conduite, pendant la révolution et sous son règne, ne seront point dupes de son langage. Les arrières-pensées qu'il nous cache, pour se transformer en sujet fidèle à ses rois, percent, en dépit de ses constans efforts à les déguiser.

Ouvrez le sixième volume, à la page 193, vous y verrez qu'un comité royaliste existait à Paris, et qu'il se mit en rapport avec lui. *L'abbé Brottier* en faisait partie.

«Tant que dura la Convention, dit-il, cette agence dut se borner à transmettre les renseignemens propres à m'éclairer sur l'esprit public en France..... Je l'employai d'une manière plus directe *pour tâcher d'obtenir l'évasion du Roi mon neveu,..... vers le commencement de 1795.*»

Voici l'analyse de la fabuleuse tentative dont parle Louis XVIII :

Une jeune fille, espèce de servante d'un des employés de la prison, confia à son confesseur qu'elle était disposée à tout entreprendre pour sauver le Roi. L'ecclésiastique lui demanda si elle voulait l'autoriser à en parler à l'un de ses amis, *qui avait mission du comte de Provence pour agir dans l'intérêt du jeune monarque.* Elle y consentit; et le confesseur mit *l'abbé Brottier en rapport avec Madeleine :* c'était son nom.

Ceci avait lieu — toujours d'après le récit de l'usurpateur du trône de Louis XVII — au moment où la Convention s'occupait publiquement du sort du royal enfant, lorsque le député Mathieu prononça à la tribune la phrase suivante :

«La Convention et son comité, étrangers à toute idée d'améliorer la captivité des enfants de Capet, savent comment on fait tomber la tête des Rois; mais ils ignorent comment on élève leurs enfants.»

Il y avait tout à craindre de tels hommes; — ce sont les paroles du royal et fourbe narrateur, — *et l'agence royale s'empressa de s'entendre avec Madeleine.*

— Je dois dire ici, pour l'appréciation du fait raconté, que le discours de Mathieu fut prononcé le 2 Décembre 1794, et que le Prince, à cette date, était caché au quatrième étage de la Tour. N'importe ! —

Madeleine offrit d'introduire dans le Temple un de ses frères ayant l'age du jeune Roi, afin de le substituer à ce prince dans les rares instans de promenade qu'on lui permettait de faire dans la cour. Son projet était d'entraîner le Dauphin dans sa chambre, de l'habiller comme l'autre enfant, et, à l'aide de ce déguisement, de lui faire franchir les divers guichets, d'autant plus que les geôliers avaient en elle une pleine confiance. Tout cela peut-être n'était pas bien adroit, — remarque Louis XVIII, qui termine ainsi son récit : —

« Mais c'était une chance et on la tenta. Déjà le frère de Madeleine était entré plusieurs fois au Temple, et à chaque fois y avait introduit une partie de son double vêtement. L'échange avait même été sur le point de se faire *un certain vendredi, lorsque Madeleine fut subitement arrêtée et jetée dans un cachot, où elle mourut deux jours après de coliques violentes, qu'on qualifia de cholera-morbus. Son frère n'eut pas une destinée plus heureuse. On dit qu'il s'était précipité, par mégarde, d'un cinquième étage d'une maison, rue du Vertbois, où il logeait. Tout fait croire qu'ayant surpris le secret de ces deux infortunés, on avait voulu s'en débarrasser sans bruit.

»J'attendais avec quelque espérance des nouvelles *de cette entreprise, pour laquelle l'un de mes agens à Londres, le Sieur Duteil, avait fourni des fonds, lorsque l'abbé Brottier m'annonça la fatale catastrophe. Cette tentation d'évasion coïncidait avec une négociation directe qui avait lieu alors entre les Vendéens et quelques membres de la Convention nationale, dont le but était également de sauver le Roi mon neveu. Ce projet échoua, comme l'autre, et son dénouement fut même plus fatal, puisqu'il décida la mort du jeune monarque. C'est un des actes les plus atroces de la Convention nationale.* »

Poursuivons. Si l'on voulait ajouter foi à tous les mensonges que Louis XVIII a débités dans ses mémoires, pour se disculper de ses crimes révolutionnaires, il se serait efforcé de faire rendre à la liberté l'angélique princesse Elisabeth, dont le supplice, selon lui, fut un forfait en pure perte. Il s'est expliqué à la rigueur, en politique, celui de Louis XVI et de Marie-Antoinette, par la nécessité d'anéantir la royauté, et de se venger sur la reine de la haine qu'elle avait montrée à la révolution. Mais la mort de sa sœur n'était d'aucun avantage pour les révolutionnaires. En effet, ce n'est pas à eux qu'elle profita : l'histoire répondra. Quoi qu'il en soit, pour le moment, il se flattait d'obtenir la liberté de la princesse Elisabeth, par l'intermédiaire du gouvernement de Venise, lorsqu'une lettre de B..... d'A..... (Boissy-d'Anglas) vint détruire son illusion et le plonger dans un affreux désespoir. Ce correspondant lui disait :

« Il est de mon devoir de vous instruire de ce qui se passe. Je lis enfin dans l'âme de Robespierre — agent et instrument du comte de Provence. — C'est un autre Cromwell qui se prépare, et à qui un crime inutile sourit encore comme crime.

» Robespierre veut la couronne de France, non avec le titre de roi, mais avec celui de dictateur. — Il a immolé à ce désir immodéré de pouvoir, la reine, le duc d'Orléans. Je *prévois la mort de votre neveu* et celle de votre vertueuse sœur. Préparez-vous à cette double perte, *elle est inévitable*..... on va vite en révolution, ainsi méditez sur ce que je vous mande. »

Après cette communication, Louis XVIII confesse effrontément que plus d'une fois l'idée lui vint de chercher, *dans l'intérêt général,* à nouer une négociation avec Robespierre : il s'y décide enfin ; mais lorsqu'il s'agit de traiter avec lui ;

« J'eus de la peine, dit-il à m'y déterminer ; *il fallut pour cela l'espoir d'arracher le Roi mon neveu à une mort certaine ;*.... pendant ces négociations la catastrophe du 9 Thermidor arriva. Elle délivra sans doute la France d'une effroyable tyrannie ; mais en même-temps *elle rompit le fil que je nouais avec tant de soin pour arriver plus vite à la restauration de notre monarchie.* »

C'est ainsi que, par des voies tortueuses, par une affectation de sentimens qui ne furent jamais dans son cœur, le comte de Provence cherche à se faire voir sous un aspect qui ne se soutient pas devant l'implacable vérité historique. Cette digression, qui recevra ailleurs un complément obligé, bien loin d'être inopportune, en nous écartant momentanément de la pacification vendéenne, nous y ramène par les passages suivans des mémoires de Louis XVIII :

« Le 9 Thermidor avait changé la position des choses en France. Les proconsuls que la Convention envoya dans l'ouest reçurent la mission d'amener les chefs vendéens à une suspension d'armes. L'agent principal de cette négociation s'offrit de lui-même, Bureau de la Bâtardière..... Il se présenta au conventionnel Ruelle, qui l'accueillit à bras ouverts et l'envoya traiter avec Charette, muni de pleins-pouvoirs..... C'était vers la fin de Décembre 1794.....

» Cependant la pacification avançait ; les commissaires de la Convention insistèrent sur une entrevue qui eut lieu le 15 Janvier à La Jaunais. Les conséquences furent un vrai traité de paix, dont les conditions étaient :.... mais une condition secrète bien autrement importante y fut ajoutée. Je ne puis la faire mieux connaître qu'en copiant ici la lettre que Charette m'adressa, et dont j'ordonnai le dépôt aux archives du royaume.....

» Jamais surprise ne fut égale à la mienne à la réception de cette dépêche. *Mon cœur bondit de joie ; je me représentai le roi, libre de ses chaînes, au milieu d'une population fidèle ; le pouvoir immense que lui donnerait sa jeunesse et ses infortunes, et l'impulsion qui en résulterait pour le reste du royaume : je bénis la détermination de Charette.....*

» Stofflet se détermina à traiter aux mêmes conditions que Charette, et les autres chefs indépendans suivirent son exemple.....

» Charette consentit à paraître dans Nantes le 26 Février. Il s'y montra avec l'écharpe et le panache blanc, environné de son état-major. Il y eut un instant où les cris de « *vive le Roi* » allaient prévaloir sur ceux de « *vive la République.* » Bureau de la Bâtardière, en y substituant ceux de « *vive la Paix* » arrêta un élan qui peut-être aurait rendu Charette maître d'une ville où il n'entrait qu'en allié

» Les événemens qui suivirent appartiennent à mon règne ; je m'en occuperai lorsque j'aurai achevé de décrire celui du malheureux roi, mon neveu, *victime que la révolution eut hâte de dévorer.*

» Dès que la nouvelle me vint du soulèvement de la Vendée, *je formai des vœux ardens pour le succès de cette tentative*, et voulus savoir plus positivement que par le rapport des intéressés la vérité toute entière. En conséquence, vers la mois de Mars 1794, *j'envoyai sur les lieux* une personne intelligente, à laquelle je pouvais donner toute ma confiance ; je regrette que les circonstances m'empêchent de la nommer. Elle vit aujourd'hui, et la sincérité de ses rapports, dont on n'a jamais soupçonné la source, a déplu à trop de personnes pour que je l'expose à l'animadversion de ceux qui verraient dans ses actions de l'espionnage et non du devoir. Cette personne, par sa position, ses alliances et son rang, *pouvait pénétrer partout ;* aussi apprit-elle des choses qui me surprirent et que je tairai comme je tais son nom.

» La Vendée, dans son ensemble, se présente sous un aspect tellement héroïque, qu'il n'est point permis de l'entacher dans aucun de ses membres. *Il y en eut cependant qui la trahirent*, soit au profit des jacobins, soit à celui des étrangers ; heureusement que le nombre en fut rare, mais ils n'en firent pas moins beaucoup de mal. *Ceux qui étaient d'intelligence avec les conventionnels répandaient des nouvelles alarmantes, divulgaient aux généraux républicains les projets des royalistes. Peu furent découverts ; le plus grand coupable d'entre eux, non seulement n'eut aucune punition, mais on l'a depuis récompensé. J'ai moi-même augmenté sa fortune, bien qu'en connaissant ses œuvres, contraint en cette circonstance, comme en tant d'autres, de vaincre ma répugnance par des raisons d'état.....*

» Charette aurait pu faire triompher la Vendée sur la république, s'il eût été secondé au dedans et au dehors, mais *on l'abandonna* au moment où il rendait les plus grands services *à la cause royale.....*

» *Ce fut avec peine que j'appris la pacification de la Vendée ; j'aurais souhaité que la guerre continuât sur ce point, car c'était, par le fait, la seule armée où mon titre — de régent — ne fut pas contesté.*

» Il m'arrivait de toutes parts des dénonciations contre Charette au sujet de cette paix qu'il signait intempestivement. Delaunay et Stofflet ne l'épargnaient pas ; c'était à les entendre un homme vendu à la Convention. Je savais le contraire, et j'en fus d'autant plus persuadé que je vis ceux-mêmes qui l'accusaient avec le plus d'acharnement signer aussi de leur côté le traité de paix. Le comte d'Artois fulmina contre Charette, puis contre Stofflet, Sapinaud et enfin contre toute la Vendée. Il ne parlait de rien moins que de faire fusiller les signataires de la capitulation.....

» Je savais par Charette qu'un article secret de son traité, avec les commissaires de la Convention nationale, assurait à Louis XVII sa liberté..... Dès que je sus cette nouvelle, j'écrivis à Paris, *aux agens de diverses classes que j'y entretenais,* pour m'informer de ce qu'eux-mêmes pouvaient en savoir. Tous, à l'exception d'un seul, membre de la Convention nationale, ne comprirent pas ce que je leur disais. Je ne m'étais pas, il est vrai, expliqué très-clairement par prudence. Quant au membre de la Convention (Boissy-d'Anglas), il me répondit en ces termes :

« Charette ne vous a pas trompé, mais lui le sera. Il est vrai qu'il a été convenu que le jeune Prince serait mis hors du Temple. *Ruelle et Richard n'ont fait, en s'y engageant, qu'exécuter les instructions du comité de salut public.* Sont-ils de moitié dans ce mystère d'iniquité, ou abusés eux-mêmes ? Je l'ignore ; on ne peut pénétrer trop avant dans la conscience d'un homme.

Au reste, cette partie de la négociation est tenue ici dans un profond silence ; *on a paru surpris que je fusse si bien informé.*

» Déjà on a tenu divers conseils ; on s'est réuni en plusieurs endroits, afin de décider ce qu'il convenait de faire, si on nierait, *si on couperait court à l'intrigue.....* Tout est à craindre... *J'ai quelque raison de croire que ce qui se machine vous mène à la couronne de France,* si on peut donner ce nom à celle qu'on porte en exil. »

» *Je reçus avec douleur ces funestes lumières,* qui me faisaient présager le sort qu'on réservait à mon malheureux neveu.....

» Il y avait parmi les meneurs de la Convention quelques hommes qui, par des motifs particuliers, voulaient que les deux enfans de Louis XVI fussent rendus à leur famille. Je ne cite que les jacobins à demi-convertis : c'étaient *Tallien, Fréron* et *Barras,* formant alors une sorte de triumvirat qui prétendait diriger les affaires. *Fouché* et *Cambacérès* marchaient aussi avec eux. Réunis aux trois premiers, ils entraînaient après eux *Courtois,* Clauzel, Hermann et nombre d'autres, qui, lassés des excès révolutionnaires, et épouvantés de la part qu'ils y avaient prise, désiraient vivement trouver l'occasion de rendre un service signalé à la monarchie, afin qu'elle leur pardonnât si elle était victorieuse.

» Cette masse de gens influençaient en partie les résolutions des comités exécutifs. *Barras, dont la politique n'a jamais été bien connue que de moi ; Barras,* beaucoup moins coupable qu'on ne le pense, ne s'était point détaché entièrement de son ordre, et des principes qu'il avait reçus dans son enfance. Le souvenir du meurtre de Louis XVI le poursuivait sans relâche ; *et dans une lettre, qu'il m'écrivait pendant notre longue correspondance, il disait :*

« Je ne sais comment on peut dormir ou manger tranquille lorsqu'on a tué son roi..... »

» *Barras,* après son crime, n'a pas cessé d'être royaliste ; il était donc celui qui, avec *Tallien,* aurait contribué le plus volontiers pour sauver le jeune monarque. *Ce furent eux qui donnèrent l'idée de faire faire cette proposition à Charette,* pensant que la chose, une fois mise en négociation, pourrait s'effectuer peut-être.....

» Sur ces entrefaites Charette, de concert avec le conseil supérieur de la Vendée, envoya deux commissaires à Paris pour suivre ostensiblement l'effectuation des engagemens pris avec la Vendée par le traité public, mais leur véritable mission était de presser l'exécution de la clause relative à la liberté du jeune roi. Ces commissaires — Amédée de Béjari et le vicomte de Scépaux — arrivèrent à Paris, munis de lettres de créance qui les autorisaient à y suivre *toutes les affaires de la Vendée;* ils en avaient de particulières de Ruelle et de Richard pour *Barras,* Tallien et *Fréron,* avec lesquels ils s'abouchèrent dès leur arrivée. Persuadés qu'on ne ferait aucune difficulté pour leur remettre le jeune roi, ils s'adressèrent d'abord à *Tallien,* qui leur déclara que la chose était moins aisée à faire qu'ils se l'imaginaient.

» Non, leur dit-il, qu'on veuille manquer de parole, mais parce que toutes les volontés ne sont pas encore réunies pour procéder à l'exécution de l'article secret. Les deux vendéens, confondus de cette réponse dilatoire, répliquèrent que les commissaires de la Convention avaient tenu sur les lieux un autre langage et juré solennellement de remettre dans un court délai le fils et la fille de Louis XVI aux Vendéens; que ce point avait seul déterminé la pacification de la Vendée, et qu'il fallait tenir à une parole donnée en termes aussi précis, ou tout rompre.

» *Tallien* répéta qu'il fallait, pour remplir la clause du traité, obtenir l'assentiment général dans les comités, assentiment dont on allait s'occuper.

» Les deux députés, ayant pris congé de *Tallien,* se décidèrent à lui écrire une note énergique qui contenait ce qu'on connaît déjà. Ils la terminaient en certifiant qu'un refus mettrait le feu aux quatre coins de la Vendée, et que le dernier royaliste mourrait plutôt que de pardonner une telle trahison. Ils demandaient en outre une déclaration formelle et prompte sur les intentions de la Convention nationale.

» Cette note, peu conforme aux usages diplomatiques, irrita d'abord les jacobins exagérés des comités. Ils prétendirent qu'il fallait arrêter M. de Scépeaux et M. de Béjari, et les envoyer au supplice. *Barras,* qui faisait partie du conseil, demanda si on voulait revenir au 7 Thermidor, que, quant à lui, il jouerait dans ce cas le rôle qu'il avait joué à cette époque.

» Il ne s'agit point, poursuivit-il, de punir les deux envoyés vendéens de l'audace avec laquelle ils présentent leur demande, mais de savoir si on s'entendra ou non avec la Vendée entière sur le fond de la querelle.

» Il ramena ainsi la question à sa simple expression ; c'était contraindre à la résoudre ; elle ne le fut pas cependant. Les jacobins manifestèrent leur opinion avec tant de véhémence, que les députés mieux intentionnés craignirent de compromettre l'existence du jeune roi en insistant sur une détermination définitive. Fréron proposa de remettre le comité à quinzaine, sous prétexte qu'ayant le temps de réfléchir on pourrait peut-être mieux s'entendre.

» Cette proposition fut acceptée, et les députés s'y soumirent forcément ; cependant le terme expiré, voyant que le comité ne se réunissait pas, ils écrivirent à Charette ce qui se passait, et en donnèrent avis aux autres généraux de la Vendée. Ceux-ci s'entendirent pour adresser une lettre collective et menaçante à la Convention, dans laquelle ils réclamaient impérieusement l'exécution pleine et entière du traité de paix tant dans ses articles secrets que publics.

» Cette déclaration, exprimée en termes véhémens et incisifs, produisit beaucoup d'effet. On parut balancer sur la détermination qu'on prendrait ; un nouveau système de conduite fut employé à l'égard du jeune roi, on le traita avec plus de douceur. Tout cela ne contentait pas Messieurs de Scépeaux et Béjari ; cependant, ils patientaient, d'après l'avis que je leur fis donner par l'intermédiaire de cet exellent *Boissy-d'Anglas*, qui dans cette circonstance se conduisit mieux que ne l'auraient fait les plus fidèles royalistes. *Les envoyés vendéens demandèrent qu'on leur permît du moins de voir le jeune monarque dans la prison du Temple. Cette demande leur fut encore refusée.* On prétendit qu'il fallait éviter par une démarche inutile de donner l'éveil au parti de la Montagne, et de lui fournir des prétextes pour entraver la négociation. Je reçus sur ces entrefaites une lettre de *Boissy-d'Anglas* ainsi conçue :

« Les députés ne font que de vaines démarches, il y a trop de machiavélisme dans la Convention pour qu'on vous rende votre neveu. Les jacobins ne se tiendront pas tranquilles, ils complotent ouvertement, ils préparent un second 31 Mai : n'importe, je serai à mon poste..... »

» En effet, il s'y montra dignement. La Convention ne s'endormait pas ; déjà elle venait d'envoyer au supplice Fouquier-Tinville,

Lebon et Carrier. Elle ordonna l'arrestation de Collot-d'Herbois, de Barrère, de Vadier et de Billaud-Varennes. Leur arrêt de déportation s'ensuivit. Ces actes de justice, qui donnaient tant d'espérance *pour la mise en liberté du jeune roi*, eurent lieu trop tard. *Le coup était porté*, une mesure atroce, prise par quelques régicides dénués de toute vertu humaine, décida de l'existence de mon neveu. *Il fut empoisonné dans un plat d'épinards.* Romme, l'un des misérables qui périrent peu de temps après, dit à *Boissy-d'Anglas :* — Encore quelques jours et la question relative à la sortie du bambin sera résolue; il sortira en effet du Temple, mais non pas par les pieds !!! »

» *Le 8 Juin suivant, à deux heures de l'après-midi*, Louis XVII, roi de France et de Navarre, rendit le dernier soupir !!! »

Ce plat d'épinards n'arriva point à son adresse. L'active surveillance des mystérieux gardiens du royal prisonnier l'avait préservé des tentatives homicides de ceux qui en voulaient à ses jours; et il était alors à l'abri de tout danger, dans une retraite inaccessible à ses ennemis, dont le comte de Provence fut le plus ténébreusement perfide, le plus infatigable dans ses machinations pour s'en défaire ou pour le perdre.

Nous lisons encore dans le septième volume de ses impostures historiques :

« L'anarchie tomba avec Robespierre et aussitôt *j'eus la pensée d'arracher mon royal neveu et ma nièce à leurs persécuteurs*. J'écrivis à Boissy-d'Anglas afin qu'il aidât à cette tentative. Il m'écrivait après le 9 Thermidor : — dès que nous avons été délivrés de Robespierre et de ses amis, *j'ai pensé aux infortunés prisonniers* renfermés dans le Temple. Je me suis occupé des moyens de leur faire rendre la liberté, et j'ai acquis la triste certitude que la Convention, quoique ramenée aux actes d'une politique plus régulière, ne sera *juste qu'à demi*. Ainsi *le fils de Louis XVI ne sera plus une victime*, mais il restera *comme gage aux mains du pouvoir révolutionnaire*. »

Il est assez difficile, sinon impossible, de concilier cette version avec les renseignemens qui précèdent. A force de vouloir sauver son neveu, le comte de Provence s'embrouille tant soit peu dans ses redites. Ne semble-t-il pas que, troublé par la voix de sa conscience, il eût le pressentiment du peu de foi qu'on ajouterait à l'apologie qu'il fait de lui-même? Il savait bien qu'il en imposait, lui, le moteur occulte des principaux conjurés contre la monarchie légitime ; lui, qui, s'étant posé le chef de sa famille par usurpation, en a dirigé les membres dans la criminelle ligne de conduite qu'ils ont tenue par rapport à Louis XVII ; lui qui, jusqu'au jour où ses menées insidieuses l'eurent placé sur le trône de France, n'eut de pensées et d'actions que pour aplanir les obstacles qui l'en éloignaient ! Mais là n'est pas la question pour le moment. Plus tard, je mettrai le lecteur à même de connaître ce prince à fond, dans toute la noirceur et la duplicité de son âme.

Quant à la clause secrète du traité vendéen, la lettre du général Charette se trouve confirmée par des autorités incontestables.

« Les premières ouvertures officielles — dit Eugène Veuillot, dans son *Histoire des guerres de la Vendée et de la Bretagne* — vinrent du comité de salut public. Le **2 Décembre 1794**, Carnot, comme membre de ce comité, proposa et fit adopter aux conventionnels, ses collègues, une proclamation et un décret destinés comme tant d'autres à faire rentrer les rebelles dans leur devoir.... La Convention était alors représentée en Vendée par deux hommes également sincères dans leurs paroles de conciliation : le représentant Ruelle et le général Canclaux..... Charette convint d'une amnistie, et dit que si les négociations devaient continuer il désirait avoir une entrevue avec Ruelle et Canclaux. Il ajouta d'ailleurs que ses premières conditions seraient le libre exercice de la religion catholique, et *le retour des Bourbons*.....

» Les délégués de la république avaient le droit d'offrir une amnistie, mais non de signer un traité de paix. Ruelle, comprenant qu'il faudrait en passer par cette condition, se rendit à Paris pour obtenir des pouvoirs plus étendus. Le **16 Janvier 1795**, il parut à la tribune de la Convention.....

» Ruelle et ses collègues obtinrent des pouvoirs suffisans, et les négociations marchèrent avec assez de rapidité. Les conventionnels étaient décidés à faire beaucoup de concessions.... on finit par s'entendre, et, le **17 Février 1795**, onze conventionnels d'une part, et de l'autre vingt officiers vendéens signèrent un traité de paix..... Comme les royalistes, la révolution voulait gagner du temps..... Le traité de La Jaunais avait des articles secrets. Les voici, tels qu'ils se trouvent dans les Mémoires de Napoléon :

« 1° *La monarchie sera rétablie*..... 8° Tous les royalistes resteront armés jusqu'à l'époque du rétablissement du trône. »

On lit aussi dans les *mémoires de Napoléon*, recueillis et mis en ordre par le rédacteur des mémoires de Louis XVIII :

« Une paix désirable mettait un terme à la guerre civile, c'était la soumission de la Vendée ; elle eut lieu d'un plein consentement réciproque.....

» Des conditions honorables furent accordées aux rebelles ; on traita avec eux comme on aurait traité avec un état voisin, de pair à pair.....

» La Convention, ou, pour mieux dire, les commissaires dépassèrent leurs pouvoirs *en promettant aux vendéens la liberté du fils de Louis XVI*. Ce pauvre enfant languissait dans la tour du Temple ; les jacobins, pendant leur règne, avaient oublié de le faire mourir, les honnêtes gens qui leur succédèrent en prirent le triste soin.

» Il est certain qu'effrayés de l'engagement contracté envers les rebelles, et dont les députés de ceux-ci réclamaient l'exécution avec une audace menaçante, les comités de la Convention se demandèrent ce qu'il fallait faire ; *la réponse fut : qu'il meure*. Ainsi finit le malheureux Prince, que les amis de sa famille ont voulu compter au nombre des rois de France. »

L'auteur des *Mémoires et souvenirs d'un pair de France* dit également :

« Je n'oublierai pas non plus la mort de l'auguste enfant Roi qu'une politique infernale conduisit par degrés à son dernier jour. Nous fûmes quelques-uns qui nous occupâmes de lui. Nous voulions l'arracher à ses fers..... D'autre part, *les Vendéens, à qui l'on avait promis de le rendre, réclamaient l'exécution de cette promesse. Louis XVII mourut pour nous mettre tous d'accord. Il courut mille bruits sur ce trépas ; il y eut même des personnes qui soupçonnèrent que le Prince n'avait pas péri.* »

Dans les *Souvenirs de la marquise de Créquy* (tome 6°), cette dame nous donne de si précieux renseignemens, notamment sur la clause secrète dont il est parlé, et sur les suites du traité de pacification qui avait mis un terme à la guerre de la Vendée, que je les transcris en entier, bien certain qu'ils seront lus avec intérêt. Voici ce qu'elle nous apprend :

« Il a déjà paru, depuis la mort du Dauphin, jusqu'à cette présente année, 8 Septembre 1799, *quatre Louis XVII* en compétition l'un de l'autre, aussi bien qu'en instance de contribution, de la part des royalistes. *Vous imaginez bien qu'aucun de ces faux Dauphins* ne s'est jamais présenté devant M*me* de *Tourzel*, à qui nous en avons toujours référé pour décider notre récognition. C'est une fourberie comme tant d'autres ; mais elle ne saurait être adoptée sans une insigne folie.

» On nous rapporta sur le Dauphin qui venait de mourir en prison *une chose certaine*, et qui me parut touchante : ce malheureux enfant se refusait absolument à parler ; et même il ne voulait répondre par aucun signe d'assentiment ou de négation à ce que lui demandaient ses gardiens, qu'il évitait de regarder et dont il détournait les yeux avec une persévérance invincible. Il avait pris cette résolution, parce qu'il avait entrevu qu'on voulait torturer le sens de je ne sais quelle réponse il avait faite à son geôlier à l'égard de sa mère. Il ne s'est jamais départi de cette résolution prodigieuse, et quand il est mort, le 8 Juin 1795, *il y avait plus de 22 mois qu'on n'avait pu obtenir de lui, non seulement de proférer une seule parole ; mais de faire aucun signe, aucun mouvement qui pussent être interprétés par oui ou non.*

» *Le Sieur Desault* qui soignait le jeune Roi depuis 15 mois était *mort subitement* le 1er Juin, et son adjoint, le docteur *Choppart*, mourut quatre jours après lui précisément *de la même manière*.

» Ces mêmes journaux républicains sont obligés de rapporter la capitulation que Charette impose, et qu'il fait accepter aux autorités de la République française.

» A défaut de renseignemens précis sur les opérations de nos armées royales, je ne pourrai vous faire connaître qu'un certain nombre de documens qui se rapportent aux négociations ouvertes entre le Chevalier de Charette et le gouvernement révolutionnaire ; car il a traité de puissance à puissance avec la République, et vous allez voir de quel côté se trouvaient l'honneur et la loyauté.

» Les pièces suivantes n'ont jamais été imprimées ; vous pourrez juger de leur importance ; *je vous réponds de leur authenticité* ; il ne faut pas que je néglige de vous faire observer que cette note confidentielle du Comité de salut public était *postérieure au traité de La Jaunais.* Ainsi que dans la suivante, il y est fait mention d'une promesse relative au Roi Louis XVII ; mais la Convention l'avait si bien dissimulée que c'est uniquement dans cette protestation de nos Généraux des armées royales, qu'on peut en retrouver quelques vestiges.

Note confidentielle de plusieurs membres du Comité de salut public, au citoyen Guesno, représentant du peuple en mission à Rennes.

» Il est impossible, cher collègue, que la République puisse se maintenir, si la Vendée n'est pas entièrement réduite sous le joug.

» Nous ne pouvons nous-mêmes croire à notre propre sûreté que lorsque les brigands, qui infestent l'Ouest depuis deux années, auront été mis dans l'impuissance de nous nuire et de contrarier nos projets; c'est-à-dire lorsqu'ils auront été exterminés.

» C'est déjà un sacrifice trop honteux d'avoir été réduit à traiter de la paix avec des rebelles, ou plutôt avec des scélérats dont la très-grande majorité a mérité l'échafaud. Soyons convaincus qu'ils nous détruiront si nous ne les détruisons pas. Ils n'ont pas mis plus de bonne foi que nous dans le traité, et il ne doit leur inspirer aucune confiance dans les promesses du gouvernement. Les deux partis ont transigé sachant qu'ils se trompaient.

» C'est d'après l'impossibilité où nous sommes d'espérer que nous pourrons abuser plus longtemps les Vendéens, impossibilité également démontrée *à tous les membres des trois Comités*, qu'il faut chercher les moyens de prévenir ces hommes audacieux qui ont autant d'autorité que nous.

» Il ne faut pas s'endormir parce que le vent n'agite pas encore les grosses branches, car il est prêt de souffler avec violence; le moment approche où, d'après l'article 2° du traité secret, *il faut leur présenter un fantôme de monarchie et leur montrer ce bambin pour lequel il se battent.*

» Comme il serait trop dangereux de faire un tel pas qui nous perdrait sans retour, *les Comités* n'ont trouvé qu'un moyen d'éviter cette difficulté vraiment extrême; le voici :

» La principale force des brigands est dans le fanatisme que leurs chefs leur inspirent. Il faut les arrêter, et dissoudre ainsi d'un seul coup cette association monarchique qui nous perdra si nous ne nous hâtons pas de la prévenir.

» Mais il ne faut pas perdre de vue, cher collègue, que l'opinion nous devient chaque jour plus contraire, et plus nécessaire que la force. *Il faut supposer* que les chefs insurgés ont voulu rompre le traité; qu'ils ont voulu se faire Princes des départemens qu'ils occupent; que les chefs agissent d'intelligence avec les Anglais; qu'ils veulent leur ouvrir la côte, piller la ville de Nantes, et s'embarquer avec le fruit de leur rapine. Il faut faire intercepter des courriers porteurs de semblables choses, crier à la perfidie et mettre dans ce premier moment une grande apparence de modération, afin que le peuple voie clairement que la justice et la bonne foi sont de notre côté.

» Nous le répétons, cher collègue, la Vendée détruira la Convention, si la Convention ne détruit pas la Vendée. Si tu peux avoir les onze chefs, le troupeau se dispersera Concerte-toi sur-le-champ avec les administrateurs d'Ille-et-Vilaine. Communique les présentes, dès la réception, aux quatre représentans de l'arrondissement.

» Il faudra profiter de l'étonnement et du découragement que doit produire l'absence des chefs pour désarmer les conjurés. Il faudra qu'ils se soumettent au régime de la République ou qu'ils périssent; point de milieu, point de demi-mesure; elles gâtent tout en révolution.

» Il faut s'il est nécessaire employer le fer et le feu; *mais en rendant les Vendéens coupables aux yeux de la nation de tout le mal qu'ils souffriront.* Saisis, nous le répétons, cher collègue, les premières apparences favorables qui vont se présenter, pour frapper un grand coup; car les événemens pressent de toute part.

» Tu peux avoir toute confiance dans le citoyen Guilbert; il est jeune mais sensé: il nous est d'ailleurs entièrement dévoué.

» Nous avons pensé te mander à Paris, mais nous avons ensuite jugé qu'il valait mieux, pour ménager les apparences, que tu ne te déplaçasses pas sur-le-champ de l'arrivée de Guilbert. Quoique nous ne supposions pas possible qu'il soit intercepté, nous le faisons passer par Alençon : il y verra Arthaud. Il te suffira de nous dire : j'ai reçu la proclamation relative aux subsistances. L'hypocondre voulait demander ton rappel; il craignait, disait-il, que tu ne misses pas assez d'activité et de prudence: nous l'avons rassuré; prends garde aux menées de Louvet, il est vendu aux restes orléaniques, et la guenon d'Ambassadrice (Mme de Staël) en dispose à plein. Nous les surveillons; mais il intrigue activement dans la Mayenne et dans la Loire-inférieure. *Boissy adopte toutes les mesures; il en sent l'urgence.* Fais-nous part de ce que tu peux faire sur-le-champ, afin que cela concorde avec les mesures que nous allons prendre ici. Le mot de subsistance sera pour les chefs, celui de troupeau pour les armées; emploie le mot de tranquillité pour celui d'arrestation. Lagare te tiendra dans une position respectable. Il aura tous les moyens nécessaires; il a reçu nos ordres pour obéir aux tiens. Adieu, cher collègue, salut et fraternité.

» *Tallien, Treillard,* Syeyes, *Doulcet,*
Rabaud, Marec, *Cambacérès.*

» Paris, 18 Prairial an III. (6 Juin 1795.) »

« *Déclaration des chefs et soldats des armées catholiques et royales..... aux fidèles habitans du Poitou, de l'Anjou, du Maine, de la Bretagne et de la Normandie.*

» Nous devons à tous les Français et à l'Europe entière la justification, ou pour mieux dire, l'exposé de notre conduite; nous allons la tracer avec cette loyauté, avec ce sentiment d'honneur et d'amour de la patrie qui a constamment dirigé notre conduite et animé nos efforts. Nous prenons le Dieu vivant à témoin de la sincérité de nos paroles.

» Frères et camarades ! on nous a dit que la politique exigeait souvent des choses que le cœur de l'homme repousserait avec indignation, si le bonheur de son pays ne devait pas en être le prix. Nous allons donc vous dévoiler ce qu'il est important que vous appreniez aujourd'hui, et qu'il eût été dangereux de vous découvrir hors de saison. Nous allons vous faire connaître les motifs qui nous avaient amenés à conclure un traité où nous avons mis de notre côté la foi, la loyauté la plus honorable; où les députés de la Convention soi-disant nationale n'ont apporté de leur côté qu'impiété, fourberie, parjure et projets d'assassinat.....

» Il ne restait plus aucun espoir au Comité soi-disant de salut public; ses barbaries et ses finances étaient épuisées; les soldats qu'il envoyait sur nos frontières commençaient à fraterniser avec les Vendéens.....

» Le désir d'épargner le sang français, l'espérance que la Convention, en voyant l'inutilité de ses efforts et même de ses crimes, consentirait enfin à nous rendre de bonne foi notre Dieu et notre Roi; ces deux motifs si puissans nous déterminèrent à écouter des propositions de paix, en alliant la prudence et la force avec la clémence et la justice. Nous nous flattions que nous parviendrions à ramener la paix dans ces provinces, à ouvrir les yeux du peuple français, et à rétablir sans autre effusion de sang les autels de notre Dieu et le trône de notre Roi.....

» Nous vous avons fait connaître dans le temps les conditions que nous imposâmes à cette époque à la soi-disant Convention; mais nous ne pûmes vous dire alors *les conditions secrètes* auxquelles elle s'obligea, et *sans lesquelles* les soi-disant représentans du peuple n'eussent jamais approché de nos drapeaux.

» *Le Comité de salut public* nous fit promettre solennellement, par l'organe de ses envoyés, que *la religion catholique et la monarchie seraient rétablies en France avant le 1er Juillet.* Sur la défiance que nous inspirait une époque aussi éloignée, nous ne voulions ni suspendre les hostilités, ni entrer en accommodemens. Mais les soi-disant représentans du peuple nous dirent et nous persuadèrent que, « pour amener l'opinion publique au retour des choses que nous désirions ; pour ne laisser aucune réponse, aucun espoir aux Jacobins, il fallait préparer la nation à demander elle-même la royauté ; que des invitations secrètes seraient faites à cet effet dans les départemens ; qu'on était sûr qu'elles seraient favorablement accueillies et même avec enthousiasme ; que, dans le cas contraire, ce qu'on supposait à peine possible, le *Comité de salut public s'engageait à faire remettre entre les mains des chefs vendéens Louis XVII et sa sœur, le 13 Juin (25 Prairial), pour tout délai.....* »

» Telles furent les promesses faites solennellement, au nom du soi-disant Comité de salut public par les six représentans du peuple. Ce sont là les conditions que vous êtes venus nous offrir dans nos foyers, représentans fourbes et trompeurs ! Ce sont là les paroles que trois d'entre vous, vous avez prononcées à demi-lieue de Nantes, dans notre dernière entrevue. Nous le jurons à la face du Dieu de vérité, et nous le prenons à témoin de ce que nous avançons aujourd'hui. Une heure seulement avant la signature du traité de paix, il fut convenu que les conditions ci-dessus rapportées demeureraient comme clauses et articles secrets afin de préparer les esprits, et qu'on parvînt à amener l'armée républicaine à désirer l'exécution des clauses, pour ainsi dire, sans se douter qu'elles eussent lieu.....

» Quelle était notre joie, à cette époque, de penser..... que notre sang répandu était consacré à rétablir le culte de notre Dieu et le trône de notre Roi ! Nous nous confirmâmes encore davantage dans cette espérance si douce, par l'assurance formelle qui fut donnée le 28 Avril par les soi-disant représentans du peuple. Ils observèrent à M. de Guerville, que nous envoyâmes auprès d'eux..... « que les démarches publiques auxquelles ils se détermineraient ne devaient nous inspirer aucune crainte, puisqu'elles n'auraient pour but que de préparer plus sûrement l'exécution des articles secrets. » M. de Guerville nous rapporta cet écrit qui semblait exiger une confiance entière de notre part.

» Les articles secrets, dont *l'exécution définitive* est fixée au 25 Prairial prochain (13 Juin 1795), auront leur plein et entier effet. *Le Comité de salut public prend les mesures nécessaires à cet égard;* les sacrifices qu'il est forcé de faire aux apparences ne le rendront que plus scrupuleux à tenir les paroles données. Elles seront religieusement gardées.

» Signé : Grenot, Guermeur, Guesno.

» Rennes, 9 Floréal an III. (28 Avril 1795.) »

« Le 27 Mai 1795, sur quelques indices qui nous firent craindre que le soi-disant Comité de salut public ne cherchât à éloigner l'observation du traité, nous envoyâmes M. Chatellier à Paris, après avoir communiqué le 24 avec le soi-disant représentant du peuple Grenot. Nous chargeâmes M. Chatellier de demander l'élargissement provisoire du Roi, tant pour nous convaincre de la sincérité des promesses faites par le soi-disant Comité, que pour faciliter le moyen de faire sortir de la capitale cet auguste enfant et sa sœur, *qu'une garde nombreuse entourait au Temple.*

» Le 4 Juin (16 Prairial) il fut convenu que Louis XVII et sa sœur seraient conduits le lendemain à St.-Cloud; *Doulcet, Tallien, Cambacérès, Treillard,* Rabaud, Syeyes, Rewbell, Guillet et Roux en signèrent la promesse.

» M. Chatellier, que les membres du soi-disant Comité de salut public cherchèrent à retenir quelques jours à Paris, afin qu'il jugeât par lui-même de la loyauté avec laquelle ils procéderaient, quitta Paris le soir même, d'après les ordres qui lui avaient été donnés d'être de retour le 7 au plus tard. Il arriva ici le 8 au matin. Nous nous disposâmes aussitôt à concerter avec les représentans du peuple les moyens d'envoyer des personnes d'une fidélité et d'une bravoure éprouvées, dans les environs de St.-Cloud. *Dans ce même moment, Louis XVII* expirait dans la prison du Temple ; dans ce même moment, des ordres écrits étaient donnés pour faire avancer des troupes dans nos provinces..... La lettre ci-jointe (la note confidentielle rapportée ci-dessus), que nous avons interceptée le 10 auprès de Château-Gilon, a découvert la profonde scélératesse du soi-disant Comité de salut public.....

» Vous le voyez, braves camarades, le crime se dévoile aujourd'hui dans toute son horreur. La soi-disant Convention n'ayant pu vous vaincre, a cherché à tromper notre bonne foi et a abusé de notre loyauté..... Elle s'était engagée à remettre entre nos mains notre Roi et son auguste sœur ; et notre Roi expire dans sa prison ! Nous ne vous dirons pas que les hommes qui ont assassiné Louis XVI aient attenté aux jours de Louis XVII ; nous n'avons aucune preuve certaine pour l'annoncer ; mais il est bien difficile de ne pas le croire ; *lorsqu'on voit cet auguste et malheureux enfant périr le 8 de ce mois ; tandis que le 4 on avait promis à M. Chatellier qu'on allait le transférer à S^t.-Cloud,* ET QU'ON NE LUI AVAIT PAS MÊME LAISSÉ SOUP-ÇONNER QUE LE ROI FÛT ATTAQUÉ DE MALADIE.....

» Braves camarades, nous n'avons plus ni paix ni trêve à attendre de la Convention ; il ne nous reste plus que la victoire ou la mort.....

» A ces causes et considérations.....

» Fait au quartier-général de l'armée de Charette, et publié au quartier-général des armées de Stofflet, Sapineau et Scépeaux, le 20 Juin 1795.....

» Signé : Charette, etc.

» Certifié, signé : Gilbert,

» Secrétaire-général. »

« Je n'ai pas voulu renvoyer de pareils documens parmi des pièces justificatives, et dans un appendice à mes souvenirs, par cette raison que mon récit n'aurait eu ni l'autorité qui résulte de leur contenu, ni le même intérêt pour vous. »

Nous ne saurions nous dissimuler, Monsieur l'évêque, la majeure importance de ce document historique d'une authenticité incontestable. Il constate le fait du *silence obstiné* du Prince, et déjà l'apparition des *faux dauphins*, dont on occupe l'opinion publique, et qui se gardent bien de se présenter devant Madame de Tourzel pour ne pas s'exposer à la confusion d'être démasqués par elle, et de voir finir, en commençant, leur rôle d'agens de police et de la politique qui les dirige et les paie. C'est pour ce même motif qu'ultérieurement ces imposteurs ont toujours évité avec soin de se mettre en contact avec les anciens serviteurs de la cour de Louis XVI, à l'investigation desquels le véritable Dauphin s'est empressé de se soumettre. Il nous montre à découvert l'âme scélérate et ténébreuse des hommes du gouvernement conventionnel qui feront rédiger, en dehors de toutes les prescriptions légales, l'acte mensonger du prétendu décès de l'orphelin royal. Enfin nous y trouvons les noms d'agens du comte de Provence qu'il désigne dans ses mémoires comme disposés à sauver les jours du Dauphin, et qui s'associent avec les ennemis de son Roi, pour l'annuler sinon pour le perdre, pour détruire la Vendée par le fer et le feu, par la trahison, par l'extermination des chefs de l'héroïque armée catholique et royale ! Remarquons bien aussi que Madame de Tourzel, à qui l'on s'adresse pour la récognition de ceux qui se qualifient le dauphin, ne parle point de la certitude chimérique qu'elle aurait acquise de la mort du Prince, suivant des mémoires que Madame d'Escars attribue à sa mère, et dont la révélation *improvisée*, plus de quarante ans après la mort de cette dame, a eu pour but évidemment de donner un crédit emprunté aux mensonges historiques de M. de Beauchesne, que préconisent les légitimistes, pour en couvrir leur félonie.

Une autre considération encore ressort des mémoires de Madame de Créquy, et se présente naturellement à l'esprit. C'est que, quand les consciences politiques n'avaient pas été perverties, par tant de gouvernemens qui rapetissèrent le caractère français, en le composant d'un pêle-mêle étrange d'opinions républicaines, impérialistes, chambordistes, orléanistes ; c'est que, avant la transformation des anciens principes de loyauté en égoïsme et en amour de soi, la récognition de Madame de Tourzel eût suffi pour faire entourer de vénération le Dauphin accepté par elle. Mais plus tard, il n'en devait point être ainsi. Les nobles aspirations étaient refoulées dans le passé. La raison individuelle, qui constitue celle publique, offrant autant de contrastes qu'il y a de façons de penser en France, on y méconnaît aujourd'hui toute vérité, toute droiture dont on ne peut se faire un point d'appui pour son avantage personnel. Le substitut du procureur du roi, dans le procès civil de 1851, a eu l'incroyable aberration de bon sens de dire, en parlant de Naundrorff, que, « quand on s'est adressé à Madame de Tourzel, et qu'elle eût vu de près *l'imposteur*, elle l'avait dédaigneusement écarté. »

Madame de Tourzel était morte depuis de longues années, lorsque le Prince reparut en France, en 1833. Voilà comment même la justice s'étudiait à égarer l'opinion générale, pour faire repousser les réclamations du véritable Dauphin. Eh bien! au moment où ce magistrat avançait triomphalement cette absurde assertion, il dit ne pas croire au témoignage de Madame de Rambaud, non moins apte, non moins compétente que Madame de Tourzel pour reconnaître le fils de Louis XVI ; et cependant, ce témoignage est aussi puissant qu'aurait pu l'être celui de la gouvernante des enfans de France ; plus puissant peut être, car Madame de Tourzel n'a été nommée gouvernante qu'en 1789, et madame de Rambaud, femme de chambre du Dauphin, ne l'a pas quitté, depuis le jour de sa naissance jusqu'à son emprisonnement au Temple. Cette récognition, qui non moins concluante que l'eût été celle de Madame de Tourzel pour des légitimistes du caractère honorable de madame de Créquy, fût-elle la seule de cette nature, devrait décider aussi la récognition de tout légitimiste sincère ; puisqu'elle a été proclamée, maintenue, confirmée pendant plusieurs années de rapports journaliers avec le Prince ; mais en outre elle est corroborée d'une foule d'autres, et de tant d'élémens de conviction qu'il y a, pour ainsi dire, démence à toujours répéter avec satiété, sans discernement, contre l'évidence, ou en substituant le faux à la réalité : « Cet homme était un imposteur! »

Madame de Tourzel fut si peu convaincue que l'enfant mort au Temple était le Dauphin, qu'elle s'est fait remettre la copie d'un écrou, extraite des registres de la geôle concernant un individu arrêté en 1800, *comme étant le Dauphin*, et déposé dans la prison de Vire. C'était, je présume, Hervagault, connu plus tard sous le nom de Richemont; la voici :

« Signalement de Louis-Charles de France fait en la prison de Vire, le 10 Septembre 1800.

» Age, environ 15 ans; taille, 5 pieds environ; cheveux châtain-clair; sourcils, grands, bien faits, bien frappés et plus foncés que les cheveux; les yeux saillants, vifs et très-beaux; le nez bien fait; front moyen; bouche moyenne; menton petit et fourchu; une lentille au coin de l'oreille droite, à environ un pouce et demi loin; une cicatrice sous le sourcil droit, occasionnée par l'opération qui fut faite à M. Louis dans la prison de Châlons; une autre petite cicatrice entre le nez et la lèvre supérieure; sur le milieu de la jambe droite, au défaut du mollet, du côté droit, une empreinte en forme d'écusson portant au milieu trois fleurs de lys, en haut la couronne royale et autour les lettres initiales des noms de baptême de M. Louis, de son papa, de sa maman, de sa tante Elisabeth; au surplus *le visage très-légèrement marqué de petite vérole.* »

Au bas est écrit : « Copié fidèlement ce 27 Mai 1835, à Paris, chez M. le marquis de M.... sur une expédition au bas de laquelle se trouvent ces mots : *pour Madame de Tourzel.*

» Signé : J. M. F. Cort. »

Précisément Richemont, dans ses écrits, dit *qu'il a eu la petite vérole au Temple ! ! !*

Revenons à la Vendée.

Indépendamment de la note confidentielle que nous avons lue, le général Charette, par un autre écrit, s'indigne encore contre les conventionnels traîtres à leur parole. Cette pièce est mentionnée à la date du 24 Juin, dans l'histoire de Frissard, en ces termes : « Charette publie un manifeste dans lequel il se plaint que *les conditions* du traité n'ont pas été observées; il reprend les armes et rassemble 12000 hommes à Belleville. »

Voici ce document :

« Aux Français !

» *Manifeste de M. de Charette,*
général en chef des Armées Royalistes de la Vendée.

» Le moment est venu de déchirer le voile qui couvre depuis long-temps *les véritables causes secrètes du traité de pacification de la Vendée,* de faire connaître aux braves Vendéens, à tous les bons Français, et à l'Europe entière, les motifs qui nous ont conduit à cette apparence de conciliation avec la soi-disant République française.

» Après deux ans de la plus cruelle et de la plus sanglante guerre civile, dont les pages de l'histoire la plus barbare n'offrent point d'exemple, chargé en quelque manière du poids de tous les malheurs d'un peuple, dont nous avons été le chef et le soutien, nous devions désirer pour lui, sinon une paix entière et parfaite (ce qui n'était pas possible), du moins quelques instans de relâche aux maux dont nous avons été le triste témoin ; notre sensibilité, notre humanité, nous ont entraîné malgré même la voix de ce peuple malheureux (mais toujours fidèle à prodiguer son sang), à lui procurer les douceurs d'une tranquillité à laquelle il se refusait.

» Des délégués de la Convention nous sont envoyés : Canclaux, général des armées républicaines, Ruelle, représentant du peuple, se présentent d'abord à nous sous les dehors de la bonne foi, de l'humanité et de la sensibilité. Ils nous proposent la paix, ils connaissent les causes et les motifs qui nous ont mis les armes à la main, notre amour constant *pour le malheureux rejeton de nos Rois*, et notre attachement inviolable pour la religion de nos pères ; ils nous entraînent dans plusieurs conférences secrètes. Vos vues seront remplies, nous disent-ils, nous pensons comme vous, nos désirs les plus chers sont les vôtres ; ne travaillez plus isolément, travaillons de concert, et, dans six mois au plus, nous serons tous au comble de nos vœux ; *Louis XVII sera sur le trône;* nous ferons arrêter et disperser les Jacobins et les Maratistes, *la monarchie s'établira sur les ruines de l'anarchie populaire;* vous ajouterez à votre gloire celle d'avoir concouru et aidé immédiatement à cet heureux changement, au bonheur de votre pays et de la France entière. — Pour confirmer la vérité de leurs intentions, d'autres Représentans, tels que Morison, Gaudin, Delaunay, et autres se présentent à nous dans les différentes conférences que l'on nous assignait, et auxquelles nous nous faisions un devoir de paraître : ils nous manifestent les mêmes intentions, *nous persuadent qu'elles sont celles de la Convention*, mais que, pour y parvenir, il faut de la prudence et de la circonspection, qu'il ne faut pas fronder ouvertement l'opinion publique, et que ce n'est que par degrés que l'on peut parvenir à un nouvel ordre de choses. *Pour preuve de la sincérité de nos intentions et de nos désirs, disent-ils encore, vous conserverez vos armes, et il ne sera fait sur vous, ni sur votre territoire, aucune hostilité; vous vous ferez en apparence une nouvelle organisation militaire, qui, au fond sera la même, sous le nom de gardes territoriales; nous vous livrerons même* une partie des scélérats qui ont incendié et commis les horreurs dont votre malheureux pays a été la victime; nous vous procurerons les poudres et autres munitions de guerre dont vous pouvez avoir besoin, etc. —* Alors nous avons senti la joie renaître dans nos cœurs; nous avons senti plus vivement encore que nous étions Français; nous avons cru toucher au moment heureux de voir renaître la douce tranquillité dans les lieux infortunés que le fer assassin et la flamme avaient épargnés à moitié. Nous avons consenti, quoiqu'avec la plus grande répugnance possible, à toutes les démonstrations extérieures qu'on exigeait de nous; nous avons vaincu notre répugnance et fait taire notre ressentiment par le même motif. Les chefs des insurgens de Bretagne, d'Anjou, de la Normandie, du Perche, du Maine et autres provinces connues sous le nom de chouans, ont suivi notre exemple et fait les mêmes sacrifices à leur amour-propre et à leur gloire.

» Déjà nos espérances étaient fondées sur la conduite pacifique et protectrice que l'on tenait à l'égard des Vendéens, qui se félicitaient en échange des comestibles tant désirés par les malheureux habitans de ces grandes cités; notre crédulité s'augmentait encore par l'envoi que nous faisaient le général Canclaux, Ruelle, Morison, Gaudin, Delaunay, et autres, de poudres et autres munitions de guerre qu'ils faisaient faire au milieu des pays insurgés et dans les lieux les plus écartés, des soldats qu'ils voulaient livrer au juste ressentiment du peuple irrité des excès commis envers lui.

» Mais quel a été notre étonnement, ou plutôt, quelle a été notre indignation, lorsque nous avons vu notre confiance trompée par ces hommes versatiles et de mauvaise foi, et toujours subordonnés aux circonstances;

» Lorsque nous avons vu *l'arrestation des chefs chouans*, incarcerés et livrés à des tribunaux de sang; lorsque nous avons vu agir de la même manière *envers les chefs des Vendéens*, désarmer les soldats et cavaliers de nos armées, à qui ils avaient eux-mêmes procuré des armes, enlever nos subsistances, commettre des hostilités en tous genres, et rappeler à grands cris les désordres et les horreurs de la guerre civile;

» Lorque nous avons appris enfin que *le fils infortuné de notre malheureux monarque, notre Roi, avait été empoisonné* par cette secte impie et barbare qui, loin d'être anéantie, désole encore ce malheureux royaume. Qu'avons-nous dû faire alors? Ce que l'honneur et notre attachement inviolable au trône et à l'autel nous ont dicté ; ce que le peuple, irrité plus que jamais, a demandé et désiré.

» Nous avons repris les armes et renouvelé le serment, à jamais irréfragable, de ne les déposer que lorsque *l'héritier présomptif de la couronne de France* sera sur le trône de ses pères, que lorsque la religion catholique sera reconnue et fidèlement protégée.

» O Français, qui méritez encore ce nom-là ; jugez de notre conduite et de nos sentimens. Ralliez-vous à nous, ou plutôt, imitez-nous. *Sortez enfin de cette lâche apathie dans laquelle vous languissez depuis si long-temps.* Ralliez-vous au centre commun de l'honneur et de la gloire des Français ; cessez d'être, en apparence, les coupables adhérens de vos ennemis, et de servir vos bourreaux. Que l'expérience vous instruise, et préférez une mort glorieuse à une vie à jamais flétrie par le crime !

» A notre camp de Belleville, 26 Juin 1795.

» *Signé :* Charette. »

Touchard-Lafosse, dans le 6me vol. de l'ouvrage déjà cité, rapporte le fait suivant confirmatif de ce qui précède :

« Vers le printemps de l'année 1796, un chef de chouans, qui se faisait appeler le baron de Cormartin, fut arrêté ; il fit dans cette circonstance des révélations singulières. Il prétendait qu'on devait la reprise des hostilités à ce que *le Comité de salut public* n'avait pas tenu certaine condition secrète du traité, par laquelle *il s'était obligé à rétablir le trône.* Il soutint qu'au mois de Prairial an III, les chouans avaient envoyé à ce Comité une députation chargée de réclamer le départ de Louis XVII pour la Vendée. Il ajouta que cette députation avait obtenu de nouveau la promesse que le jeune Prince paraîtrait incessamment dans l'Ouest ; mais qu'au retour des envoyés on avait appris *la mort subite* de Louis-Charles de Bourbon. Cormartin accusait-il la vérité ? Deux feuilles de Paris, *le Journal des hommes libres,* et *le Messager du soir,* imprimèrent des articles dans le même sens. »

Enfin, pour en finir à ce sujet, je cite encore ces passages de l'*Histoire de la Vendée et des chouans, par Alphonse Beauchamp :*

« ..... Quand on agita les conditions de la paix, Charette insista fortement pour le rétablissement des Bourbons et déclara qu'il resterait armé.....

» Depuis la suspension des hostilités, les Vendéens recevaient, du sein des villes voisines, l'assurance de la chute prochaine de la république..... Ce n'était plus la Convention qui imposait des lois à Charette; c'était au contraire Charette, qui, rivalisant de puissance, dictait lui-même ses conditions..... *Le Comité de salut public* recommandait aux délégués conventionnels, expressément, d'employer dans cette occasion promesses, séductions, repas et argent.....

» Les délégués produisirent la déclaration des chefs vendéens comme une preuve de leur retour. Il n'en fut pas de même des clauses stipulées à leur avantage; *quelques-unes restèrent secrètes*. Les autres ne furent publiées qu'un mois après la signature, et encore avec des réticences propres à en pallier la honte. L'ardent républicain ne voyait dans cette pacification qu'une lâche transaction qui menait à la royauté..... »

« Stofflet accède à la pacification. Le chevalier Rostaing dit au conseil réuni..... :

» Sans doute il est glorieux de mourir pour son Roi, surtout quand ce n'est point un sacrifice inutile. Depuis près de deux ans que des milliers de nos braves ont péri pour cette cause sainte, à laquelle nous nous sommes tous voués, nos rangs se sont éclaircis, et l'héritier de tant de Rois est encore dans les fers ! Le moment ne serait-il pas venu d'allier enfin le courage à la prudence..... ?

» ..... des promesses indiscrètes, des insinuations insidieuses laissèrent entrevoir la possibilité de restituer le trône au fils de Louis XVI. Ces bruits s'accréditèrent tellement qu'à leur arrivée dans la capitale les délégués pacificateurs, et particulièrement *Ruelle*, se virent signalés comme les plénipotentaires de Charette. *La Convention nationale* avait favorisé en quelque sorte ces rumeurs, en s'interdisant la publication des dépêches de la Vendée, sous prétexte de ne point contrarier les mesures adoptées par ses commissaires. Un mois s'était écoulé depuis la pacification, et *la Convention* n'avait encore publié que l'annonce de la rentrée de Charette dans le sein de la république, sans donner à cet égard aucun détail. Ce silence avait accrédité les bruits d'une transaction honteuse.

» Enfin le 24 Ventôse (13 Mars), les délégués parurent dans la salle de la Convention avec des discours préparés..... Delaunay, après avoir exalté la déclaration vendéenne,..... et la signature de quelques chefs chouans, en vint aux principes qui avaient guidé les commissaires pacificateurs dans le cours des négociations.

» Nous avons examiné, dit-il, ce qu'il était de la sagesse et de la prudence d'accorder, pour la conciliation des esprits et le maintien de la pacification. » *Mais il glissa légèrement sur les articles stipulés.....*

« Charette et Stofflet avaient dépêché, auprès du Comité de salut public, Amédée Béjari et Scépeaux, dont la mission apparente ne consistait qu'à presser l'exécution du traité, dont ils devaient aussi prévenir les infractions. Gagner du temps, sonder les dispositions des parisiens, rechercher les agens des princes, *tenter l'enlèvement du fils de Louis XVI*, alors renfermé au Temple, étaient leurs instructions secrètes.....

» Le manifeste daté de Belleville, le 26 Juin (1795) faisait suffisamment connaître les vues de Charette..... Il déclarait positivement que les commissaires et les généraux de la Convention s'étaient *secrètement* engagés à rétablir la monarchie sur les ruines de l'anarchie populaire et à rendre le trône à *Louis XVII*..... Il tonnait contre la Convention à laquelle il reprochait d'horribles infractions, *et l'empoisonnement* du fils de Louis XVI.....

» Un autre manifeste sortait en même temps de l'imprimerie de Stofflet : c'était une virulente réfutation *du rapport fait à la Convention nationale* par Doulcet de Pontécoulant, *contre Cormartin et autres* chefs royalistes arrêtés à Rennes. Le conseil de Stofflet déclarait formellement que le Comité de salut public lui avait fait promettre de rétablir, avant le premier Juillet, la religion catholique et la monarchie en France; *de remettre aux chefs vendéens le fils et la fille de Louis XVI*, alors détenus au Temple. Selon les chefs de l'Anjou, ces conditions étaient demeurées comme clauses et articles secrets : on désignait les négociateurs royalistes qui avaient été chargés d'en poursuivre l'exécution. Des fragmens de correspondance, des lettres interceptées, une profession de foi politique, souscrite par les principaux chefs de la Vendée, venaient à l'appui de cette importante déclaration. »

Remarquons bien que la Convention entière ne fut point initiée aux négociations mystérieuses qui aboutirent à la clause secrète.

Il y avait deux pouvoirs distincts ; celui des comités, représentant la puissance exécutive, et celui de la Convention, formant l'Assemblée générale. Les Comités de salut public et de sûreté générale ne communiquaient à la représentation nationale que ce qu'ils voulaient qu'elle sût. Le pouvoir exécutif a toujours les moyens de tromper, quand son intérêt lui conseille la dissimulation, et toujours, plus il trompe, plus il proteste du contraire. C'est ce qu'on appelle habileté dans la conduite des affaires publiques.

Le manifeste de Charette aura besoin d'une explication. On pourrait dire avec une apparence de raison : « Vous le voyez bien ; Charette lui-même, le 26 Juin, paraît croire à la mort du Dauphin. » Pour qu'on ne puisse pas s'en faire un prétexte d'incrédulité, il suffirait sans doute d'affirmer — selon la vérité — que je l'ai copié textuellement sur un imprimé du temps de la république, qui contient en même temps un autre écrit de Puisaye, que nous lirons bientôt, dans lequel l'évasion est expressément rapportée. Mais néanmoins quelques observations ne seront pas superflues.

Toutefois comme la note *confidentielle* et l'écrit du général vendéen sont d'une date postérieure à celle de la mort d'un enfant au Temple, je dois, avant de faire ces observations, démontrer que cet enfant n'était pas le Dauphin.

Il reste au surplus clairement justifié que des chefs vendéens réunissaient tous leurs efforts pour arriver aux moyens de sauver l'orphelin du Temple, que la Convention entière n'était pas dans le secret, et que parmi ceux qui le connaissaient, il y en avait de bonne foi, d'autres, qui ne l'étaient pas. La note confidentielle, émanée de conventionnels qui cherchaient à éluder l'exécution de la partie non avouée du traité, établit qu'on tenta, par des moyens perfides, de se soustraire à cet engagement, et ce qu'il y a de souverainement remarquable, c'est que cette note est approuvée par Boissy-d'Anglas, l'homme du comte de Provence. Les conventionnels gagnés avaient manœuvré secrètement ; ils complétèrent leur œuvre secrètement, et soit qu'il y eût danger pour eux de faire sortir ostensiblement le Dauphin du Temple, soit que, par une combinaison machiavélique, ils eussent le projet d'exploiter plus tard à leur profit le secret de l'évasion, selon les circonstances, comme beaucoup l'ont fait notamment en 1814 et 1815 auprès de Louis XVIII ; cette évasion se fit au moyen de la substitution d'enfans au Dauphin, et on la masqua par un faux acte de décès. Voilà la vérité qui résulta d'abord des révélations du Duc de Normandie, et que confirment l'histoire véridique dans ses moindres détails, ainsi qu'une foule de témoignages. Prouvons-le.

Pour avoir une parfaite intelligence de l'évasion, et des développemens qui, venant ensuite, ne permettront pas l'ombre d'un doute aux personnes les moins disposées à l'admettre, il faut se reporter au récit du Prince : j'en reproduis l'analyse.

Nous savons qu'il y a eu deux substitutions, et par conséquent aussi deux enlèvemens. Le mannequin, mis dans le lit du Prince à sa place, tout en favorisant une erreur momentanée, ne pouvait rester long-temps sans être découvert. Toutefois il avait suffi, pour le premier moment, que l'inspection habituelle satisfît les surveillans lorsqu'ils viendraient jeter un coup d'œil dans la chambre. On vit un enfant qui semblait dormir, dont la ressemblance imitée était celle du royal prisonnier; on se retira. Mais on ne tarda pas à s'apercevoir de la fraude, et on se hâta d'aller faire un rapport au Comité de salut public qui, ne soupçonnant pas qu'il y eût dans l'intérieur du Temple un lieu ignoré où le Prince pût être caché avec sécurité, fut naturellement convaincu que l'évasion était consommée. En raison des conséquences qui pouvaient résulter de la divulgation d'un événement aussi majeur, on l'enveloppa d'un profond mystère, et l'on prescrivit un silence absolu; en même temps, on maintint l'état de surveillance rigoureuse qui s'exerçait auparavant; seulement on changea la garde. *Barras* était un des membres de la Convention qui désiraient sauver le Prince; *Josephine de Beauharnais*, qui devint impératrice, était toute dévouée de cœur et de principes aux intérêts du malheureux fils de Louis XVI; intime dans ses relations sociales avec le futur président du directoire, ils s'étaient concertés tous deux dans l'exécution du plan qui venait de s'effectuer; les généraux *Hoche, Pichegru, Frotté* et *Charette*, formaient avec eux le comité libérateur du Dauphin.

Le gouvernement, par l'entremise de *Barras*, remplaça le mannequin par un enfant véritablement muet, pour mieux représenter le Dauphin qui avait affecté un mutisme constant. De nouvelles inquiétudes ne tardèrent pas à troubler le repos des gouvernans et, pour sortir d'embarras, la mort du malheureux substitué devenait nécessaire; on lui administra un poison lent, et, par hypocrisie, on lui faisait donner des soins par le docteur Desault. Ce médecin reconnut sans peine les symptômes du mal, il fit préparer par son ami Choppart, pharmacien, des contre-poisons. Desault connaissait le Dauphin, il ne fut pas dupe du stratagème, et il eut l'imprudence de confier à Choppart qu'il était certain que l'orphelin du Temple s'était évadé. Choppart, ou lui, eut probablement à se reprocher une indiscrétion qui parvint aux oreilles des autorités révolutionnaires; les transes continuelles qui les agitaient ne pouvaient se prolonger sans un danger imminent; d'autres personnes pouvaient découvrir la fraude, on pouvait s'apercevoir que l'enfant était réellement muet, sa famille pouvait parler, surtout si une mort violente privait la mère de son fils; on ne songea plus à renouveler le poison pour aplanir les difficultés; mais on fit cacher le muet dans le palais du Temple, et on lui substitua un enfant rachitique et scrofuleux, pris dans l'Hôtel-Dieu de Paris, qui mourut le 8 Juin 1795, et facilita l'évasion du Prince telle qu'elle est rapportée ailleurs. Le corps de cet enfant fut enterré dans le jardin du Temple.

Ceux qui firent évader l'enfant muet furent trompés sur la personne, et pour plus de sûreté dans le succès de l'entreprise, on leur laissa croire que celui qu'ils avaient libéré était réellement l'enfant Royal. Ce double mystère dut jeter et jeta en effet plus tard de la confusion et des méprises, sous le rapport de faits qu'on appliquait souvent au Prince, et qui concernaient, soit le muet, soit d'autres individus auxquels, par un calcul de haute perspicacité, on avait attribué la qualité de Dauphin sur divers points du Royaume, pour protéger la retraite du véritable. Il y a même eu bon nombre de personnes qui, dans l'ignorance des particularités que je raconte, tout en étant convaincues de l'évasion, ont été facilement égarées sur les signes caractéristiques de l'identité, et ces circonstances ont valu au Prince, dans les temps de son séjour à Paris, de fréquentes interpellations sur des faits dont on ne voyait pas sans surprise qu'il refusât de se faire l'application, parce que, alors, il ne devait pas s'expliquer plus clairement.

Ce ne fut qu'en 1834, lors du procès criminel intenté à Richemont, qu'il eut l'occasion de démasquer tous les faux dauphins, qui se personnifiaient en lui, et de les faire rentrer dans l'abjection, d'où la politique les avait tirés pour rendre grotesques et ridicules les justes réclamations du véritable. L'impossibilité où il avait été de se manifester plus tôt publiquement avait laissé le champ libre à toutes les fourberies exploitées contre lui, et que favorisèrent la police de tous les gouvernemens de la France, y compris celui de Louis-Philippe.

Il existe un cachet, représentant un Dauphin dont la tête est surmontée de la couronne de France ; au-dessus est écrit : *Respects aux mânes ;* au-dessous l'on voit un mausolée ; on lit au bas *Priez*, et sur la façade du mausolée sont gravés quatre noms immortels comme la voix impérissable de l'histoire : *Hoche, Pichegru, de Frotté, Joséphine.* Les procès-verbaux rédigés pour constater l'évasion du Dauphin sont scellés de ce cachet, qui est passé, des mains d'un de ces quatre libérateurs du Prince, dans celles d'un de ses autres protecteurs, afin qu'il fût remis au Royal évadé comme un monument indestructible de la vérité.

Le Prince, en outre, à l'appui de ses intéressantes communications, a produit trois lettres de *Laurent* qui, placé auprès de l'enfant royal, comme son gardien, après le 9 Thermidor, prit soin de lui dans la cachette où il l'avait relégué, et concourut, dans l'intérieur du Temple, à préparer les moyens d'évasion. Voici ces lettres :

« Copie.
» Mon Général !
» Votre lettre du 6 courant m'est arrivée trop tard car votre premier plan a déjà été exécuté parce qu'il était temps. *Demain un nouveau gardien doit entrer en fonction ; c'est un républicain nommé Commier (Gomin)*, brave homme à ce que dit B..... (Barras) ; mais je n'ai aucune confiance à de pareilles gens. Je serai bien embarrassé pour faire passer de quoi vivre à notre P..... (Prince), mais j'aurai soin de lui, et vous pouvez être tranquille. *Les assassins ont été fourvoyés,* et les nouveaux municipaux ne se doutent point que le petit muet a remplacé le D..... (Dauphin). Maintenant il s'agit seulement de le faire sortir de cette maudite Tour, mais comment ? B..... (Barras) m'a dit qu'il ne pouvait rien entreprendre à cause de la surveillance. S'il fallait rester longtemps je serais inquiet de sa santé car il y a peu d'air dans son oubliette, où le bon Dieu même ne le trouverait pas, s'il n'était pas tout-puissant. Il m'a promis de

mourir plutôt que de se trahir lui-même ; j'ai des raisons pour le croire. *Sa sœur ne sait rien ; la prudence me force de l'entretenir du petit muet comme s'il était son véritable frère.* Cependant ce malheureux se trouve bien heureux, et il joue, sans le savoir, si bien son rôle, que la nouvelle garde croit parfaitement qu'il ne veut pas parler : ainsi il n'y a pas de dangers.

» Renvoyez bientôt le fidèle porteur car j'ai besoin de votre secours. Suivez le conseil qu'il vous porte de vive voix car c'est le seul chemin de notre triomphe.

» Tour du Temple le 7 Novembre 1794. »

« Copie.

» Mon Général,

» Je viens de recevoir votre lettre, hélas ! votre demande est impossible. C'était bien facile de faire monter la victime ; mais la descendre est actuellement hors de notre pouvoir, car la surveillance est si extraordinaire que j'ai cru d'être trahi. Le Comité de sûreté générale avait, comme vous savez, déjà, envoyé les monstres Mathieu et Reverchon, accompagnés de M. H., de la Meuse —Harmand,— pour constater que notre muet est véritablement le fils de Louis XVI. Général, que veut dire cette comédie ? Je me perds et je ne sais plus que penser de la conduite de B..... —Barras.— Maintenant il prétend de faire sortir notre muet et le remplacer *par un autre enfant malade*. Etes-vous instruit de cela ? N'est-ce pas un piège ? Général, je crains bien des choses, car *on se donne bien des peines pour ne laisser entrer personne dans la prison de notre muet, afin que la substitution ne devienne pas publique*; car si quelqu'un examinait bien l'enfant, il ne lui serait pas difficile de comprendre qu'il est sourd de naissance et par conséquent naturellement muet. Mais substituer encore un autre à celui-là, l'enfant malade parlera, et cela perdra notre demi-sauvé et moi avec ! Renvoyez le plus tôt possible notre fidèle et votre opinion par écrit.

» Tour du Temple, 5 Février 1795. »

« Copie.

» Mon Général,

» Notre muet est heureusement transmis dans le palais du Temple et bien caché ; il restera là, et en cas de danger il passera pour le Dauphin. A vous seul, mon général, appartient ce triomphe. Maintenant je suis tranquille. Ordonnez toujours et je saurai obéir. *Lasne prendra ma place quand il voudra.* Les mesures les plus sûres et les plus efficaces sont prises pour la sûreté du Dauphin ; conséquemment je serai chez vous en peu de jours pour vous dire le reste de vive voix.

» Tour du Temple, le 3 Mars 1795. »

Relativement aux lettres de *Laurent*, je dois soumettre ici des considérations indispensables ; elles sont de trop haute importance, pour que je laisse planer la moindre incertitude sur leur authenticité : car elles fixent d'une manière certaine la date des diverses substitutions, et ces substitutions sont en tout conformes au récit du Prince.

Le public a appris, par ma réplique judiciaire : — *En politique point de justice*, — qu'en 1851 j'ai porté la réclamation des héritiers du Duc de Normandie devant le tribunal de 1re instance de la Seine. Le ministère public dit dans ses conclusions :

« On a lu trois lettres de *Laurent*. A-t-on montré les originaux de ces lettres ? Non ! *Elles ont été fabriquées pour le besoin de la cause.* La vie de *Laurent*, qui était un jacobin, proteste contre le rôle qu'on lui fait jouer dans le roman de l'évasion ? »

Cette supposition gratuite, pour écarter un document qui gêne, ne peut se soutenir quand on lit ces lettres avec discernement, et qu'on en examine soigneusement la contexture. On prétend que la vie de *Laurent* proteste contre le rôle qu'on lui fait jouer, parce qu'il était Jacobin. L'histoire est loin de le représenter comme tel. Qui a connu *Laurent*, pour le juger ainsi, et repousser son témoignage par une aussi bizarre induction ? La justice de France a si bien compris que ses lettres étaient décisives en faveur du Roi méconnu, et son nom historiquement redoutable pour elle, qu'elle ne voulait pas admettre qu'il eût été l'un des gardiens du fils de Louis XVI.

Laurent eût-il été Jacobin, ce ne serait pas là une raison pour nier sa coopération à l'œuvre de libération du Dauphin ; car cette libération n'a pu s'effectuer que par l'assistance d'anciens conventionnels jacobins. Il est reconnu en outre que plus d'un ami de l'infortunée famille royale a pris le masque d'un fougueux révolutionnaire, pour mieux servir ses intérêts ; et c'est en jouant ce rôle, peut-être, que *Laurent* put parvenir à obtenir la confiance du Comité de sûreté générale.

L'honorable et révérend recteur de Calverton (Buckingham Shire), l'un des membres de la famille du premier ministre d'Angleterre qui fut si affreusement assassiné au parlement, M. Perceval, comme je l'ai dit, a traduit et publié en anglais *l'Abrégé des infortunes du Dauphin*, dont ensuite il a fait hommage au Prince. Ce ne fut qu'après les investigations les plus directes et les plus scrupuleuses qu'il parvint à former sa conviction ; mais quand il l'eut acquise, il voulut que l'histoire du royal infortuné parcourût la Grande-Bretagne, sous le patronage d'un nom honorablement connu dans le sacerdoce et dans l'aristocratie. Sa profession de foi énergiquement et savamment développée, dans une préface digne de remarque, comporte un témoignage d'une grande puissance morale ; on y lit :

« L'éditeur ayant eu occasion de lire *l'Abrégé des infortunes du Dauphin*, on ne doit pas être surpris que, convaincu de la vérité des réclamations dont il est l'objet, et de l'identité du prétendant avec le fils de Louis XVI, il se soit montré fier d'offrir à l'infortuné Prince l'humble assistance de cette publication. Il pense aussi qu'en proclamant les droits du Royal persécuté, et en s'efforçant d'adoucir par là les chagrins du fils méconnu du plus vertueux des monarques, il accomplit une tâche qui n'a rien d'incompatible avec les devoirs et le caractère d'un ministre de l'évangile.

» L'éditeur doit encore déclarer avec sincérité et conscience, qu'ayant fait la connaissance du Prince, ainsi que celle de son ami et avocat l'éditeur Français, il n'a jamais rencontré, dans ses relations sociales deux personnes, dont la franchise de caractère, la loyauté et l'intégrité repoussent plus souverainement l'ombre d'une idée d'imposture. »

M. Perceval, dans sa traduction, entre autres indications importantes, fait au sujet de *Laurent* ces observations on ne peut plus judicieuses :

« *Les trois lettres de Laurent*, citées par le Prince pour établir la substitution d'un enfant à lui, sous les auspices de Joséphine, *ont une sorte de caractère d'authenticité* tiré des circonstances suivantes : nous sommes informés par Lacretelle, dans son histoire de France, que *Laurent*, dont il fait mention, en rapportant la mort supposée de Louis XVII, était créole, et qu'il fut déporté par Bonaparte à Cayenne, comme un Jacobin dangereux. Mme d'Angoulême, dans son récit des événemens.....

fait le plus grand éloge de *Laurent* pour sa conduite noble et touchante envers elle, au temps de la date de ces lettres. Joséphine étant créole elle-même, il est tout naturel de croire qu'elle connaissait *Laurent*, et qu'elle le savait digne de sa confiance. Son bannissement à Cayenne démontre que Napoléon avait de fortes raisons pour se débarraser de lui ; et d'après le témoignage honorable de Mme d'Angoulême en sa faveur, il est loin d'être prouvé qu'il fut déporté pour son jacobinisme ; on a lieu de présumer, au contraire, que cet homme était redouté par les ennemis des Bourbons comme dépositaire d'un secret important.

» *Laurent*, dans sa première lettre du 7 Novembre, annonce que le recèlement du Dauphin a été effectué. On doit supposer que cet enlèvement se fit dans les premiers jours de Novembre, ou peut-être justement à la fin d'Octobre. Dans le récit des événemens arrivés au Temple par Madame, duchesse d'Agoulême, elle raconte qu'au milieu de la nuit, à la fin d'Octobre, elle fut éveillée par des coups frappés à sa porte ; quand elle eut ouvert, *elle vit Laurent et deux municipaux qui la regardèrent, puis se retirèrent sans rien dire.* Cette circonstance s'accorde parfaitement avec la lettre de *Laurent*. On peut se rendre compte de l'entrée insolite et brusque chez Madame, au milieu de la nuit, uniquement *pour la regarder,* par la découverte *de la* figure artificielle dans le lit du Dauphin, à cette heure-là même. Car il est tout naturel de penser que, lorsque les municipaux remarquèrent sa disparition, ils durent s'assurer si la Princesse elle-même n'était pas aussi évadée. En conséquence, ils ne purent lui dire pourquoi ils étaient venus, et il était essentiel que *Laurent* les accompagnât, pour simuler l'ignorance de la substitution. On n'avait jamais habituellement troublé son repos de la nuit, ainsi qu'on le faisait à l'égard du Dauphin, et elle reconnaît que *Laurent* eut toujours pour elle les plus grands égards. »

Mais ces lettres ont acquis un caractère authentique irréfragable, par des communications qui m'ont été faites, en 1851, aux archives nationales ; voici dans quelles circonstances :

M. Jules Favre ayant lu, au greffe du tribunal correctionnel, les dépositions de Lasne et de Gomin qui avaient affirmé, sous la foi du serment, que le Dauphin était mort au Temple, se sentit mal à l'aise devant ces témoignages, bien qu'il en reconnût la fausseté, et il me fit connaître la résolution qu'il avait prise de ne pas plaider la cause, si je ne lui fournissais pas les moyens judiciaires de les combattre d'une manière intrinsèque ; c'est-à-dire, autrement que par des témoignages historiques sur l'évasion, et des reconnaissances d'identité. M. Jules Favre raisonnait en éminent légiste, qui a l'expérience qu'au Palais les droits les plus équitables sont parfois sacrifiés à un texte de loi, à un principe de droit rigoureux, dont l'application légale fait souvent gémir la conscience du magistrat honnête homme. Les préjugés gouvernent le monde ; et les juges font partie du monde. Nous ne pouvions pas nous dissimuler que la cause du Duc de Normandie avait constamment été présentée sous un côté ridicule, par les sommités de toutes les époques, dont elle froissait les intérêts politiques, par les sourdes menées du Clergé catholique, par les influences sociales de toutes les factions, par le vil égoïsme des esclaves de l'opinion dominante. Pour lutter avec avantage devant une justice opposante, contre d'aussi puissans mobiles de réprobation, il ne devait donc y avoir rien de louche, rien d'objectable, quoique moralement et logiquement inadmissible, dans l'exposition judiciaire des droits de la famille méconnue. Nos écrits nous avaient maintes fois donné raison devant le monde impartial ; et le monde inique nous poursuivait toujours de ses dédains. Pour triompher sur l'esprit d'un Tribunal dont les membres ne sont pas malheureusement insensibles aux arrêts de la prévention, il fallait avoir visiblement raison contre tous ; par conséquent contre Lasne et Gomin, anciens agens de la Convention ; quoique leurs attestations, eussent-elles été données de bonne foi, ne pussent en fait détruire la certitude contraire résultant d'un ensemble de faits constans, d'attestations honorables, tels que, dans une question d'état ordinaire, un Tribunal même exigeant eût trouvé plus d'élémens qu'il n'en fallait pour adjuger aux demandeurs, sans complément de preuves subsidiaires, leurs conclusions principales. Mais il ne suffisait pas, pour l'honneur et la réputation de notre illustre avocat, pour la moralité de ses augustes cliens, que *Lasne* et *Gomin* n'eussent pas dit la vérité, il lui importait aussi de pouvoir l'établir juridiquement ; tâche souvent impraticable ; car le faux témoin prend la même attitude que celle de l'homme vrai ; et le mensonge pressenti ne peut pas toujours être prouvé directement en justice, où la forme emporte le fond. M. Jules Favre est placé à une telle hauteur d'élévation sociale, qu'il se devait à lui-même de ne pas s'exposer à ce que l'ombre même d'une défaveur, toute injustifiable qu'elle eût été, planât sur la juste considération dont il jouit. Il n'ignorait point que, pour prix du plus sublime autant que du plus désintéressé dévouement à la vérité diffamée, il rencontrerait, dans ce siècle rapetissé d'intérêt matériel, contre lequel sa conduite était une flétrissante protestation, les traits acérés de l'envie, les quolibets de la nullité, qui croit se donner du mérite en critiquant ce qu'elle n'a pas l'esprit de comprendre, la désapprobation enfin d'une foule d'êtres dont il allait frapper d'anathème les coupables répugnances. Alors il m'a dit : « Je ne veux pas qu'il reste un biais qu'on puisse, à tort ou à raison, m'opposer. La déclaration si précise de deux Commissaires de la Convention préposés dans le temps à la garde du Dauphin, me gêne et me préoccupe désagréablement, et j'ai résolu de ne pas plaider la cause des enfans du Duc de Normandie, si vous n'en détruisez pas dans mon esprit la fâcheuse impression. » Je l'ai fait ; et je ne crois pas m'abuser, en considérant les hésitations vaincues de M. Jules Favre, comme un argument de moralité qui grandit l'autorité de sa parole.

Cette circonstance me détermina à me présenter aux archives nationales, dont les portes m'ont été poliment ouvertes, je l'avoue ; mais dans quel sens : je vais le dire. Obligé de consigner dans une demande écrite la nature des recherches auxquelles je désirais me livrer, j'ai très-franchement énoncé que, m'occupant d'études historiques, j'avais rencontré des témoignages qui établissaient que le Dauphin n'était pas mort au Temple. Je réclamai en conséquence la communication des actes de la Convention, du Directoire, du Consulat, de l'Empire et de la Restauration, qui pourraient m'éclairer sur cette question. Voici la réponse écrite au bas de ma requête :

« On communiquera à M. de la Barre tous les documens, et on lui donnera toutes les explications *de nature à dissiper l'étrange illusion où il paraît être*, et à le convaincre que l'administration des archives ne veut rien lui refuser. »

Je n'ai eu qu'à me louer, je le répète, des égards et de la déférence dont j'ai été favorisé par les personnes de l'établissement avec lesquelles j'ai été mis en rapport ; et j'affirme qu'en racontant ces détails il n'y a en moi aucune pensée désobligeante pour qui que ce soit. J'en veux faire seulement ressortir la conséquence avantageuse pour la cause. J'ai précisé les pièces, les dates, les époques qu'il m'importait de vérifier ; *toutes les communications possibles, relativement au décès du Prince, se sont bornées au rapport imprimé de Sévestre, tel que nous le connaissons, annonçant à la Convention la mort du fils de Capet, sans aucune pièce à l'appui.* De cette disette de documens, on doit conclure forcément, que le gouvernement français ne peut justifier la mort du fils de Louis XVI autrement que par l'acte de décès argué de faux ; et que, si tout ce qui s'y rattache a disparu, c'est qu'évidemment les pouvoirs successifs en France, à l'effet de se mettre à l'abri d'investigations indiscrètes, ont fait enlever des papiers compromettans pour leur système de mensonge.

On m'a communiqué encore plusieurs cartons de mémoires du Temple, dans lesquels j'ai trouvé la date précise des nominations de *Laurent*, de *Gomin* et de *Lasne*, comme gardiens des deux enfans de Louis XVI, et qui renversèrent de fond en comble tout l'échafaudage de perfides énonciations bâties par la justice, sur la déposition des deux derniers, *les seuls gardiens* dont les noms figurent dans une sentence judiciaire. *Laurent avait tout bonnement été mis de côté.* Aussi quand apparurent ces explications foudroyantes, il y eut une sorte de stupéfaction dans l'auditoire, dont Messieurs les juges et le Ministère public ne furent pas exempts. Celui-ci, à l'issue de l'audience, me fit prier de lui indiquer dans quel carton des archives j'avais découvert ces pièces. Je me fis un devoir de satisfaire à sa demande, et, pour accéder à ses désirs, je lui donnai encore, par écrit, quelques autres explications qui, probablement, ne furent pas de son goût ; puisqu'elles ne l'ont pas empêché de conclure contre le bon droit ; tout en reconnaissant, avec moi, l'authenticité de la date des nominations de *Laurent*, de *Gomin* et de *Lasne*. C'était reconnaître en même temps, bien qu'implicitement, *l'authenticité des lettres de Laurent*, qui se trouvent, ainsi que nous allons nous en convaincre, dans une coïncidence parfaite avec l'entrée en fonction des *trois* gardiens.

Ce fut alors pour la première fois que je vis la signature officielle de *Laurent*. Le Prince, en représentant ces copies, qui pourraient être considérées comme un double original, avait révélé qu'elles étaient de *Laurent ;* mais il n'avait point épelé les lettres de son nom, qui fut écrit par erreur *Laurenz*. Je les ai données, dans les *Intrigues dévoilées*, signées ainsi ; les ayant copiées de confiance dans la publication — de 1835 —

de M. Bourbon-Le Blanc ; mais en les confrontant, depuis, avec les copies originales, j'ai reconnu que j'avais commis deux erreurs graves : ces copies ne sont pas signées. En effet, on conçoit que de pareils écrits ne se signent pas ; car s'ils fussent tombés dans la main d'un traître ou d'un indiscret, le Dauphin et son généreux libérateur eussent été perdus. J'ai rectifié ces erreurs dans ma *Réplique judiciaire,* et je reproduis ces précieux documens tels qu'ils sont écrits.

M. Louis Blanc dit, dans son histoire de la révolution française :

« Dans le procès auquel donna lieu, en 1851, la réclamation des héritiers de Naundorff, leur avocat, M. Jules Favre, produisit trois lettres de Laurent à *Barras,* constatant toutes les trois le fait de la substitution d'un enfant muet au fils de Louis XVI. Si les originaux avaient été montrés, cela suffirait pour trancher la question ; mais, comme on ne montra que des copies, dont l'authenticité pouvait être mise en doute, *cette circonstance doit être écartée.* »

Les lettres furent écrites au général de Frotté. M. Louis Blanc ne les avait vraisemblablement pas lues, puisqu'il commet la méprise de les faire adresser à *Barras,* qui s'y trouve mentionné, et qu'il ne parle que de la substitution du *muet.* Si elles étaient authentiques elles trancheraient, selon lui, la question d'évasion. Ce fait n'est pas douteux. Mais elles prouveraient encore, incontestablement, l'identité de celui qui les produit avec l'orphelin du Temple. Eh bien ! cette authenticité n'est plus équivoque devant les renseignemens que j'ai découverts aux archives, d'une manière en quelque sorte providentielle, car ils étaient comme perdus dans des liasses de papiers sans valeur, et l'on ne s'imaginait pas me fournir des documens, d'où jailliraient tant de lumières démonstratives de la vérité qu'on aurait voulu anéantir, par des mensonges officiels et judiciaires.

Après le 9 Thermidor, le Dauphin a eu pour gardien *Laurent;* plus tard, Gomin lui a été adjoint, et Lasne l'a remplacé J'ignorais la date de leur nomination, et l'époque certaine de leur entrée en fonction. Il fallait nécessairement que l'une et l'autre fussent concordantes avec les indications précisées par *Laurent* dans ses lettres, pour qu'on ne pût élever de doutes sérieux contre leur authenticité, et l'exactitude de ses informations. Cette concordance ne laisse rien à désirer, et prouve que, lorsque Gomin et Lasne sont entrés au Temple, déjà le Dauphin avait été enlevé de sa prison, ainsi que le récit du Prince nous l'atteste. Ils ont donc été placés, comme gardiens, auprès d'un enfant, *qu'on leur a dit être le fils de Capet*, ainsi que cela s'est passé à l'égard des médecins qui ont fait l'autopsie du corps du décédé. Cette certitude nous est acquise par l'autorité indiscutable d'actes de la Convention.

Voici ce que j'ai copié aux archives nationales :

« Par arrêté des Comités de salut public et de sûreté générale, le citoyen *Laurent* a été chargé de la garde des enfants de Capet le 11 du mois de Thermidor an II. » — Correspondant *au 29 Juillet 1794.* —

« Extrait des registres de la Tour du Temple.

» Le 19 Brumaire de l'an III, — correspondant au 9 Novembre 1794 — sept heures de relevée, se sont présentés..... membres de la commission de police administrative de Paris, lesquels..... nous ont déclaré qu'ils viennent, en exécution d'un arrêté du Comité de sûreté générale de la Convention, signifié à la dite commission ce jourd'hui, installer le citoyen *Gomin* dans les fonctions d'*adjoint* au citoyen *Laurent*, pour la garde du Temple.....

» La Commission a nommé pour Commissaires à l'effet de conduire le citoyen *Gomin* à son poste, de l'y installer, de lui faire prêter serment de bien et fidèlement remplir sa mission.....

» Et sur-le-champ le citoyen *Gomin* a été, par *nous gardiens et Commissaires civils*, conduit dans la chambre des détenus *dont il a reconnu l'existence*.

» En foi de quoi...... Signé *Laurent*.... »

« Le 26 Floréal, an III. — Rapport.

» Traitement du mois de Germinal.
» Laurent Commissaire..... pour 11 jours
» remplacé le 11 par
» *Lasne*..................... pour 20 jours. »

Ainsi *Lasne* est entré en fonction le 11 Germinal an III, — correspondant *au 31 Mars 1795*, — et *Laurent*, ce jour-là même, a quitté le Temple et cessé ses fonctions.

Vous n'avez pas oublié, Monsieur l'évêque, la visite qui fut faite au Temple par trois conventionnels, pour constater l'état du *prétendu Dauphin*; j'en ai rendu compte à la page 160. Suivant le récit du Prince, cet enfant était muet. Le procès-verbal qui en fut rédigé par *Harmand (de la Meuse)* est sans date. « Une préoccupation, dit-il, dont je n'ai pas été le maître, ne m'a pas permis de garder *la date précise* de notre visite au Temple. »

Sans chercher à découvrir la cause de cette préoccupation, qui me semble une omission faite à dessein, imposée au préfet de Louis XVIII, j'ai dû rechercher l'époque certaine de la démarche dont il est question, parce que la date ici est d'une importance substantielle. Les écrivains qui, par tous les expédiens de la mauvaise foi, se sont efforcés d'établir la mort de Louis XVII au Temple, ont nécessairement falsifié cette date; ainsi l'a fait M. de Beauchesne; il la fixe au 27 Février 1795, sur l'autorité des paroles de *Gomin*, auxquelles on ne peut plus ajouter foi, depuis qu'il a été reconnu parjure dans son témoignage judiciaire. Ce fut avec une intention bien calculée qu'il en imposait, là encore; parce qu'il savait très-bien que l'enfant — qui représentait le Prince — n'avait jamais parlé. Il faut donc que la visite ait eu lieu avant le mois de Février, et pendant que le muet est là, du 7 Novembre 1794 au 5 Février 1795 : ce fait va tout-à-l'heure devenir certain. Comme le procès-verbal constate expressément que l'enfant interrogé a constamment gardé le silence, c'est-à-dire, qu'il était muet, on s'explique l'intérêt que nos contradicteurs ont eu à reporter cet interrogatoire après l'époque à laquelle l'enfant scrofuleux, qui n'était pas muet, passait pour le fils de Louis XVI.

Mathieu, membre du Comité de sûreté générale, et l'un des visiteurs, avait fait, le 2 Décembre 1794, un rapport à la convention dans lequel il disait :

« ..... A l'époque du 9 Thermidor, *un nouveau gardien — Laurent — avait été placé au Temple* par le Comité de salut public; un seul gardien a depuis paru insuffisant au Comité de sûreté générale; un citoyen d'un républicanisme éprouvé — Gomin — fut demandé à la commission de police administrative du pays. Indiqué par elle, *il fut adjoint au premier* pour remplir cette fonction..... l'on voit que le Comité n'a eu en vue que le matériel du service confié à sa surveillance; qu'il a été étranger à *toute idée d'améliorer la captivité des enfants de Capet.....* »

Le fougueux révolutionnaire Mathieu, qualifié monstre par *Laurent*, trompait sciemment la Convention, à laquelle on laissait ignorer les changemens qui s'étaient effectués par *Laurent*, dans l'intérieur du Temple, pour adoucir le sort des prisonniers royaux. C'était une feinte diplomatique et de gouvernement. Pour les observateurs judicieux, qui ont su lire dans notre histoire révolutionnaire, il n'est pas douteux que les membres des comités, comme je l'ai dit, avaient deux langages appropriés aux circonstances, et que la plupart du temps, dans leurs discours de tribune ou officiels, ils exprimaient des sentimens tout contraires à leurs pensées, et aux actes qu'ils voulaient accomplir ou accomplissaient en secret.

Ces paroles de Mathieu, d'accord avec la première lettre du *seul gardien*, justifient que, antérieurement au 2 Décembre 1794, *Gomin* avait été adjoint à *Laurent*.

Eh bien, M. Eckart, qui, sous le règne de Louis XVIII, a publié des *mémoires* sur Louis XVII, pour le faire mourir au Temple, écrit, en parlant de la visite des trois conventionnels, que *le rapport en fut fait* le 2 Décembre 1794, après quoi il ajoute :

« Laissons maintenant M. Harmand parler lui-même de cette mission importante *qui eut lieu avant le 2 Décembre 1794*, comme nous l'avons fait observer. »

Cette indication ne peut pas être suspecte de la part d'un des flagorneurs de Louis XVIII. L'auteur de l'*Histoire de la captivité de Louis XVI* précise la date de la visite et la fixe, lui, au *19 Décembre 1794;* c'est-à-dire, aussi comme M. Eckart, avant Février 1795.

Ce point convenablement éclairci, Monsieur l'évêque, relisez attentivement ce rapport et les trois lettres de Laurent. Dans la première, du 7 Novembre 1794, il annonce à son général que le lendemain un nouveau gardien doit entrer en fonction ; que c'est un républicain nommé *Gomin*, brave homme, à ce que dit Barras, mais que lui n'a aucune confiance à de pareilles gens. Il dit que *le petit muet*, qui a remplacé le Dauphin, joue sans le savoir, si bien son rôle que *la nouvelle garde* croit parfaitement qu'il ne veut pas parler.

Dans la seconde lettre du 5 Février 1795, il écrit au général :

« Le Comité de sûreté générale avait, comme vous savez, déjà, envoyé les monstres *Mathieu* et Reverchon, accompagnés de M. Harmand (de la Meuse), pour constater que *notre muet* est véritablement le fils de Louis XVI. » Il ne sait que penser de la conduite de Barras qui prétend faire sortir le muet *et mettre un enfant malade à sa place*. Il confie ainsi ses inquiétudes au général :

« N'est-ce pas un piège? Général, je crains bien des choses, car on se donne bien des peines pour ne laisser entrer personne dans la prison de notre muet, afin que la substitution ne devienne pas publique ; car si quelqu'un examinait bien l'enfant, il ne lui serait pas difficile de comprendre qu'il est sourd de naissance et, par conséquent, naturellement muet. Mais substituer encore un autre à celui-là, *l'enfant malade parlera*, et cela perdra notre demi-sauvé et moi avec ! »

La concordance qui existe, entre cette lettre de *Laurent* et le procès-verbal des trois conventionnels nommés par lui, suffira seule pour y donner un caractère d'authenticité incontestable, car de pareilles corrélations ne peuvent se comprendre que par des vérités qui s'enchaînent l'une l'autre.

Il est en outre évident que l'enfant visité, le 19 Décembre 1794, était le sourd-muet dont il parle, qui avait été introduit par lui dans la prison de la Tour avant le 7 Novembre 1794. Il n'est pas indifférent de faire observer que Mathieu et Reverchon, tous deux membres du Comité de sûreté générale, étaient régicides, mais Harmand n'avait pas voté la mort du Roi.

Dans la lettre du 3 Mars 1795, *Laurent* déclare que *le muet* est heureusement transmis dans le palais du Temple et bien caché ; qu'il restera là, et qu'en cas de danger il passera pour le Dauphin. Ainsi nous voilà en présence de trois enfans au Temple : le Dauphin, caché au quatrième étage de la Tour, à la connaissance de Barras, dont la toute-puissance dirige l'entreprise et ceux qui y concourent avec lui, comme si l'enfant royal était toujours dans sa prison ;

Le muet, à qui l'on n'a substitué l'enfant de l'hôpital qu'après la visite des trois conventionnels ;

Et *l'enfant malade*, qui remplaçait *le muet*, qu'on cache dans le palais du Temple. *Laurent* a accompli sa mission, il n'est plus d'aucune utilité au Temple, Lasne va venir prendre sa place.

Nous avons appris tous ces faits par le récit du Prince, et les lettres de *Laurent*, qui en sont la rigoureuse sanction, trouvent la leur dans le procès-verbal d'Harmand, *connu seulement depuis la restauration*, et dans les documens des archives. En effet es courtes observations que j'ai faites, après avoir cité ce procès-verbal, apportent la plus ferme conviction que le silence de l'enfant interrogé pendant un long espace de temps, avec un ton d'autorité, de bienveillance et de sollicitude rassurantes, était involontaire, qu'il provenait d'une surdité et d'un mutisme de naissance, et qu'il était loin d'être indifférent à ce qui se passait sous ses yeux, puisqu'il mange avec empressement le raisin qu'on lui présente.

Le signalement de cet enfant, je l'ai déjà remarqué et je ne puis trop le redire — constate aussi bien positivement un changement de personne.

En le comparant à celui du Dauphin enfant, on ne reconnaîtra point le Dauphin avec le défaut de conformation signalé, les jambes, les cuisses, et les bras, longs et menus, le buste court, les épaules hautes et resserrées, et les cheveux *châtain-clair;* car d'après le témoignage de Mme de Rambaud, le Dauphin, étant enfant, avait le cou court et ridé d'une manière extraordinaire, une tête forte, un front large et découvert, des cheveux d'un *blond-cendré*, la poitrine élevée, la taille très-cambrée.

Enfin *Gomin*, dans sa déclaration judiciaire, dont je n'ai fait connaître que ce qui était relatif à sa mensongère reconnaissance d'identité de l'enfant avec le Prince, laisse échapper, au milieu de ses impostures, des paroles de vérité qui désignent indirectement le muet et l'enfant de l'hôpital en déposant :

« *J'ajouterai que plusieurs membres de la Convention sont venus visiter cet enfant à l'époque où il était confié à ma garde, et que jamais il n'a fait de réponse aux questions qu'ils lui adressaient; ce qui a pu accréditer cette version que cet enfant était muet; il répondait volontiers aux Sieurs Laurent et Lasne ainsi qu'à moi. Cette circonstance se rapporte aux derniers temps de sa vie.* »

C'est-à-dire, qu'avant les derniers temps de sa vie, l'enfant ne parlait pas. En effet, l'enfant qui n'est pas mort au Temple, qui ne parlait pas, dans les premiers temps du service de *Gomin*, c'était le muet; et celui qui parla dans les derniers temps de sa vie, c'était l'enfant malade substitué au muet. On ne peut s'expliquer autrement cette observation du témoin qui, malgré son désir de déguiser la vérité, la laisse involontairement percer. En révélant un changement de volonté chez l'enfant, à deux époques rapprochées, qui le fait causer volontiers sans hésitation après un mutisme complet, invraisemblable s'il s'agissait du même enfant, on fait clairement entrevoir un changement de personn[e] dans le prisonnier, et deux enfans, selon la version du Duc d[e] Normandie, pendant le service de *Gomin* au Temple.

Mais, en même temps, Gomin, pour établir que le muet, qu'[on] confond volontairement avec l'enfant malade, n'était pas muet[,] le fait parler à *Laurent dans les derniers temps de sa maladie* et *Laurent* avait quitté le service de la Tour du Temple le jou[r] où Lasne entrait en fonction, plus de deux mois avant les dernier[s] jours du décédé.

Comme toute la question de l'évasion est concentrée dans c[et] incident capital de l'histoire du Prince, sans songer aux redit[es] et aux répétitions de détail, j'ai cru devoir le développer e[n] l'entourant de tous les éclaircissemens désirables pour démontrer d'une manière palpable, que les trois lettres de *Laurent* o[nt] acquis une authenticité sans réplique par un document produ[it] sous la restauration, et par ceux officiels que je n'ai découvert[s] aux archives nationales qu'en 1851 ; je me résume donc sur [ce] point.

« Il est positivement démontré que *Laurent* a été nomm[é] commissaire le 29 Juillet 1794 ; que *Gomin* a commencé so[n] service le 9 Novembre 1794 ; enfin, que *Lasne* a été nomm[é] le 31 Mars 1795.

» Eh bien, le 7 Novembre 1794 *Laurent* écrit : « Demai[n] son nouveau gardien doit entrer en fonctions. C'est un républicai[n] nommé Commier (*Gomin*), brave homme, à ce que dit *Barras*. »

» Or, *Gomin* est installé le 9 Novembre 1794. Le muet étai[t] alors substitué au Prince. *Gomin* dut donc croire que l'enfa[nt] muet était le Dauphin ; puisqu'il a déclaré à *Laurent*, — nou[s] nous le rappelons, — qu'il n'avait jamais vu le Dauphin.

» Je n'ai pas besoin de faire observer que *Commier* et *Gomi[n]* sont la même personne ; ce fait est incontestable. La dissemblanc[e] qui existe entre les deux noms provient vraisemblablement d'un[e] précaution prise par *Laurent* pour le cas où ses lettres ne seraien[t] pas arrivées à leur destination, et à l'effet de se ménager un[e] apparence de justification au besoin. Il est au surplus nomm[é] ainsi par plusieurs écrivains.

» *Laurent* écrit le 3 Mars 1795, après que — lettre d[u] 5 Février — un *enfant malade* eut été substitué au muet : « notr[e] muet est heureusement transmis dans le Palais de Temple e[t] bien caché ; et en cas de danger il passera pour le Dauphin[.]

Lasne prendra ma place quand il voudra; conséquemment je serai chez vous en peu de jours. »

Lasne, précisément prend la place de *Laurent* le 31 Mars 1795; et ce jour même *Laurent* quitte la Tour du Temple. *Lasne prit donc l'enfant malade pour le Prince.*

Autre rapprochement :

Laurent parle de *Barras* comme du directeur de l'entreprise. *Barras* visite les deux enfans de Louis XVI après le 9 Thermidor; et c'est lui qui organise le nouveau service du Temple en y introduisant *Laurent*.

Laurent dit en parlant de *Gomin*, républicain : « je n'ai aucune confiance à pareilles gens. » *Laurent* n'était donc pas républicain par sentimens, et sa déportation à Cayenne ne pouvait avoir pour cause son jacobinisme ; *mais bien le secret dangereux qu'il possédait.*

Laurent dit que Mathieu, Reverchon et Harmand, ont visité le muet; et l'histoire nous donne leur rapport qui ne peut s'appliquer qu'à un muet.

Le procès-verbal d'autopsie rédigé par les médecins constate que l'enfant est mort d'un vice scrofuleux, *existant depuis long-temps;* or, on n'avait jamais remarqué ce vice dans l'excellente constitution du Prince, et l'enfant visité par Harmand, Mathieu et Reverchon, suivant le signalement qu'ils en donnent, n'en offrait non plus aucun indice. Ce n'est donc ni le *Prince*, ni le *muet*, dont Lasne a été le gardien. Ces démonstrations de vérité, qui se tirent des faits mêmes de la cause, n'admettent pas d'objections possibles. La première substitution est clairement établie : occupons-nous de la seconde.

L'enfant en présence duquel nous nous plaçons, Monsieur l'évêque, n'est bien certainement pas le même que celui que nous venons de quitter. Ce dernier se portait bien quand les conventionnels l'ont visité, et nous avons devant nous un enfant malade.

M. Eckart, dans ses *Mémoires sur Louis XVII*, parle de la maladie de l'enfant.

« Les progrès du mal devinrent si effrayants, dit-il, que la municipalité de Paris crut devoir prévenir le Comité de sûreté générale, et lui envoya, *dans le courant de Février* 1795, des commissaires chargés de lui annoncer *le danger imminent que couraient les jours du prisonnier.* »

C'est dans ce mois, — ne le perdons pas de vue, — que se fit la substitution de l'enfant scrofuleux. Si nous nous reportons à la déposition judiciaire de Lasne, toute mensongère qu'elle soit, quant à la reconnaissance d'identité du prisonnier avec le Dauphin, il dit aussi des paroles qui ne peuvent concerner que l'enfant de l'hôpital, en déclarant :

« A mon arrivée au Temple — 31 Mars 1795 — je visitai le Dauphin. L'incurie de ses anciens gardiens l'avait mis dans un tel état *que ce malheureux enfant inspirait la pitié et presque le dégoût.*

» Il avait des calus et une tumeur assez forte aux genoux ; il se soutenait à peine. Comme il faisait ses déjections sous lui et que l'on n'avait pas pris la précaution de le changer de linge en temps utile, *il était tout couvert d'érosités.* »

Le langage de M. Eckart et de Lasne ne saurait s'expliquer, s'il s'agissait encore de l'enfant muet, ou si l'on voulait en faire l'application au Dauphin. Ni l'un ni l'autre n'a inspiré la pitié ni le dégoût à ceux qui les ont vus avant cette époque ; on le comprend, quand on le rapporte à l'enfant de l'hôpital. Le reproche d'incurie, adressé aux derniers gardiens, est un mensonge vaniteux de la part de Lasne. Appelé à donner son témoignage, en 1834, devant la cour d'assises qui jugeait *Richemont*, il eut l'impudence de dire aussi :

« *Depuis deux mois un nommé Laurent avait gardé le Prince, et sans pourtant le frapper il le négligeait, le laissait sans soin et dans un état de saleté extraordinaire.* »

C'était calomnier *Laurent*, qui eut pour le Dauphin, on pourrait le dire, des soins presque affectueux, et en tous cas, pleins de sollicitude. Lasne, qui prend pour le Prince l'enfant dont il est le gardien, s'imagine que *Laurent* n'avait pas eu la surveillance d'un autre prisonnier, et Harmand, dans son rapport, dément la saleté extraordinaire, en déclarant, — à l'égard du muet : —

« Il était couvert d'un habit neuf à la matelotte, d'un drap couleur ardoise ; sa tête était nue, la chambre propre et bien éclairée. »

Nous allons voir également que le dernier substitué eut sa part de bons traitemens qu'on pouvait se permettre alors en faveur du *Dauphin* — supposé. —

M. l'abbé Perrault, — nous nous le rappelons — faisait partie d'un comité de recherches sur Louis XVII. Comme il a examiné la question relative à son existence avec la conscience d'un écrivain impartial, et que, en réfutant des écrits de M. de S¹ Gervais, historien dans le genre de M. de Beauchesne, il entre dans des détails qui concernent la substitution dont il s'agit, son autorité n'est pas à dédaigner. Voici ce qu'il écrivait en 1832 :

« ..... Nous venons de nommer le fils infortuné du Roi-Martyr ; .... Une tradition secrète, religieusement conservée dans le cœur de quelques Français, suppose que la tombe ne renferme pas encore ses précieuses dépouilles, et que des hommes intrépides et dévoués ont réussi à l'arracher à ses bourreaux et à sa captivité ; qu'un autre enfant de son âge lui fut substitué, mourut au Temple à sa place, et conserva par sa mort la vie au fils de Louis XVI et de Marie-Antoinette. Cette tradition, sortie du secret des consciences, où la crainte l'avait comprimée pendant long-temps, s'est répandue peu à peu ; elle a fini par devenir une croyance assez générale et donné lieu, d'une part, à quelques intrigants de se faire passer pour le fils de Louis XVI, et d'oser soutenir leurs prétentions par des Mémoires imprimés : d'une autre part, plusieurs écrivains se sont inscrits en faux contre cette prétention, et ont entrepris de prouver, par des écrits que nous avons sous les yeux, la mort du jeune Louis XVII dans la Tour du Temple.

» Nous n'entreprendrons pas de réfuter les Mémoires d'un prétendu duc de Normandie (Richemont) publiés dans le courant de 1831. Nous nous bornerons à dire qu'ils sont évidemment l'ouvrage d'un imposteur.....

» Parmi les écrivains qui ont prétendu prouver la mort de cet infortuné Prince, M. de S¹ Gervais..... a publié ses raisons dans deux Mémoires qui se sont succédé à de courts intervalles dans le courant de l'année 1831, sous le titre de *Preuves authentiques de la mort du jeune Louis XVII*.

» Comme nous avons déclaré devant le public que les preuves authentiques de M. de S¹ Gervais ne nous ont point convaincu, il est juste que nous exposions les motifs de notre opinion.

» . . . .

» Nous venons de discuter avec impartialité *la principale des preuves authentiques* de M. de S¹ Gervais..... Nous ne nous arrêterons point à examiner les détails du procès-verbal d'autopsie, parce qu'ils ne prouvent rien à ce sujet-là, et que, s'il fallait en tirer une induction, elle serait plutôt contraire que favorable à l'opinion de M. de S¹ Gervais.

» En effet les médecins déclarent, « que tous les désordres dont ils viennent de donner les détails sont nécessairement l'effet d'un vice scrofuleux existant *depuis longtemps*, et auquel on doit attribuer la mort de l'enfant. »

» Mais il est constant que dans le mois de Décembre 1794, c'est-à-dire six mois avant la mort de l'enfant au Temple, le prisonnier se portait bien ; que, dès le mois de Février suivant, son sort fut encore adouci. Est-il donc probable que le *même* enfant fût mort d'un vice scrofuleux existant *depuis longtemps*, quand on voit que quelques mois auparavant sa santé était bonne ? *Si l'on suppose qu'un individu assez ressemblant au Dauphin, et attaqué d'un vice scrofuleux*, a pu lui être substitué dans la Tour du Temple, lorsque la maladie de cet individu était à son dernier période et laissait entrevoir sa mort comme prochaine, dès-lors tout paraît s'expliquer : le rapport des médecins s'accorde avec la maladie et avec la cause réelle de la mort de l'enfant mis au Temple à la place du fils de Louis XVI ; dès-lors on conçoit très-bien qu'ils aient dit que cette cause de mort existait *depuis longtemps*. Mais sans cette supposition, le procès-verbal paraît difficile à comprendre lorsqu'il traite de la maladie du jeune prisonnier.....

» Nous avons parlé de *la substitution d'un enfant très-malade* au fils de Louis XVI, et nous nous sommes bornés à la donner comme une supposition possible. Si l'on en croit des personnes se disant bien informées, cette substitution serait réelle..... »

En effet il résulte clairement, du procès-verbal d'autopsie et du rapport de Sévestre, qu'un changement notable s'est subitement opéré dans l'état de santé du prisonnier. « *Depuis quelque temps*, dit Sévestre, le fils de Capet était incommodé *par une enflure au genou droit et au poignet gauche*: le 20 Avril, les douleurs augmentèrent, le malade perdit l'appétit et la fièvre survint. »

Il est impossible de consigner des faits plus en rapport avec la substitution d'un enfant scrofuleux pris dans un hôpital, que Laurent, dans sa lettre du 3 Mars, annonce comme étant consommée. Il y aurait plus que de la frivolité à vouloir démontrer que jamais l'orphelin du Temple ne fut atteint d'une affection scrofuleuse ; la pureté de son sang et le fond d'une santé brillante n'ont été mis en doute par personne ; et l'enfant visité par les trois commissaires de la Convention n'indiquait non plus aucune trace de scrofule.

Un journal Anglais, *Court and Lady's Magazine*, faisait en 1839, sur la publication de l'*Abrégé de l'histoire des infortunes du Dauphin*, ces judicieuses observations :

« Il y a une grande clarté dans la partie de la relation relative à la sortie du Temple ; vraie ou fausse, comme monument littéraire, son mérite est incontestable.

» Nous allons maintenant comparer, *avec les bulletins imprimés en 1795*, les autorités citées dans l'ouvrage, au sujet de l'état de santé du Dauphin après la chute de Robespierre ; et nous arrivons à conclure que, quelle que soit la confiance que mérite ce récit, *il servira certainement à établir un fait historique*, c'est-à-dire *que le Dauphin n'est pas mort au Temple* ; fait que toutes les personnes qui ont lu soigneusement les bulletins et rapports du gouvernement révolutionnaire doivent avoir admis : et telle est notre opinion *fondée sur ces documens*, dont nous avons la traduction sous les yeux. Nous nous étonnons qu'on ne s'en soit pas prévalu dans l'abrégé des infortunes. Nous demandons à ceux qui s'intéressent à la question, et qui ont lu les mémoires de Cléry et de madame Campan, de nous dire s'ils *reconnaissent*, dans *le malade lymphatique* dont un fonctionnaire public donne la description, *ce Dauphin vif et précoce*, ou *le malade scrofuleux mis à sa place*. Nous allons copier ce document, parce qu'il corrobore les preuves données que *la Duchesse d'Angoulême était tenue dans une complète ignorance de ce qui concernait son frère :* — ainsi que Laurent l'a écrit au général. —

« Mai, 1795.

» Voici le détail de la situation présente des enfans de Louis XVI au Temple :

» Ils n'ont aucune communication entre eux..... Le *16 Mars*, un fonctionnaire public, accompagné d'une autre personne, a visité le fils de Louis XVI. En entrant dans l'appartement, ils l'ont trouvé assis devant la table, la tête appuyée dans ses mains : Il *fixa plutôt avec égarement qu'il ne regarda* ceux qui entrèrent. On lui demanda s'il voulait dîner ; il répondit : *oui*. Son repas consistait en deux plats de viande, un entremets et du dessert. Il but et mangea de très-bon cœur. Les visiteurs essayèrent *de le relever de son abattement* sans pouvoir y réussir. Il joua seulement avec un petit chien que le fonctionnaire public avait amené avec lui.

» Le 17, au matin, les mêmes personnes lui apportèrent du café et de la crème qu'il aimait beaucoup. Il était au lit. Interrogé s'il voulait déjeûner, il dit : *oui.....* *Il a deux serviteurs, l'un pour s'occuper de lui, l'autre pour nettoyer sa chambre.* La cause de l'état phlegmatique et de tristesse *du Dauphin* est attribuée à son ci-devant gouverneur, le cordonnier Simon qui a été guillotiné comme complice de Robespierre, le *27 Juin 1794*. Il ne s'occupe à rien dans sa chambre. On le voit fréquemment maintenant aux fenêtres du Temple. Il paraît plongé dans un profond état de découragement. »

Tous ceux qui ont appris les habitudes et la manière d'être du Dauphin, ne le reconnaîtront point dans l'enfant mentionné ci-dessus. S'il se borne à répondre oui aux questions qu'on lui adresse, cette circonstance dénote plutôt l'anéantissement moral et physique qu'une résolution prise de ne pas parler. On doit reconnaître ensuite que l'enfant, qui répond *oui* quand on lui demande s'il veut dîner, déjeûner, n'est pas le même que celui interrogé par les trois conventionnels, et auxquels il n'a pas dit un seul mot.

Une assertion de La gazette de Médecine du temps, qui ne fut pas comprise, et dont le souvenir s'est conservé, s'explique aujourd'hui et corrobore, d'une manière bien directe, la relation du Prince. L'enfant pris dans la salle Saint-Louis de l'Hôtel-Dieu, qui mourut au Temple, *comme Dauphin*, avait été remplacé dans son lit par un autre enfant bien portant. On publia *qu'un miracle s'était opéré à l'Hôtel-Dieu ; qu'un enfant très-malade avait été guéri dans quarante-deux heures.* Cet enfant mort le 8 Juin était le fils d'une jardinière du potager de Versailles. La mère, effrayée des suites possibles d'une supercherie dont elle avait été informée et dont elle se trouvait en quelque sorte complice, pour se soustraire aux investigations, se réfugia avec sa fille en Amérique où elle a été connue particulièrement de M. Cazotte. La sœur de l'enfant existait encore à la Martinique quand, en 1836, *l'Abrégé de l'histoire des infortunes du Dauphin* fut publié.

Cette assertion de La gazette de Médecine se trouve confirmée, dans le journal *La Justice*, du lundi 13 Avril 1835, n° 37, qui publia la déclaration ci-après :

« Le Sieur G....., homme d'affaires, a rapporté que, quelque temps avant la mort du fils de Louis XVI, plusieurs personnes se présentèrent à l'Hôtel-Dieu, avec un portrait du Duc de Normandie, et cherchèrent un enfant qui ressemblât à ce Prince; que l'ayant trouvé ils l'emportèrent avec eux, et le remplacèrent par un enfant bien portant, pour que l'on ne s'aperçût pas de l'enlèvement; ce qui fut cause que, dans *La gazette de Médecine* du temps, on publia qu'un miracle s'était opéré à l'Hôtel-Dieu : qu'un enfant très-malade avait été guéri dans quarante-deux heures. »

L'introduction de *l'enfant malade*, en place du muet, se voit donc aussi justifiée.

Procédons à de nouveaux éclaircissemens.

Le Prince a dit que le gouvernement donna l'ordre à ses agens de déterrer le cercueil et de l'enterrer ailleurs, afin qu'on ne pût pas le trouver en cas de recherches. Ses paroles sont pleinement confirmées par une déclaration faite à la police et signée Charpentier, que rapporte Peuchet (Mémoire de tous) : Elle est ainsi conçue :

« Le 25 Prairial an III (13 Juin 1795), vers cinq heures après-midi, quelqu'un se présenta chez moi de la part du Comité révolutionnaire de la section du Luxembourg, m'enjoignit de me rendre de suite au Comité; ce que je fis. Là, un membre me donna l'ordre de revenir le même jour à *dix heures du soir* avec deux de mes ouvriers munis chacun d'une pioche.

» A l'heure prescrite, nous arrivâmes tous trois au Comité, où, après avoir attendu jusqu'à *onze heures*, un membre revêtu de son écharpe, sans entrer dans aucune explication, nous fit monter dans un fiacre qui nous conduisit jusqu'à l'extrémité du Jardin des Plantes. Il nous fit alors descendre et l'accompagner à pied jusqu'au cimetière de *Clamart*, en continuant d'observer le plus profond silence. Ici je crois devoir faire remarquer que cette démarche paraissait enveloppée d'un mystère impénétrable. La voiture dans laquelle nous étions partis du Comité n'était précédée ni suivie d'aucune escorte.

» Lorsque nous entrâmes au cimetière il pouvait être *onze heures et demie*; celui sous la direction duquel nous avions marché commanda à l'homme qui nous avait ouvert la porte de se retirer. Cet homme, qui avait vraisemblablement son habitation dans l'enceinte du cimetière, ne se le fit pas répéter, il obéit sur-le-champ.

Pour nous, je veux dire mes ouvriers et moi, nous attendions : un instant s'écoula, et le membre du Comité s'étant assuré qu'il n'y avait plus personne après nous nous fit avancer *sur la droite*, seulement à une distance de huit à dix pas de l'entrée. Alors il nous dit qu'il fallait nous dépêcher de creuser, à la place où nous nous trouvions, une fosse large de trois pieds sur six de longueur et autant de profondeur ; nous nous conformâmes à ce qui nous était prescrit, du moins quant à la largeur, mais deux ouvriers ne pouvant travailler ensemble dans un espace de six pieds, nous dûmes donner à la fosse une étendue de huit pieds pour la longueur.

» Nous avions déjà dépassé de plus d'un pied la profondeur exigée, lorsque nous entendîmes le bruit d'une voiture qui ne tarda pas à s'arrêter.

» Au même instant on nous fit cesser le travail, la porte du cimetière s'ouvrit, et nous vîmes sortir de la voiture trois autres membres du Comité révolutionnaire revêtus de leur écharpe, comme celui qui nous avait amenés.

» Chacun de nous put apercevoir en même temps un cercueil large de huit à dix pouces et long de quatre pieds et demi, que les membres du Comité, avec l'aide du cocher, prirent eux-mêmes la peine de descendre et de déposer à l'entrée du cimetière ; après quoi on nous invita à sortir, mes ouvriers et moi.

» Cependant un moment après nous fûmes introduits de nouveau, et nous eûmes lieu de remarquer que, dans l'intervalle, le cercueil avait été placé dans la fosse, et on l'avait recouvert d'à peu près cinq à six pouces de terre.

» On nous chargea de combler la fosse, et, l'opération terminée, on nous ordonna de fouler la terre avec nos pieds et de la tasser de toutes nos forces.

» Nous conclûmes que le *projet était de faire disparaître dans cet endroit, au moins autant que possible, la trace d'une terre fraîchement remuée.*

» Tout étant ainsi consommé, pour ce qui nous regardait, on nous fit la recommandation très-expresse de garder le secret sur l'opération à laquelle nous avions concouru. On nous dit même à ce sujet qu'on *saurait retrouver celui d'entre nous qui aurait commis la moindre indiscrétion.*

» Enfin on remit à chacun de mes ouvriers un assignat de *dix francs*; quant à moi, on me promit une récompense que je me gardai bien d'aller chercher par toute espèce de raisons, et qui, sans ces raisons mêmes, ne m'aurait guère tenté, surtout après que j'avais entendu l'un des *quatre* membres du Comité se permettre de dire en riant: *Le petit Capet aura bien du chemin à faire pour aller retrouver sa famille.* »

Un document, qui provient d'une source non suspecte, va confirmer l'inhumation, après le 8 Juin 1795, dans le jardin du Temple, d'un enfant qu'on a pris pour le Dauphin.

M. de Beauchesne avait dit dans la première édition de son ouvrage :

« Quelques voix s'étaient élevées disant que le convoi et les obsèques de Louis XVII, dans le cimetière de Sainte-Marguerite, *n'étaient que simulées, et que ses restes étaient enfouis au pied de la Tour où s'était accomplie sa déplorable destinée.* »

Dans le second tome de la cinquième édition, page 355, il ajoute :

« Ce n'est pas tout :

» Le général comte d'Andigné, prisonnier au Temple, au mois de Juin 1801, a, dans des mémoires inédits, exprimé cette opinion. Après avoir parlé d'un nouveau fossé creusé pour établir un second mur d'enceinte, du côté du nord et de l'est, dans l'enclos du Temple, il rapporte ce qui suit :

« Les terres extraites de ce fossé étaient jetées négligemment des deux côtes de la tranchée, en sorte que la cour aride, seule promenade qui nous fût permise, semblait réellement environnée de décombres. Autant pour s'occuper que pour embellir leur prison, plusieurs détenus imaginèrent de convertir en jardin les terres du fossé qui avaient été jetées de notre côté, et Fauconnier, concierge du Temple, approuva leur projet. D'après cela, nous nous partageâmes les terrains et nous nous mîmes sur-le-champ à l'œuvre. La terre mise à notre disposition était mauvaise; pour l'améliorer nous pelâmes les gazons de la cour et nous cherchâmes de la bonne terre dans tous les lieux où nous pûmes en trouver. Un détenu crut en apercevoir de convenable dans le fond du fossé; il creusa pour la retirer et ne fut pas médiocrement étonné d'apercevoir *le corps d'un grand enfant qui avait été enterré dans de la chaux vive.*

» Un corps isolé, enseveli dans ce lieu, et avec des précautions aussi inusitées, nous donna à penser que nous avions trouvé *les restes de Monseigneur le Dauphin, mort dans la Tour du*

Temple. Les chairs étaient entièrement détruites, il ne restait plus que le squelette. Un de nous en détacha un petit os, qu'il désira conserver comme une relique. Le corps fut recouvert respectueusement, et nous évitâmes d'en approcher davantage. Fauconnier se trouvait près de là au moment où j'allai visiter le squelette. « *C'est là nécessairement, Monsieur, lui dis-je, le corps de Monseigneur le Dauphin.* » Il parut un peu embarrassé de ma question, mais me répondit sans hésiter : « *Oui, Monsieur.* »

» J'ai souvent regretté que l'on n'ait pas fait constater par une enquête le fait que je rapporte ici, et que tous mes compagnons de prison ont connu comme moi. Sous la restauration, j'en parlai au cardinal de la Fare, archevêque de Sens ; *il me répondit que Madame la Dauphine était persuadée que son malheureux frère n'était pas mort au Temple et qu'ainsi nous ne pourrions que renouveler ses douleurs sans la convaincre.*

» Malheureusement le temps qui s'écoule rend de jour en jour la vérité plus difficile à constater..... Pour éclairer, autant qu'il dépendait de moi, un fait qui un jour peut importer à l'histoire, je me suis rendu, le 3 Juin 1840, au Temple, accompagné de M. Lambert, ancien juge au tribunal de première instance de la Seine, et de M. l'Abbé Just, aujourd'hui grand-vicaire de M. de Rouen, alors aumônier de la maison. Madame la supérieure et quatre ou cinq de ces dames assistèrent à nos recherches..... Je me souviens parfaitement que le corps de M. le Dauphin, dont je n'ai reconnu la position qu'au simple coup-d'œil en 1801, doit se trouver à cinq pieds de profondeur, à peu près, et à environ dix ou douze pieds du mur de l'est, et quarante ou cinquante pieds de celui du nord, dans un terrain creusé pour l'ensevelir, et plus tard ouvert par une tranchée destinée à établir un fondement, ce qui doit laisser des traces faciles à suivre. Malheureusement une espace de cinquante et quelques pieds de côté a été détaché de l'ancienne enceinte, dans l'angle qui approche de la rotonde, et l'on a placé dans cet espace un corps-de-garde de pompiers et un cabaret ; en sorte que, si je ne me suis pas trompé, en estimant à cinquante pieds environ la distance à laquelle *les restes de Monseigneur le Dauphin* sont, du mur du nord, ils se trouveraient sous les bâtiments..... J'ai relaté ces observations dans une déclaration signée de moi et de tous les assistants comme témoins, et je l'ai déposée entre les mains de Mme la supérieure. »

Comme complément décisif de tout ce qui précède, nous lisons dans les Mémoires de Napoléon, T. 1er à la page 211, des renseignemens qui, tout en sanctionnant le mode d'évasion, rapporté par le Prince, donnent à penser qu'une seconde soustraction du cercueil et un autre enfouissement ailleurs avaient eu lieu.

« Ce n'est point *qu'au moment de la mort de Louis XVII* un autre bruit ne se soit propagé : on prétendit que le Dauphin avait été enlevé de sa prison, du consentement des comités; qu'un autre enfant, mis à sa place, avait été promptement sacrifié, victime d'une politique odieuse, afin que l'on pût nier la remise *du Roi de France* à ses serviteurs; et, bien que la parole eût été tenue, en annuler l'effet par le bruit de cette mort.

» Joséphine, dès l'époque de notre mariage, me parut convaincue de l'exactitude de ce second récit; elle se croyait très-avant dans cette intrigue, et m'en parla avec bonne foi, me désignant à qui le Prince avait été remis, en quel lieu on le cachait, et en quel temps on le ferait reparaître; je levais les épaules, et, dans ce récit, je ne pouvais voir que la simplicité d'une femme crédule; plus tard, je voulus savoir ce qu'il en était réellement. Je me fis d'abord présenter le procès-verbal des hommes de l'art; je fus surpris de cette phrase : *On nous a représenté un corps qu'on nous a dit être celui du fils de Capet;* ce qui ne voulait pas dire positivement que c'était celui du Dauphin; d'ailleurs *aucune autre pièce ne constatait l'identité.....* Je fis faire des fouilles au cimetière de Sainte-Elizabeth, au lieu indiqué de la sépulture du cadavre..... *La bière,* encore assez bien conservée, ayant été ouverte en présence de Fouché et de Savary, *se trouva vide.* »

Le Royal Martyr du 19me siècle, Monsieur l'évêque, vient d'être éclairé d'un jour si éclatant, par le reflet des lumières qu'il a fait jaillir de l'intérieur du Temple, qu'elles ont rendu visibles au dehors son évasion et son origine royale; de sorte qu'on peut considérer ces deux vérités comme un fait historique acquis, hors de toute controverse. S'il en est ainsi, nul esprit droit, à moins qu'il ne soit influencé par un intérêt quelconque à les méconnaître, n'aura la déraison de les contester. Vous concevez dès lors qu'à ces vérités certaines, mises en évidence avec tant de précision, on ne peut en opposer d'autres acceptables. Ce que nos contradicteurs nous donnent pour vrai, en nous combattant, ne peut donc être, selon leurs propres expressions, que *des erreurs grossières*, non inexpliquées, que d'insignes faussetés, et des fourberies manifestes, inventées par eux. Je vous l'ai fait voir clairement dans la série de mensonges dont se compose l'histoire de Louis XVII par M. de Beauchesne.

Pour vous en donner une nouvelle preuve, sortie d'actes judiciaires, ce qui est d'une bien autre importance, intervertissant momentanément l'ordre des faits et des temps, je vais appeler votre attention sur la justice de France, en ce qui regarde l'évasion, et vous en révéler les iniques procédés; des documens authentiques et officiels, émanés d'elle, nous en apportent une démonstration sans réplique. Confiante, sans doute, dans l'axiome de droit si souvent scandaleusement contredit, qui fait considérer comme une vérité toute chose jugée, elle s'était flattée que ses manœuvres occultes, pour transformer le fils de Louis XVI en imposteur, atteindraient le but qu'elle en espérait. C'est le contraire qui est arrivé, fatalement pour elle : je m'explique.

En 1836, le personnage qui se qualifiait fils de Louis XVI porta, devant la magistrature compétente, une action en réclamation d'état, et en annulation de l'acte de décès qui le fait mourir au Temple. Aussitôt après il fut arraché du sanctuaire de la justice par une violence administrative, arrêté, détenu au dépôt de la préfecture de police, sans être interrogé, et en définitive conduit par la gendarmerie à Calais, où on le fit embarquer pour l'Angleterre. Quel délit, quel crime lui reprochait-on? Aucun. A peine eut-il quitté forcément le sol de la patrie, — dont on l'expulsait arbitrairement, *comme étranger prussien*, sans tenir compte de l'instance judiciaire par laquelle il demandait à prouver qu'il était français, issu du dernier Roi légitime de France —, qu'on organisa, sourdement contre lui, par contumace, une procédure en escroquerie, sous le prétexte qu'il se disait faussement fils de Louis XVI et de Marie-Antoinette. On s'était bien gardé d'une pareille accusation, pendant qu'étant sous les verroux de la force brutale, il aurait pu y répondre. On redoutait trop sa parole; on ne voulait pas qu'il parlât en public, et au public, pour démontrer la légitimité de ses droits, tant le gouvernement de Louis-Philippe avait une peur effroyable de cet escroc! On se proposait de le perdre et de l'écarter de la scène politique par une diffamation judiciaire.

Vous allez voir qu'afin de tuer moralement le mort politique de 1795, et d'empêcher la reconnaissance de ses droits, en les repoussant par la dérision, les pouvoirs publics n'ont reculé devant aucune tactique ; vous allez voir deux tribunaux, ayant la vérité sous les yeux, la jeter de côté avec un souverain mépris ; bâtir deux sentences sur les imaginations de deux faux-témoins, élevant ainsi le parjure avéré à la hauteur de décisions judiciaires ; vous allez voir les juges correctionnels y ajouter leurs propres faussetés. Pour s'en convaincre, il est nécessaire de nous replacer en face de Lasne et de Gomin et de retourner à leur déposition en en retraçant des passages qui ont été omis précédemment, non pas pour produire de nouvelles preuves de leur imposture ; car notre opinion est désormais invariablement fixée sur leur compte ; mais pour constater comment leurs déclarations en justice ont été astucieusement combinées, à l'effet de venir en aide aux artifices de la magistrature. Je passe sous silence le témoignage de Lasne en 1834 qui ne figure pas dans la procédure en escroquerie, et je dois prévenir, en même temps, qu'au nombre des impostures judiciaires sanctionnées contre le Duc de Normandie, je me borne ici à ne signaler que celles qui rentrent spécialement dans la question d'évasion, me réservant d'apprécier plus amplement les erreurs volontaires des tribunaux qui ont jugé la plainte en escroquerie, le procès en diffamation, et l'instance civile de 1851, quand je serai parvenu à cette partie de l'histoire du *Royal Martyr du 19e siècle*.

Nous lisons dans la déposition de Lasne du 13 Juillet 1837 :

« C'est moi qui ai été le dernier gardien à la Tour du Temple, du Prince *Charles-Louis*, Duc de Normandie, fils de Louis XVI ; et c'est pendant que j'étais chargé de la garde du Temple, que ce Prince est mort, *le 27 Prairial* an III (Juin 1795).

» J'avais vu le Prince *avant le 10 Août*, parce qu'étant *à cette époque commandant en chef* du bataillon du district des Droits de l'Homme, j'avais souvent monté la garde aux Tuileries et avais *accompagné quelquefois le Prince* dans les promenades de la terrasse des Feuillans. Plusieurs fois aussi, pendant la détention au Temple de la famille royale, j'y ai été de service avec mon bataillon, et j'avais eu encore occasion de revoir le Prince que j'avais parfaitement reconnu.

» En Germinal an III (Avril 1795), je fus chargé par le Comité de sûreté générale de la Convention de la garde du Prince et de la Princesse sa sœur. J'affirme que je le reconnus parfaitement pour celui que j'avais vu avant et depuis le 10 Août, soit aux Tuileries, soit au Temple.

» J'affirme encore sur l'honneur que ce Prince, malgré les soins que je lui donnai, est mort au Temple *après une maladie de deux jours*, il a rendu le dernier soupir *sur mon bras gauche*, dans un instant où je le soulevais de son lit. J'ai été témoin de son autopsie.

» — Croyez-vous — demande le juge d'instruction — qu'il soit possible que l'on ait, en votre absence, ou à votre insu, substitué un enfant au Prince, et *élevé mystérieusement celui-ci dans les combles de la Tour du Temple?*

» — Cela est impossible, *car la Tour du Temple dans laquelle était détenu le Prince n'avait ni comble ni grenier et était surmontée d'une terrasse.* A la vérité, il y avait une flèche sur une partie du bâtiment; mais l'intérieur n'en était point accessible, et je ne sache pas même qu'il y eût d'escalier à l'intérieur. Elle n'était accessible qu'aux couvreurs et aux ouvriers; *il est absolument impossible* qu'on ait jamais pu y cacher qui que ce fût.

» Au reste, lors des débats du procès de Richemont, et dans l'instruction qui les a précédés, j'ai déposé de tous les faits qui étaient à ma connaissance sur cette affaire; et surtout de toutes les circonstances établissant que le Duc de Normandie est bien mort au Temple; je ne puis que m'en référer à ce que j'ai dit.

Signé : Lasne, Zangiacomi, Chevalier. »

Il n'est pas inutile d'observer que l'enfant est mort le 20 Prairial —8 Juin—, et que Lasne le fait mourir le 27 —15 Juin—. Je ne me prévaus pas de cette inadvertance du témoin. Je veux bien l'envisager comme une simple erreur de date, quoiqu'elle paraisse assez étrange de la part d'un des signataires de l'acte de décès, et qu'elle dénote une singulière préoccupation, de la part du juge instructeur, dont l'attention se portait sans doute ailleurs qu'au jour du décès, incontestablement fixé :

Voici ce qu'il importe de connaître du témoignage de 1840 :

« Etienne Lasne, âgé de 83 ans, propriétaire, demeurant à Paris, rue Regratière 14 (Ile Saint-Louis), dépose :

» Je suis obligé de revenir sur ce que j'ai déjà dit pour vous donner toutes les explications que vous désirez, et d'entrer dans des détails circonstanciés sur ce que je sais du Duc de Normandie, fils de Louis XVI.

» *Je suis entré aux garde-françaises en 1774 et j'en suis sorti en 1782;* puis, en 1789, je fis partie de la garde nationale de Paris, et en 1791 je fus nommé capitaine des grenadiers du bataillon du poste Saint-Antoine. J'eus, dans cette position, et toutes les fois que j'étais de garde au château, occasion de voir les enfants du Roi Louis XVI. *Le jeune Dauphin se faisait remarquer par la beauté de ses traits, la vivacité de son caractère et son regard imposant et plein d'expression; il avait l'abord brusque de son père; ses gestes étaient vifs et saccadés; le premier moment passé, personne dans la conversation n'était plus affable: il étonnait par l'à-propos et la maturité de ses reparties.*

» Après la journée du 10 Août, je fus nommé commandant en chef de la section des Droits de l'Homme; en cette qualité, j'allai au Temple pour y inspecter les hommes de service, et j'y voyais les enfans de Louis XVI lorsqu'ils jouaient dans le jardin. *J'ai parfaitement reconnu le Dauphin pour celui que j'avais vu et sur la terrasse des Feuillans et dans les promenades aux Tuileries.*

» En Germinal an III (Avril 1795), je fus chargé par le Comité de sûreté générale de la garde du Prince et de sa sœur. A mon arrivée au Temple, je visitai le Dauphin; *c'était bien assurément le même.....*

« Un matin, et le souvenir de ce moment me suivra jusqu'au tombeau, *il me fit signe qu'un besoin le tourmentait;* depuis deux jours il était alité. *Je le pris dans mes bras, il jeta les siens autour de mon cou,* puis un soupir sortit de sa poitrine : l'infortuné avait cessé de souffrir !..... J'ajouterai en outre que, *pendant deux jours, le corps du Prince fut exposé dans sa chambre. Il a pu facilement être vu et reconnu par toutes les personnes qui allaient et venaient dans le Temple, ainsi que par les hommes de garde. Je ne l'ai quitté que lorsque les derniers devoirs lui furent rendus.* C'est dans le cimetière Sainte-Marguerite-Saint-Antoine qu'il a été enterré, *dans une fosse à part.....*

» Il est inutile que je répète ce que j'ai dit sur le cheval de carton dont il a été si souvent question, et autres contes faits à plaisir sur la prétendue évasion du Dauphin. Tout cela est absurde, parce que tout cela était impossible.

» Je dirai une dernière fois que le fils de Louis XVI est bien mort et que ceux qui usurpent le titre de Dauphin sont des imposteurs. *Je le leur ai bien fait entendre quand ils se sont présentés chez moi pour chercher à surprendre ma bonne foi, et je désire que la déclaration solennelle d'un vieillard sur le bord de sa tombe, et qui fut acteur et témoin dans ces grandes scènes, serve à fixer enfin un point d'histoire que la malveillance ou la cupidité peuvent seules avoir intérêt à obscurcir.* »

On lit écrit par le juge d'instruction :

« Lecture faite, a persisté et a déclaré que tous ces faits étaient vrais, mais *a déclaré qu'il ne voulait pas signer.*

— » *Pourquoi ne voulez-vous pas signer?*

— » Parce que j'ai déjà fait une première déposition et que je ne vois pas la nécessité de signer. »

Voilà un refus de signature, Monsieur l'évêque, qui ne peut être interprété que d'une seule manière. On ne doit pas l'attribuer à une résistance capricieuse du vieillard ; un motif plus grave assurément, que cette irrégularité nous autorise à pressentir, peut seul expliquer l'abstention de signature du témoin qui frappe son témoignage d'une nullité radicale.

La signature de ceux qui déposent, à moins d'un empêchement physique, est une formalité indispensable, la garantie obligée que le juge n'a pas fait dire au témoin le contraire de ce qu'il déposait, plus qu'il ne déposait, ou autrement qu'il déposait.

Lasne n'aura pas voulu prendre sur lui la responsabilité de l'attestation, en raison des termes dans lesquelles elle est consignée, et des *additions* qu'elle ajoute à celle de 1837. Les déclarations des témoins sont en général simples et précises ; ils ne font point de pathos, et *Lasne* n'a point pu dire, en supposant qu'il eût vu le fils de Louis XVI très-accidentellement et de loin dans un jardin :

« Le jeune Dauphin se faisait remarquer par la beauté de ses traits, la vivacité de son caractère et son regard imposant et plein d'expression. Il avait l'abord brusque de son père, ses gestes étaient vifs et saccadés ; le premier moment passé, personne dans la conversation n'était plus affable. Il étonnait par l'à-propos et la maturité de ses réparties. »

Beaucoup de ceux qui fréquentaient habituellement la cour n'auraient pas été en position de signaler d'une manière aussi minutieuse le caractère du Dauphin.

Et un garde national qui, en raison de l'étiquette, ne lui a pas une seule fois adressé la parole, se serait exprimé de la sorte ! C'est plus qu'une invraisemblance : en voulant trop prouver par Lasne on a prouvé contre lui. La vie intérieure de la famille royale mettait du moins le jeune Dauphin à l'abri de tout contact avec des soldats citoyens, dont le républicanisme grossier commandait à la gouvernante des enfans de France une sollicitude de surveillance de tous les instans. D'un autre côté, le capitaine des grenadiers du bataillon du poste St Antoine n'avait point la mission de monter la garde au château parce que l'Assemblée nationale, sous le commandement de Lafayette, avait donné au Roi, à la Reine et au Dauphin, une garde particulière de surveillance. En outre, il s'est écoulé environ quatre années, entre le séjour aux Tuileries et l'époque où Lasne aurait revu *le Prince*, confié à sa garde, dans la prison du Temple, puisqu'il n'est entré en fonction qu'en 1795. On ne disconviendra pas que l'état du Prince, aux Tuileries, n'avait rien de comparable à l'aspect sous lequel Lasne nous dépeint l'enfant au mois d'Avril 1795, comme inspirant la pitié et presque le dégoût. Je soutiens qu'il était impossible au nouveau gardien de s'assurer par lui-même que c'était le même enfant que celui qu'il prétendait avoir vu aux Tuileries.

La déposition est habile, pour faire croire à une reconnaissance d'identité. Nous y voyons trois stages de reconnaissance : dans *les promenades aux Tuileries en 1791*, par *Lasne*, capitaine des grenadiers du bataillon du poste St Antoine; après *le 10 Août*, au Temple, par *Lasne*, commandant en chef de la section des Droits de l'Homme; *en Avril 1795*, par *Lasne*, gardien des enfans de Louis XVI. Toutefois cette habileté ne sauve pas l'invraisemblance, je dirai plus, l'impossibilité de ces trois époques de reconnaissance, et ne rend pas admissible que *Lasne*, en faisant ses divers services de garde national, ait pu apprécier le caractère du Dauphin tel qu'il l'a détaillé, car il y avait défense sévère, de la part du Conseil-général, même au commandant général du poste du Temple, de se permettre aucune communication avec la famille royale.

Je maintiens encore, et par le simple bon sens, que *Lasne* n'a point pu dicter la belle péroraison suivante :

« Je dirai une dernière fois que le fils de Louis XVI est bien mort, et que ceux qui usurpent le titre de Dauphin sont des imposteurs. *Je le leur ai bien fait entendre quand ils se sont présentés chez moi pour chercher à surprendre ma bonne foi;* et je désire que la déclaration solennelle que fait un vieillard sur le bord de sa tombe, et qui fut acteur et témoin dans ces grandes scènes, serve à fixer enfin un point d'histoire que la malveillance ou la cupidité peuvent seules avoir intérêt à obscurcir. »

Ces réflexions, plus que déplacées dans un témoignage judiciaire, lui ôtent son caractère de sincérité, en laissant voir, au lieu d'un témoin, un homme politique qui dépose dans un sens conforme à une opinion arrêtée d'avance.

On conçoit maintenant pourquoi Lasne n'a pas voulu signer l'amplification de 1840.

Dans la partie éloquente de son témoignage il dit que « ceux qui usurpaient le titre de Dauphin se sont présentés chez lui, pour chercher à surprendre sa bonne foi. »

Ceci a besoin d'explication.

Quelque temps après l'arrivée du Prince à Paris, M. Albouys, avocat, ancien magistrat, lui parla du Sieur Lasne et paraissait, ainsi que d'autres personnes, attacher une grande importance aux déclarations de cet homme. Le Prince, qui ne reculait devant aucun genre d'épreuve, se rendit à la demeure de Lasne avec M. Albouys, et quand ils furent dans son cabinet le Prince lui dit :

« Vous êtes celui dans les bras duquel on prétend que Louis XVII a rendu le dernier soupir ? »

A cette question il fixa le Prince attentivement sans lui répondre.

» Ne craignez rien, continua-t-il, je suis un ami de Louis XVII et je vous certifie que vous êtes dans l'erreur, Louis XVII n'est pas mort au Temple ; il existe. »

« Ha ! Ha ! répliqua *Lasne*, serait-il possible ? Non je ne peux pas le croire. »

« Si vous voulez répondre sincèrement à mes questions, ajouta le Prince, je vous le prouverai. »

Le vieillard répondit d'une voix tremblante : « Oui je le veux bien. » Il s'établit alors entre eux la conversation suivante :

— « Avez-vous connu le fils de votre ancien Roi avant sa captivité ? »

— « Oui. »

— « Fûtes-vous employé dans la maison du Roi ? »

— « Non. »

— « Où avez-vous donc vu le Prince dans son enfance ? »

— « Je l'ai vu quelquefois au jardin des Tuileries. »

— « Fûtes-vous employé comme gardien de Louis XVII au Temple longtemps avant sa mort ? »

— « A peu près quarante jours avant sa mort. »

— « Vous dites n'avoir vu le Prince que quelquefois au jardin des Tuileries ; dans ce temps le Prince se portait parfaitement bien. »

— « Oui Monsieur. »

— « Mais comment fut-il possible qu'après trois ans *vous ayez reconnu cet enfant, que vous n'aviez vu que quelquefois, dans l'état affreux où il se trouvait au Temple ?* »

— « *L'enfant, qui m'a été confié au Temple* comme le fils de Louis XVI, n'était pas malade, mais au contraire il *jouissait de la meilleure santé.* »

« Voilà, dit le Prince en s'adressant à M. Albouys, la preuve la plus incontestable que cet homme a été trompé alors par la commune : car le Dauphin supposé était à cette époque très-malade. » Puis en se retirant il dit à *Lasne:* « Vous serez convaincu en peu de temps que le fils de votre ancien Roi n'est pas mort ; ne le souhaiteriez-vous pas ? »

« Oh ! mon Dieu, oui, répliqua-t-il ; mais je ne peux pas le croire. Je serais bien heureux, car vous voyez combien j'aime la famille royale, » ajouta-t-il en montrant tous leurs portraits.

On voit que Lasne, laissé à lui-même, sans pression d'aucune influence, est bien loin d'attester, aussi positivement que devant le juge d'instruction, la certitude de l'identité de l'enfant mort avec le Dauphin ; et cet interrogatoire, dont nous pouvons prouver judiciairement la sincérité, nous avons le droit de l'opposer à la justice, aussi bien que la justice nous en oppose qui ont été reçus mystérieusement contre le Prince. Il en a été rendu compte par une lettre du Duc de Normandie, adressée le 31 Octobre 1834 à la Cour d'assises qui jugeait l'imposteur Richemont. Les antagonistes du Prince, voulant lui ôter le mérite de cette démarche franche et loyale, l'attribuaient au faux-Dauphin. Le Prince disait donc dans sa lettre :

« Je certifie et déclare devant Dieu et sur ce que j'ai de plus cher, que dans l'année 1795, au mois de Juin, je n'étais plus au Temple ; je déclare en outre que M. *Lasne,* qui a déposé hier devant la Cour d'assises dans l'affaire dont elle s'occupe, *a fait un fausse déposition en avançant que le prévenu avait été chez lui à telle époque.* C'était moi, accompagné de mon avocat.

Nous nous rendîmes ensemble chez lui pour prouver à M. Lasne qu'il était ou trompé ou trompeur à l'égard du fait avancé par lui sur la mort du Dauphin au Temple.

» Il est bon de faire remarquer à Messieurs les jurés que..... Je ne demande rien que mon nom. C'est pourquoi je leur ai écrit de ma propre main pour leur déclarer que le prévenu n'est pas le Dauphin, en offrir toutes les preuves et me faire représenter par mon avocat, s'il est nécessaire, afin de démontrer que Richemont n'est qu'un faussaire et l'instrument d'une cabale machiavélique.

» Charles-Louis,
» Duc de Normandie. »

Si l'on avait cherché la vérité on eût fait interroger, en présence de Lasne, ce hardi contradicteur qui l'accusait d'erreur ou de parjure. Dans toute autre circonstance, on eût agi de la sorte. Mais c'était une manière détournée de repousser le véritable Dauphin. On n'avait d'autre but que celui de faire certifier, pour le public qui ne raisonne pas, par un nouveau mensonge, le mensonge écrit du 8 Juin 1795 et signé Lasne : l'incident n'eut pas de suite.

La police découvrit l'existence et la résidence de *Gomin*, qu'on ignorait probablement lors du procès de l'agent de police *Richemont*; puisqu'on ne l'avait point fait entendre alors. Le 31 Juillet 1837, M. le préfet de police écrivait :

« *Gomin* n'a aucune relation connue, ne parlant jamais à personne, et ayant toujours paru être d'un caractère sournois. Il paraît qu'il a été employé au ministère de la maison du Roi, sous la direction de M. le comte de Pradel. »

Par suite de cette communication qui indiquait la résidence de *Gomin* à Pontoise, M. Zangiacomi, le 2 Août 1837, adressa à M. le juge d'instruction de cette localité une commission rogatoire qui grossissait, d'un complot imaginaire contre la sûreté de l'Etat, une simple procédure en escroquerie basée, dans le principe sur la prétention, dite mensongère de filiation royale élevée par Naundorff. Mais laissons subsister l'addition du complot contre la sûreté de l'Etat; la justice est riche en accusations chimériques; une de plus, une de moins, ne fait rien à l'affaire. Dans cette commission rogatoire concernant *Gomin*, on lit les passages suivans qu'il n'est pas sans intérêt de relater :

« Vu la procédure qui s'instruit contre le Sieur Naundorff, se disant Duc de Normandie fils de Louis XVI, inculpé de complot contre la sûreté de l'Etat, et d'escroquerie ; attendu qu'il résulte, de renseignements à nous transmis, que le Sieur *Gomin* aurait soigné dans sa derniere maladie le Prince *Charles-Louis,* Duc de Normandie, décédé en Juin 1795 à la Tour du Temple ;

» Qu'il est utile, *pour fortifier et compléter tous les documents établissant le fait historique de la mort du Prince, fils de Louis XVI,* de recevoir la déposition du Sieur *Gomin,* comme déjà on a eu celle de *Lasne,* dernier gardien du Prince ;

» *Que cette réunion de preuves repousse d'autant les prétentions du Sieur Naundorff, et justifie par cela l'inculpation qui lui est faite d'escroquerie, en prenant un faux nom et une fausse qualité,* de sommes considérables à un grand nombre d'individus ;

» M. le juge d'instruction interrogera le témoin sur le point de savoir si, *comme le prétend Naundorff,* il est possible que le Prince ait été furtivement enlevé et *caché dans les combles de la Tour ;* s'il est possible qu'on lui ait substitué un enfant muet ; s'il est bien certain que celui qu'il a vu mourir en Juin soit bien réellement *l'enfant qu'il avait vu avec le Roi Louis XVI et la Reine Marie-Antoinette ;* et enfin, M. le juge d'instruction voudra bien lui adresser toutes les questions et interpellations qu'il croira de nature à servir à la manifestation de la vérité, pour prouver le fait de l'identité du Prince décédé avec l'enfant *écroué sous les noms de Charles-Louis* Duc de Normandie. »

Je ne puis m'abstenir de faire observer avec qu'elle finesse de rédaction est posée comme résolue la question à résoudre ; comment on provoquait subrepticement à des réponses insinuées d'avance, comme par exemple ce fait suggéré, avant d'avoir su ce que savait *Gomin, qu'il avait vu le Dauphin avec le Roi Louis XVI et la Reine Marie-Antoinette ;* souvenir essentiel à lui créer, sans quoi sa reconnaissance du Prince dans l'enfant décédé eût péché par sa base ; d'autant plus que, dans le procès-verbal de son installation, on lui fait reconnaître, non l'identité des enfans de Louis XVI ; mais *seulement leur existence.* Nous ne nous plaignons pas toutefois de ce luxe de précautions pour détruire la vérité méconnue systématiquement. Tous ces calculs de la diplomatie judiciaire tournent à la confusion de ses auteurs, et font reluire la lumière qu'on s'efforce d'éteindre.

Jean-Baptiste-Marie Gomin, âgé de quatre-vingt-trois ans, rentier, demeurant à Pontoise, rue Sainte-Honorine, dépose :

« *Je suis entré au Temple, vers le 9 Thermidor an II (26 Août 1794)*, en qualité de gardien du Prince Charles-Louis, Duc de Normandie, fils de Louis XVI. *Je ne le perdais pas de vue un seul instant*, et tous les soirs j'adressais au Comité de sûreté générale un rapport écrit, concernant le service intérieur de la prison et la surveillance qui m'était confiée.

» Lorsque j'entrai en fonctions, *la santé du Prince était déplorable, son état de langueur et d'abattement annonçait une fin prochaine* ; je cherchais par tous les moyens qui étaient en mon pouvoir à raviver cette frêle existence, mes soins étaient inutiles ; depuis longtemps il portait dans son sein le germe de la mort. A une époque que je ne pourrais préciser il fut visité, sur l'ordre de la Convention nationale, par le chirurgien Desault, et après la mort de ce dernier, par le Sieur Pelletan..... assisté de M. Dumangin.....

» Ces messieurs disaient que *l'état du Prince était désespéré et que sa mort était imminente*.....

» Il était impossible, surtout en raison de la surveillance continuelle dont il était l'objet, qu'il fût enlevé furtivement et caché *dans les combles de la Tour ; cela n'était praticable qu'en obtenant notre coopération*, et on ne peut l'admettre si l'on se reporte à cette circonstance, que *tous les jours* le Prince était visité *trois fois par le Commissaire qui nous était adjoint, et qui était* renouvelé toutes les vingt-quatre heures, et *choisi parmi les personnes connaissant très-bien le Duc de Normandie*.

» *J'étais assisté*, pour la garde du Prince, *d'un Sieur Laurent*, qui a été remplacé dans les derniers temps par un nommé Lasne, que je n'ai pas vu depuis plus de vingt ans. *Si cela était utile, je donnerais la date précise de ma nomination aux fonctions de gardien : l'ordonnance est à Paris*, dans le logement que j'ai conservé Rue et Ile Saint-Louis, n° 44 ; j'y ai aussi quelques notes ; elles me seraient nécessaires pour donner des renseignements plus précis et plus détaillés sur la maladie du Prince : je les remettrai si on le désire..... »

Je ne rappelle point ici les affirmations mensongères du témoin sur l'identité, rapportées dans la dernière livraison. On sait avec quelle redondance il les a multipliées, pour motiver sa reconnaissance du fils de Louis XVI dans l'enfant décédé ; quoiqu'il eût déclaré à Laurent, le jour de son installation au Temple, n'avoir jamais vu le Dauphin.

Ensuite, pour confondre *le muet* qui, selon le rapport d'Harmand, n'était pas malade, avec le dernier substitué, il le représente dans un état de santé *annonçant une fin prochaine*, et nomme M. M. Pelletan et Dumangin, qui disaient que *la mort du Prince — de l'enfant scrofuleux — était imminente*.

« Pendant sa maladie, ajoute-t-il, le prince, que je voyais à tous les instants de la journée, causait sans effort; il a même parlé une heure avant de mourir;»

Pourquoi faut-il que je redise, afin de ne pas fatiguer l'intelligence du lecteur par des retours à des observations déjà faites, que, d'après le témoignage de Lasne, lui seul a soigné l'enfant pendant les deux derniers mois de sa vie, et que pendant tout le temps de son service il n'a parlé qu'une fois, à propos d'un breuvage qu'il lui répugnait de prendre !

M. le juge d'instruction, se méprenant sur le récit du Prince, pensait que nous faisions mourir l'enfant muet à sa place, lorsque, au contraire, ce fut l'enfant scrofuleux qui succomba le 8 Juin 1795. Il s'est appliqué alors à faire représenter cet enfant comme ayant parlé. Peu nous importe qu'il ait parlé; nous n'avons jamais prétendu le contraire. Ce fait même, ainsi que je l'ai dit et le redis encore, établit matériellement, sans qu'on s'en soit douté, conformément aux indications de *Laurent* et à celle du Prince, la substitution d'un autre enfant à celui qui, visité par les trois conventionnels, ne prononça pas une seule parole.

Releverai-je un mensonge tellement absurde qu'il n'est pas besoin de le démentir : « que le Prince était visité tous les jours, trois fois, par le commissaire adjoint aux gardiens, renouvelé toutes les 24 heures, *et choisi parmi les personnes connaissant très-bien le Duc de Normandie?* »

On est honteux vraiment pour la justice, Monsieur l'évêque, de la voir accepter judiciairement des énonciations si ridicules qu'on les réprouve en les reproduisant. Comment *Gomin* savait-il que, pendant plus de six mois, on trouva chaque jour dans chaque Comité des quarante-huit sections de Paris, parmi les gens révolutionnaires et de basse extraction qui les composaient, des Commissaires connaissant très-bien le Duc de Normandie? On s'est prudemment abstenu de lui adresser cette question dangereuse, car une réponse quelconque n'aurait pu que couvrir de confusion l'imposteur.

Mettons actuellement en regard de ces témoignages le rapport du juge d'instruction, que la chambre du conseil a converti en décision légale. Je ne transcris que les principaux passages de l'ordonnance, qu'il est utile de recueillir dans la conjoncture présente. Nous y lisons :

« Nous juges composant la première chambre du Tribunal de première instance,

» Vu les pièces du procès et l'instruction faite contre Naundorff se prétendant fils de Louis XVI,

» Ensemble les conclusions de M. Eternaux, Substitut, *tendant à non-lieu;*

» Rapport de M. Zangiacomi duquel il résulte que :

» Au mois d'Octobre 1834, *une scène bizarre* se passa à la Cour d'assises de la Seine. Un prétendu Baron de *Richemont* traduit devant le Jury, s'était dans l'instruction et aux débats posé comme le fils de Louis XVI,.... lorsque, à l'audience du lendemain, un Sieur Morel de Saint-Didier, se disant l'envoyé du *véritable Duc de Normandie*, se leva, quand la cour entra en séance, et déposa entre les mains du Président *une protestation* contre les prétentions du soi-disant Baron de *Richemont*. Cette protestation était signée Charles-Louis Duc de Normandie.

» La cour dressa procès-verbal de l'incident, et donna acte au ministère public de ses réserves. C'était un devoir pour l'autorité de s'enquérir de ce nouveau Prétendant, qui surgissait ainsi tout-à-coup. On ne tarda pas à savoir que cet individu n'était autre qu'un nommé Naundorff qui, arrivé en France en 1832, était parvenu à persuader à quelques personnes *crédules* qu'elles voyaient en lui le fils de Louis XVI et de Marie-Antoinette.....

» *Le 31 Mai 1836, le gouvernement français, fatigué de ses intrigues, fit à Naundorff l'application des lois sur les étrangers, et prit contre lui un arrêté d'expulsion.* De nombreuses réclamations furent adressées à l'autorité par Naundorff et ses amis. Il y eut même pourvoi au Conseil d'Etat ; mais la requête fut rejetée et, au mois de Juillet l'arrêté était mis à exécution. Depuis cette époque, il n'a pas cessé de résider en Angleterre ; mais il a voulu y continuer le rôle qu'il avait commencé à jouer en France.....

« On ne sait en vérité ce qu'il faut le plus admirer de *l'incroyable assurance de Naundorff*, ou de *la crédulité aveugle* de ses partisans.

» Est-il besoin de discuter ici les preuves du décès de l'infortuné Louis XVII ? Il était né en 1785. Enfermé au Temple, il y resta après la mort du Roi et toute communication avec son auguste sœur lui fut interdite..... Dans la séance du 2 Décembre 1794 un membre du Comité de sûreté générale exposa ainsi à la Convention les précautions qui avaient été prises :

» *A l'époque du 9 Thermidor*, un nouveau gardien avait été placé au Temple par le Comité de salut public. *Un seul* gardien a depuis paru insuffisant au Comité de sûreté générale. Un citoyen fut demandé à la commission de police administrative de Paris. Indiqué par elle, *il fut adjoint au premier* pour remplir cette fonction ; et, comme aux yeux des hommes prévenus et ombrageux la permanence de deux individus au même poste éveille l'idée d'une séduction possible avec le temps, pour assurer de compléter d'autant mieux la détention des enfants du tyran, le Comité arrêta que chaque jour et successivement, l'un des Comités civils des 48 sections de Paris, fournirait un membre pour remplir pendant 24 heures les fonctions de gardien, concurremment avec *les deux nommés à poste fixe*.

» *Les deux gardiens ainsi désignés étaient les nommés Lasne et Gomin. Le premier avait servi dans les gardes françaises*, le second avait commandé un des bataillons de la garde nationale. *Tous deux avaient été souvent de service dans les appartements du château des Tuileries avant le 10 Août 1792, et avaient ainsi eu de fréquentes occasions de voir le Prince*. Il n'est donc pas possible de venir dire que l'enfant, dont la garde leur fut confiée au Temple, n'était pas le Dauphin ; mais un enfant qu'on avait substitué pour assurer l'évasion du Duc de Normandie. Cette substitution doit être rangée au nombre de ces fables dont aiment à se bercer les imaginations vives toujours éprises du merveilleux. *Lasne et Gomin n'ont pas quitté le Prince. Tous deux* étaient présents au moment de sa mort ; *il leur a parlé* une heure avant de rendre le dernier soupir. *Que peut-on opposer au témoignage de ces hommes, dont la justice a recueilli les déclarations appuyées d'ailleurs de toutes les preuves géminées qui peuvent constater la mort d'un homme ?*

» Le seul récit de ces faits suffit pour établir la vérité, et rend inutile l'examen détaillé de toutes les soi-disant *présomptions* qu'ont successivement invoquées les nombreux intrigants qui ont cherché à faire revivre en eux le jeune Prince, dont la fin avait été si déplorable. *Ainsi croule le roman laborieusement échafaudé par Naundorff et ses partisans;* ainsi se trouvent établis *l'esprit astucieux* de l'un et *la crédulité incompréhensible* des autres.....

» Dans ces circonstances, en ce qui touche le nommé Naundorff,

» Attendu qu'il a été expulsé du territoire français *en vertu d'une décision administrative, compétemment rendue;*

» En ce qui touche les autres inculpés,

» Attendu qu'il n'y a pas contre eux charges suffisantes;

» *Disons n'y avoir lieu à suivre:*

» Et maintenons la saisie de toutes les pièces.

» Fait au palais de justice à Paris, le 9 Janvier 1841.

» Ont signé : .... »

L'étrange jugement rendu en 1851, dans l'instance introduite au nom des enfans du Duc de Normandie, se fondant aussi uniquement sur les témoignages de Lasne et de Gomin pour confirmer l'acte de décès du Dauphin au Temple, j'en donne ici le dispositif :

« Attendu.........

» Attendu que l'acte de décès du fils de Louis XVI du 12 Juin 1795, et le procès-verbal de son autopsie ont été environnés *d'une publicité incontestable, qui ne permet pas d'admettre une supposition de personne;* que les actes sont confirmés surabondamment par les dépositions de *Lasne,* de *Gomin, judiciairement recueillies en 1837, et contre lesquelles on ne peut élever aucunes présomptions sérieuses;*

» Attendu que, sans rechercher les antécédents de Naundorff, le *seul fait* de son ignorance presque complète de la langue française jusqu'en 1832, *suffit* pour repousser l'origine qui lui est attribuée;

» Attendu *qu'en cet état les faits articulés par les demandeurs sont dès à présent réfutés;*

» Le Tribunal déboute les demandeurs de leurs conclusions tant principales que subsidiaires, et les condamne aux dépens. »

Je ne m'explique point aujourd'hui sur tout ce qu'il y a d'irrégulier, d'inadmissible, d'illégal, en fait comme en droit, dans les actes de la justice, relativement au Prince. Ce n'est pas ici le lieu d'en faire une critique judicieuse, entière et approfondie. On voudra bien ne pas perdre de vue qu'il ne s'agit, pour le moment, que de la question d'évasion ; mais néanmoins je ne puis laisser passer inaperçue une erreur grave que contient l'ordonnance dans ce que nous venons de lire.

On dit que, *le 31 Mai 1836, le gouvernement fit à Naundorff l'application des lois sur les étrangers et prit contre lui un arrêté d'expulsion.*

Cet arrêté d'expulsion n'a été pris qu'après l'assignation donnée à la famille des Bourbons, c'est-à-dire, qu'après l'instance introduite contre eux, pour faire déclarer judiciairement que Naundorff était Français, fils du Roi Louis XVI et de la Reine Marie-Antoinette. *La citation est du 13 Juin ; le 15 on arrête le réclamant ;* on le retient prisonnier pendant 26 jours, sans lui dire pourquoi on porte atteinte à sa liberté ; il se pourvoit devant le Conseil d'Etat, par une requête, pour faire annuler l'ordre d'arrestation arbitraire et obtenir le droit le plus sacré du citoyen, celui d'être jugé ; c'est alors qu'on le fit conduire, par deux gendarmes, sur un paquebot d'Angleterre ; quoiqu'on le proclame *prussien !*

Ce n'est donc pas sans un dessein perfide qu'on donne à l'expulsion la date du 31 Mai.

M. le juge d'instruction a voulu laisser entrevoir ce que l'on a dit ouvertement, dans l'instance civile de 1851. Le substitut du procureur de la république, mettant de côté tous les faits et documens du procès, pour se faire un système de sa façon et le réfuter ensuite d'un ton de violence indignée, a pris pour règle de conscience celle du juge d'instruction, et pour base de ses conclusions celle de la procédure correctionnelle. Travestissant, en une mesure d'ordre public, la cause inique de l'expulsion du Prince en 1836, la violation de tous les droits du citoyen,— si flagrante et si manifeste que, sous un gouvernement franchement constitutionnel, avec une responsabilité ministérielle qui n'eût pas été chimérique, elle eût entraîné l'accusation immédiate du ministre Prévaricateur,— il déclama, avec une emphase véritablement dérisoire et une assurance inouie :

« Ce n'est pas la première fois que le nom de Naundorff retentit dans une enceinte judiciaire. En 1836, *il était devenu à Paris le centre d'un foyer d'intrigues;* il se posait en Prétendant; il fut soupçonné d'être un *agent des sociétés secrètes;* le Ministre de l'intérieur rendit contre lui un arrêté d'expulsion. *C'est alors qu'il assigna au parquet les membres de la famille de Bourbon en reconnaissance de l'état de fils de Louis XVI; il espérait éviter ainsi l'exécution de l'ordre ministériel;* il se trompait; il dut partir pour l'Angleterre. Vous avez entendu *avec quels accents d'indignation* on a critiqué cette mesure; on a représenté Naundorff arraché violemment de l'autel de la justice; *ces éclats m'ont étonné.* C'était méconnaître *les principes de la loi et l'autorité de la chose jugée;* la réclamation de Naundorff avait été portée devant le Conseil d'Etat; elle fut repoussée; elle devait l'être; car l'orsqu'un étranger, abusant de l'hospitalité française, force le gouvernement d'user de son droit d'expulsion, où en serions-nous si l'exercice de ce droit pouvait être paralysé par une prétention mensongère de nationalité ?.....

» *S'il n'a pas suivi son procès, c'est qu'il ne l'a pas voulu; c'est qu'il a reculé devant un examen sérieux et définitif;* par cette inaction, il s'est placé dans la position où la loi présume *un aveu d'impuissance.*»

Cette infidélité dans le récit des faits fut volontaire et réfléchie; c'était une calomnie judiciaire voulue, pour tromper le public, et outrager la mémoire honorable du Duc de Normandie; car les actes officiels étaient là, qui démentent d'aussi fausses allégations, complaisamment avancées à l'effet de couvrir le despotisme d'un pouvoir criminel, qui s'est toujours placé entre l'opprimé et le sanctuaire de la loi, où celui-ci avait cherché et cru trouver un refuge protecteur. *L'assignation avait été visée et déposée au parquet de M. le procureur du Roi;* le substitut, chargé de porter la parole dans cette cause, ne pouvait pas, ne devait pas l'ignorer. Je lui avais remis, moi-même, un exemplaire de mon mémoire judiciaire publié en 1840, et le dossier, contenant les actes et documens dont je me prévalais, lui avait été communiqué. Il avait par conséquent pu s'assurer que la prétention, judiciairement formée de nationalité française, remonte même beaucoup plus haut que le 13 Juin 1836. Elle avait été notifiée de Prusse au gouvernement français par *l'horloger de Crossen*, et M. Pezold, commissaire de justice prussienne. Depuis la reconnaissance du

Prince en France par les anciens serviteurs de la cour de Louis XVI, c'est-à-dire dès 1833, cette prétention était notoirement connue à Paris. Le 6 Mars 1835, une requête fut présentée à M. de Belleyme, président du tribunal, pour le requérir de commettre au réclamant un avoué d'office. Le Prince, en même temps, pour donner à son action judiciaire un éclat, tel que tous les souverains pussent se constituer ses contradicteurs, en informa les gouvernemens étrangers et le gouvernement Français. Enfin c'est à la suite de ces manifestations publiques et officielles que vinrent l'assignation du 13 Juin 1836 et l'arrestation du 15 ; et ce fut le 4 Juillet suivant, qu'on arrêta définitivement le projet d'expulsion, *le lendemain* d'une lettre, que j'adressai au ministre de l'intérieur pour le prévenir que nous nous pourvoyions devant le Conseil d'Etat afin de faire rendre la liberté au demandeur en réclamation d'état. Déjà antérieurement j'avais été au ministère de l'intérieur informer le même ministre que le Prince, bien qu'illégalement détenu, était si impatient de voir statuer par le tribunal civil sur l'instance introduite, *qu'il consentait à rester en prison pendant toute la durée du procès.* Etait-ce là la conduite d'une personne qui recule devant la publicité, qui fuit les regards de la justice ? Qui serait assez insensé pour le prétendre encore ? Si nous avons pu aborder le tribunal après la mort de l'infortuné banni, c'est que la monarchie oppressive avait été broyée sous les barricades du peuple indigné de ses hypocrisies, et que nous avons trouvé le généreux appui de deux hommes de cœur qui, foulant aux pieds les suggestions du vil égoïsme, nous ont fait ouvrir les portes du palais de justice. On conçoit très-bien que, si les héritiers du fils de Louis XVI ont saisi le tribunal de leurs réclamations, en 1851, à plus forte raison, du vivant du Prince, eussions-nous donné suite à son instance, sans les entraves du despotisme qu'il a toujours rencontrées dans sa marche. Il demeure évident pour tout le monde que nous ne nous fussions pas privés des secrets qu'il a emportés dans sa tombe, et des preuves d'identité qui se rattachaient à sa personne. La crainte de ce procès était telle, en 1836, que la duchesse d'Angoulême sollicita l'appui du gouvernement de Louis-Philippe, par l'intermédiaire du gouvernement Autrichien, pour qu'il n'eût jamais lieu ; et je sais positivement qu'il fut répondu que les mesures étaient prises à cet effet. Ces mesures, ce sont l'arrestation, l'expulsion, résolues d'avance par les ministres du Roi-citoyen, et dont on aurait voulu dissimuler la honte devant le public, en en dénaturant la véritable cause. M. Crémieux, qui soutint le pourvoi devant le Conseil d'Etat l'avait fait ressortir, en légalisant tous les faits et actes de l'administration, au sujet de l'expulsion du Prince, et en disant dans sa requête au Roi, et au Conseil d'Etat le 14 Juillet 1836 :

« Sire,

» Nous avons recours à votre justice suprême en faveur d'un homme se disant Français, se prétendant fils de Louis XVI et de Marie-Antoinette, quoique portant le nom de Charles-Guillaume Naundorff. *Il vivait paisible à Paris; aucune tentative de trouble et de désordre ne l'avait signalé à la police de votre royaume*, lorsque le 13 Juin dernier il s'adressa à vos Tribunaux pour obtenir contre Madame la duchesse d'Angoulême, qu'il appelle sa sœur, la reconnaissance de son titre d'enfant légitime de Louis XVI. Une assignation à Madame la duchesse d'Angoulême, à M. le duc d'Angoulême, à Charles X, appela chacun, selon sa qualité, devant le Tribunal civil de la Seine. Elle fut déposée au parquet de M. le Procureur du roi. *Le surlendemain, 15 Juin, le demandeur fut saisi au corps dans son domicile, tous ses papiers furent enlevés, sans contrôle et sans inventaire*; il fut transporté au dépôt de la préfecture de police, où il est encore prisonnier.

» Un arrêté du Préfet de police, *en date du 5 Juillet, à lui notifié le 6, lui apprend* qu'il va être remis à la gendarmerie pour être conduit à Calais.

» Cet arrêté se fonde sur l'art. 7 de la loi du 28 Vendémiaire an VI, et sur trois décisions émanées de M. le Ministre de l'intérieur;..... *la troisième, du 4 Juillet courant, qui autorise le Préfet de police à expulser du royaume le nommé Naundorff, âgé de 51 ans, né en Prusse.....*

» Mais d'une part, trois décisions ministérielles, *de nous inconnues*, ordonnent ou autorisent l'expulsion qui nous menace, *et qui va peut-être s'exécuter à l'heure même;* ces décisions, nous les attaquons comme violant toutes les lois, comme faisant la plus fausse application de l'art 6 de la loi de Vendémiaire, comme jugeant, par le fait et par un acte de rigueur sans motif, une question de droit civil dont *l'exposant a nanti les Tribunaux* qui rendent la justice en votre nom.

» D'autre part, *depuis vingt-trois jours*, retenu dans une prison, *sans qu'aucun fait répréhensible lui ait été reproché*, un homme qui se prétend Français, et fût-il étranger, *un homme, que l'on déclare n'avoir commis aucun délit, est privé* de liberté, de communications avec le dehors.

» A tous ces titres . . . .

Signé **A.** Crémieux. »

« Audience du 14 Juillet.

» . . . . Un Ministre se fondant sur l'art. 1er de la loi de Vendémiaire an VI, *a fait expulser de France, après une longue et arbitraire détention*, un homme qu'il dit étranger ;

» Quel Tribunal jugera cette conduite du Ministre ?

» Si l'homme expulsé est réellement un étranger, la question quoique moins grave est encore fort sérieuse, car la loi de l'an VI, en la supposant existante, n'autorise ni la détention, ni l'expulsion ; *elle permet seulement au Ministre d'enjoindre à l'étranger de quitter la France*. S'il ne résiste pas, avoir recours à la force, l'emprisonner, l'expulser après, c'est violer à son égard tout à la fois le droit des gens et la loi du pays.....

» Mais je ne fais ces réflexions, Messieurs, que pour donner au procès actuel son véritable caractère, pour appeler votre attention sur une cause bien autrement grave, bien autrement intéressante. Celui qui réclame par ma voix se prétend *citoyen français*. Il se dit *Charles-Louis, Duc de Normandie*, fils de Louis XVI et de Marie-Antoinette.....

» Voici le fait :

» Un homme vivait en France depuis plus de deux années ; dans le public, il était connu sous le nom de *Naundorff*, ancien horloger ; dans un cercle plus ou moins restreint, il se disait Charles-Louis, Duc de Normandie. *Naundorff* ou Charles-Louis, horloger ou fils de Roi, *n'excitait ni désordre, ni trouble ; on ne lui reprochait rien*. Satisfait de la protection de nos lois, il voulut avoir recours à leur autorité ; il assigna le 13 Juin dernier, *au parquet de M. le Procureur du roi*, Madame la duchesse d'Angoulême, Monsieur le duc d'Angoulême, Charles X, pour voir, chacun en sa qualité, reconnaître l'exposant comme fils de Louis XVI et de Marie-Antoinette, et lui voir attribuer tous les droits civils et de succession lui appartenant à ce titre.

» Le 15 Juin, cet homme avait son domicile violé, ses papiers lui étaient enlevés sans inventaire et sans contrôle, il était saisi dans sa personne, renfermé dans le dépôt de la préfecture de police: il y resta vingt-trois jours sans communication avec le dehors. Alors il s'adressait à un avocat pour réclamer sa liberté, et cet avocat s'adressait lui-même à la source de toute justice, au Roi en son Conseil d'Etat. *A peine sa requête déposée, le prisonnier était expulsé du territoire français, sans qu'on attendît même une solution que votre équité voulait rendre si prompte.* Alors, Messieurs, je me suis demandé pourquoi vous seriez sans mission pour protéger un homme se disant Français devant les Tribunaux de France.

» Car enfin, qu'on ne s'y trompe pas, *avant que le Ministre eût lancé contre celui qu'il appelle Naundorff l'ordre d'arrestation, l'ordre d'expulsion, lui, se disant Charles-Louis, fils de Louis XVI, avait déjà saisi les Tribunaux français de la question d'état que seuls ils pouvaient juger.* C'est aux Tribunaux du Roi qu'il s'était adressé, et c'est un Ministre du Roi qui le faisait emprisonner sans mandat de justice!

» Vous prétendez qu'il est étranger, il se dit Français. Qui sera juge entre vous? *In dubio pro libertate.*

» Or, dépendra-t-il d'un Ministre de soutenir qu'un Français est étranger, pour qu'il lui soit permis d'invoquer la loi de Vendémiaire? Messieurs, il y a quelque chose de redoutable, d'effrayant dans cette prétention..... Songe-t-on bien à tout ce qu'une doctrine aussi dangereuse peut avoir de déplorables résultats? Messieurs, la révolution de 1789 abolit à jamais les lettres de cachet; voici qu'un Ministre ou un Préfet de police pourra détenir, sans mandat de justice, pendant 26 jours, un individu dans une prison! Mais c'est un étranger! Fût-il étranger, les lois de police et de sûreté qu'il doit respecter lui sont applicables, et l'art. 4 de la Charte est la première des lois de police et de sûreté: au reste, *il s'est dit Français avant que vous ayez songé à l'emprisonner, à l'expulser.* Il a protesté en sa qualité de Français, et vous avez passé outre!

» En vérité, Messieurs, ne dirait-on pas que nous vivons dans un pays barbare..... *Mais enfin c'est d'un Français, d'un homme qui se prétend Français qu'il s'agit aujourd'hui. Peut-on le détenir? Pouvait-on l'exclure par une mesure de police, sans mandat judiciaire, sans jugement?* L'art. 4 de la Charte est-il aboli ? Ne renferme-t-il plus que de vaines garanties pour notre liberté individuelle ?

» Je le déclare hautement, Messieurs, je ne crains pas la réponse à cette question. L'arrestation est nulle, l'expulsion est illégale. Qui donc maintenant prononcera cette nullité, cette illégalité ? Vous, Messieurs, vous tribunal suprême, asile inviolable pour la liberté des citoyens. Qu'on ne nous dise pas qu'il s'agit d'un acte de police, de haute administration, qui n'a d'autres juges que les chambres : *ce serait une dérision, une amère dérision.....*»

Le recours au Conseil d'Etat devint illusoire, comme l'avaient été nos réclamations verbales et écrites, adressées au ministre de la justice et au Roi, et nos protestations les plus véhémentes publiées par la presse. Par un arrêt d'incompétence, on s'abstint de prononcer sur le mérite de la requête, qui ne fut définitivement rejetée que le 2 Août suivant, par l'ordonnance royale approbative. Or, le 12 Juillet précédent, deux jours avant la plaidoirie, vingt jours avant que l'arrêt fut exécutoire, *l'expulsion était consommée.* Elle l'eût même été dans les 24 heures après l'arrestation, sans l'âpre et persistante résistance de notre part. Les ministres s'étaient flattés de confisquer tacitement la personne du Duc de Normandie. Mais la promptitude et l'éclat de nos réclamations rendirent impraticable un enlèvement clandestin. Les membres du Conseil d'Etat justifièrent les paroles de notre énergique avocat : *leur arrêt fut une dérision, une amère dérision !*

C'est ainsi, Monsieur l'évêque, que les choses se sont passées ; il n'y a point à équivoquer, point de biais pour y réfugier les écarts de la justice. La précision des faits, si faussement rapportés, leur authenticité, démontrent visiblement le contraire des hardies assertions de M. le substitut du procureur de la république. Il est incontestable que l'arrestation et l'expulsion du *Royal Naundorff* n'ont eu lieu que pour empêcher un procès dont on appréhendait les révélations et l'issue.

M. le substitut avait-il bonne grâce, je le demande, de reprocher, à la victime du plus odieux arbitraire, les conséquences, si fatales pour elle, des oppressions de ses persécuteurs ; de dire *« qu'elle n'avait intenté son procès que pour éviter l'exécution de l'ordre ministriel ; qu'elle avait reculé devant un examen sérieux et définitif, en ne suivant pas son procès. »* La vérité a répondu.

Je n'ai pu résister au besoin de l'opposer à la date controuvée du 31 Mai 1836, qui sous-entendait tout ce qu'il y a eu de scandaleux déguisement dans les paroles du substitut en 1851. Si je me suis livré à cette digression, c'est que les conclusions de celui-ci ne sont pas d'ailleurs sans connexion avec la procédure en escroquerie. Devant ce tableau si saisissant d'illégalités, qui soulevèrent contre le proscrit de la politique, en dépit de sa persistance à vouloir être jugé, des obstacles que tous les efforts humains n'ont pu vaincre, la logique et le bon sens n'ont qu'un seul langage.

C'est que, quand l'expulsion a été arrêtée définitivement, et ordonnée à l'aide de la force armée, il n'y avait point alors, et qu'il n'y a jamais eu l'autorité de la chose jugée; c'est encore — et je ne puis trop le répéter — que l'homme qu'on chasse hors des tribunaux, pour étouffer ses plaintes, n'est point un imposteur aux yeux de ceux qui l'écrasent de leur brutale tyrannie; que cette expulsion est si puissamment démonstrative de l'origine royale de Naundorff, qu'elle équivaut, à elle seule, à toute autre justification, et pourrait en dispenser. Si un vil intrigant a l'effronterie de se poser lui-même en face de la justice pour y demander la sanction d'une pitoyable fourberie, on l'écoute, on le juge, on le condamne, par la vérité, et on ne le repousse pas en lui imposant silence, par l'arbitraire et l'imposture. On ne fabrique pas en France comme on l'a fait, *des dépêches officielles prussiennes* pour lui inventer une naissance absurde et s'en faire un titre d'oppression contre lui. Si un Prussien a la bêtise de réclamer judiciairement le titre et la qualité de fils de France; s'il y a eu des gens honorables qui, par leurs témoignages puissans aient donné du poids à cette dérisoire prétention, l'intérêt social exige un châtiment sévère contre l'imposteur assez habile pour abuser la bonne foi, la conscience d'hommes de bien qui se sont déclarés ses partisans. Toute conduite opposée à ces prescriptions de la sagesse, du sens commun et de la probité publique, n'est qu'une manœuvre de police, qu'un expédient de l'immorale politique des raisons d'état, pour effacer une vérité dont on craint la manifestation. Le gouvernement français, en 1836, en fuyant lâchement devant l'examen qu'on lui proposait, a fait tourner ses mensonges et ses manœuvres au profit de la plus sacrée comme de la plus persécutée des causes; il a confirmé les droits de l'innocence calomniée: il est par conséquent bien affreusement vrai, en dépit du si singulier courroux de M. le substitut, que Naundorff a été *arraché par la violence de l'autel de la justice:* et les éclats qui l'ont tant étonné n'étaient que le cri d'indignation de l'honnête homme contre ces cruels abus d'autorité.

Quelle bizarrerie! quelle absence de jugement dans la conduite du gouvernement de Louis-Philippe! Il n'avait rien à reprocher au Royal expulsé — c'est M. le préfet de police lui-même qui me l'a dit — le roi et ses ministres ne s'émeuvent de la présence en France de Naundorff que le 13 Juin 1836, jour où il s'était, par un acte régulier, placé sous la sauvegarde de la magistrature française! Tout homme de sens reconnaîtra que, s'il y avait eu un prétexte plausible d'arrêter celui qu'on a si insidieusement représenté *comme étant devenu le centre d'un foyer d'intrigues*, on se fût bien gardé de l'omettre dans l'arrêté ministériel, afin de donner une apparence de raison à l'acte du ministre violateur des lois. Ce prétexte, par un mensonge, on le consigne secrètement dans l'ordonnance de la chambre du conseil; mais on avait senti le danger de l'articuler ouvertement parce qu'il aurait fallu interroger l'inculpé, le poursuivre, le juger; et voilà précisément ce qu'on voulait éviter à tout prix. J'explique ainsi pourquoi, à peine eut-on fait sortir de France l'homme-principe dont on redoutait la parole accusatrice, aussitôt qu'on eut placé la mer entre lui et ses détracteurs, on devint brave de la bravoure des lâches, qui ne respirent à l'aise que loin de leurs adversaires, et l'on s'empressa de commencer contre lui une procédure correctionnelle qui, même encore, ne fut motivée que sur *le fait unique* que, se disant faussement le fils de Louis XVI, il s'était rendu coupable d'escroquerie en recevant dans cette qualité les dons du dévouement.

Cependant voyez l'inconséquence de cette conception. On dit Naundorff étranger; on le chasse de France; il n'était plus justiciable des tribunaux français; dès qu'il est hors du pays, on n'a plus rien à démêler avec lui; et on le poursuit comme ayant commis des escroqueries, avant son expulsion!

Ces escroqueries étaient patentes, s'il n'était pas le fils de Louis XVI. Pour lui faire l'application de la loi, il suffisait de le laisser poursuivre son procès, d'en faciliter la marche, de la hâter, de prouver qu'il s'attribuait mensongèrement cette origine royale; — ce qui n'eût pas été difficile s'il eût été un imposteur et si l'on eût cru qu'il le fût, si l'on avait eu des raisons valables pour l'établir; — on en avait le droit, lorsqu'il habitait la France, se disant français; on ne l'avait plus après qu'il l'eut quittée, expulsé comme étranger. N'importe! on le poursuit. Etait-ce là le traiter en Prussien? Ne le grandissait-on pas, par l'arbitraire odieusement inconséquent dont on se rendait coupable envers lui ; n'élevait-on pas au contraire jusqu'au niveau d'une puissance redoutable *l'imposteur, le fou, le misérable,* — qualifications qu'on a eu l'insolence de lui appliquer — auquel on faisait l'honneur de tant de haines, d'une terreur de gouvernement si peu déguisée? N'était-ce pas désavouer la nationalité étrangère dont on s'est prévalu pour l'arrêter et l'expulser? N'était-ce pas le reconnaître français, légitimer ses prétentions? Ce sont là des considérations, ainsi que je viens de le dire, qui ont une force de démonstration morale irréfutable en faveur du Prince méconnu. Aussi l'instruction correctionnelle, impossible et inadmissible *contre un étranger,* avait un tout autre but que celui de rechercher un délit, qui ne pouvait pas exister, à l'égard *du francais Naundorff,* tant que le procès civil ne serait pas jugé en dernier ressort dans un sens défavorable à ses prétentions. Ce fut un épouvantail que l'on dressait contre les partisans du Prince, un moyen de perquisitions pour le dépouiller de papiers importans, qu'on supposait en sa possession et déposés chez quelqu'un de ses amis; en un mot, un dossier *d'en-cas* qu'on tiendrait en réserve afin de s'en faire une arme de circonstance; comme en effet on le lui opposa, en 1840, pour motiver contre lui un nouveau déni de justice qu'on voulut lui faire subir, en refusant d'admettre sa plainte en diffamation, et pouvoir dire traîtreusement, par la bouche du ministère public, que *la conduite de Naundorff, après son entrée en France, avait été éclairée par une instruction criminelle.*

Oui, effectivement, elle a éclairé Naundorff d'une lumière telle, qu'il faut être aveugle pour ne pas voir en lui le fils de Louis XVI. Elle éclaire aussi la conscience publique par les misérables subterfuges de la justice, qui, se rendant complice des arbitraires de la politique, dévoile, en quelque sorte, une entente instinctive, entre les divers membres de la magistrature qui ont eu à se prononcer judiciairement sur la question de l'existence de l'orphelin du Temple après le 8 Juin 1795, et sur le personnage qui en réclamait les droits civils, pour le repousser sans examen, ou par une investigation ridicule basée sur l'imposture, l'absurde, et le rejet des élémens de conviction les plus décisifs.

Ainsi, le juge d'instruction, falsifiant le récit du Prince, demande à Lasne et à Gomin :

« Si, COMME LE PRÉTEND NAUNDORFF, il est possible que le Prince ait été furtivement enlevé, et CACHÉ DANS LES COMBLES DE LA TOUR, s'il est possible qu'on lui ait substitué un enfant muet ? »

Lasne répond que cela était impossible ; parce que la Tour du Temple n'avait ni comble ni grenier.

Gomin répond que cela n'était praticable qu'en obtenant la coopération des gardiens, et qu'on ne peut l'admettre.

M. le substitut a trouvé bon aussi, à l'instar du juge d'instruction, de nous parler des combles de la Tour et *d'un cercueil à double fond*, de sa façon, pour s'écrier de son ton courroucé et constamment ampoulé :

« Les héritiers Naundorff n'ont pas raconté l'évasion de leur père, ils n'ont raconté sa vie que *depuis son évasion* JUSQU'A *son apparition* EN PRUSSE. Ce silence prudent et habile, Naundorff n'avait pas su le garder : il a fait ce récit, et en vérité il était impossible de le présenter sérieusement au tribunal.

» IL RACONTE que, la surveillance du Temple étant trop sévère pour que ses amis l'en fissent sortir, ils l'avaient CACHÉ DANS LES COMBLES DE CETTE PRISON ; qu'ils avaient mis à sa place un enfant muet, puis ensuite un enfant malade amené de l'hôtel-Dieu, et qui mourut en Juin 1795 ; que quant à lui, il avait été CACHÉ *et sorti du Temple* DANS LE DOUBLE FOND DU CERCUEIL, puis conduit en Vendée, et de là en Italie.

» Le simple exposé de ce récit en est la critique la plus sanglante : d'abord, *il n'y avait pas de cachette au Temple* ; c'est Lasne qui l'atteste : et puis, comment admettre qu'on eût pu, AU MILIEU DE CES FUNÉRAILLES PUBLIQUES, extraire un enfant vivant du fond du cercueil qu'on allait descendre dans la fosse ? Mais laissons de côté ces monstrueuses invraisemblances. »

En vérité, les adversaires du Duc de Normandie sont bien gauches dans leurs moyens de répulsion ; ils ne sauraient proférer un mot, faire un pas, sans se flétrir eux-mêmes de leur propre flétrissure. S'ils avaient cru combattre une imposture, à quoi bon inventer, pour faire ensuite réfuter leur invention par le parjure ? On s'imaginait donc que tôt ou tard nos regards ne pénétreraient pas dans ces archives du mensonge. Si l'on a eu cette confiance, on se trompait déplorablement, comme on doit le sentir aujourd'hui. Que les artisans de l'iniquité recueillent le fruit de leurs œuvres ; il sera un peu amer pour eux, je ne me le dissimule point ; mais à chacun suivant son mérite ; c'est la loi rigoureuse de la justice distributive. Pour qu'il en soit ainsi, il nous suffit de reporter notre attention sur les paroles du Prince, de les juger, ainsi que nous l'avons fait, avec la droiture qu'on doit attendre des défenseurs et des partisans de la vérité, et de les opposer aux parodies insidieuses de ses détracteurs, qui, seules, sont de monstrueuses invraisemblances. Eh bien ! le Prince, nous le savons, n'a jamais parlé des *combles de la Tour*.

Le juge d'instruction le savait aussi bien que nous, puisque l'*Abrégé de l'histoire des infortunes du Dauphin*, imprimé à Londres et envoyé à Paris, avait été saisi par le gouvernement, et que le royal historien y donnait les détails les plus circonstanciés sur son évasion du Temple. N'a-t-il pas dit :

« Comme il était impossible de me faire évader, on résolut de me cacher dans la Tour même..... Alors un jour mes protecteurs me firent avaler une dose d'opium que je pris pour une médecine ;..... cependant j'avais entièrement perdu connaissance, et, lorsque je repris mes sens, je me trouvai enfermé dans une grande pièce qui m'était tout à fait étrangère : C'ÉTAIT LE QUATRIÈME ÉTAGE DE LA TOUR..... »

Devant des paroles aussi positives, la forfaiture est manifeste. Voilà des faits précis, articulés, dont la preuve a été offerte à la justice, qui n'ont point été réfutés par ses faux témoins, et qui donnent à la cause une toute autre physionomie que celle qu'on a voulu lui imprimer par de misérables manœuvres. Qu'il y eut ou qu'il n'y eut pas de combles à la Tour du Temple, peu importe puisque l'endroit où le Prince a été caché avant son évasion était le quatrième étage de la Tour, dont la réalité se trouve confirmée par Cléry, dans son journal du Temple, où nous lisons pages 74 et 78 :

« La grande Tour, d'environ 150 pieds de hauteur, forme *quatre étages* qui sont voûtés, et soutenus au milieu par un gros pilier depuis le bas jusqu'à la flèche.

» *Le quatrième étage n'était point occupé* ; une galerie régnait dans l'intérieur des créneaux, et servait quelquefois de promenade. »

M. le juge d'instruction s'est tellement aveuglé lui-même, en s'écartant de la vérité, qu'aux deux faux témoignages, uniques autorités sur lesquelles la justice appuie ses décisions pour valider l'acte de décès, il joint ses propres faussetés. Ce n'était pas assez pour lui que *Lasne* et *Gomin* eussent fondé leur prétendue certitude de l'identité de l'enfant mort avec le Dauphin, sur le futile prétexte qu'ils auraient vu ce dernier se promener dans le jardin de Tuileries ; ce motif de reconnaissance avait trop peu de valeur à ses yeux, puisqu'il a trouvé mieux de ne pas se renfermer dans les limites tracées par ses témoins. Il ajoute en effet lui-même à leurs dépositions que :

« **Tous deux avaient été souvent de service** *dans les appartements du château des Tuileries avant le 10 Août 1792*, et qu'ils avaient eu ainsi de fréquentes occasions de voir le Prince. »

Des appartemens substitués à un jardin ne donnent certes pas le caractère de probité judiciaire à ce passage de l'ordonnance. Relisons-le, parce qu'il conduit à une autre affirmation, d'un caractère faux, si étrange, qu'il faut l'avoir sous les yeux pour y croire :

» ..... Dans la séance du 2 Décembre 1794 un membre du Comité de sûreté générale exposa ainsi à la Convention les précautions qui avaient été prises :

« *A l'époque du 9 Thermidor*, un nouveau gardien avait été placé au Temple par le comité de salut public. *Un seul* gardien a depuis paru insuffisant au Comité de sûreté générale. Un citoyen fut demandé à la commission de police administrative de Paris. Indiqué par elle, *il fut adjoint au premier* pour remplir cette fonction,....

» *Les deux gardiens ainsi désignés étaient les nommés Lasne et Gomin.* LE PREMIER AVAIT SERVI DANS LES GARDES FRANÇAISES, le second avait commandé UN DES BATAILLONS de la garde nationale. *Tous deux avaient été souvent de service dans les appartements du château des Tuileries avant le 10 Août 1792,* et avaient ainsi eu de *fréquentes* occasions de voir le Prince..... »

Le juge rapporteur a cru pouvoir faire accepter bénévolement cette inqualifiable assertion, quant à Lasne, en disant que « Lasne avait servi dans les gardes françaises, et qu'il avait ainsi eu de fréquentes occasions de voir le Prince. »

Mais il n'avait pas eu la prudente précaution de vérifier le le témoignage de Lasne qui a dit :

« *Je suis entré aux gardes françaises en 1774 et j'en suis sorti en 1782 ;* ..... »

En 1782, le Prince n'était pas né! Que pensez-vous, Monsieur l'évêque, d'une méprise aussi énorme?

Mais l'affirmation, par rapport à Gomin, a un bien autre caractère de fourberie. Pour l'établir, je ne puis mieux faire que de me citer moi-même, en transcrivant ce que j'ai dit dans ma réplique judiciaire au substitut du procureur de la république. Il est bon de mettre encore sous les yeux du lecteur un échantillon de son mode d'argumentation dans le procès civil de 1851. Voici le passage que je reproduis, qui explique clairement l'état de la question, telle qu'elle résulte des faits inventés :

« En rapprochant de vos conclusions l'ordonnance de la Chambre du Conseil que nous venons de lire, il m'est impossible, M. le Substitut, de ne pas déclarer hautement que M. le juge d'instruction, dans sa procédure instruite à la sourdine, a, comme vous à l'audience, traité la question, ainsi qu'on la traite dans le monde politique ou ignorant, avec le parti pris de répudier tout examen loyal, logique et consciencieux, et de dénaturer les faits démonstratifs de la vérité. Si ce langage est sévère, nul ne voudra m'en blâmer; car la vérité, droit inviolable de l'homme, est aussi le plus impérieux devoir de la justice. La méconnaître ou la parodier pour se faire du mensonge un prétexte d'oppression, constitue un outrage à la morale publique; et cette vérité, dans l'ordre social, aucune constitution humaine n'a le privilège d'en interdire la manifestation.....

» Ce n'est pas en courtisant les préjugés sociaux ou l'iniquité des pouvoirs constitués qu'on rehausse la dignité du caractère de juge; c'est en recherchant loyalement la vérité qui est offerte, pour la proclamer ensuite sans faiblesse, et non pas en la rejetant sans examen avec une légèreté qui fait l'effroi des plaideurs.....: Aussi avons-nous été plus affligés que surpris, en vous entendant traiter avec tant d'insolence les justes réclamations des héritiers du fils de Louis XVI, sans doute parce qu'elles sont peu populaires, Mais ce qui nous a étonnés, ç'a été de vous entendre exiger du respect pour les artisans de toutes leurs infortunes!..... Ceux que la justice dédaigne, ceux qui lui présentent comme nous la lumière, qu'elle s'obstine à ne pas voir, afin de les frapper aveuglément de ses anathèmes; ceux-là attendront pour la respecter qu'elle se dégage de l'influence de tous ces partis qui la pressent et la harcellent; de toutes ces vues intéressées qui la partialisent et la pervertissent.....

» Vous vous êtes irrité de nos plaintes. Elles sont le seul droit de l'innocence persécutée, qu'on ne saurait lui ravir; et nous ne pouvions pas en faire abnégation au mépris de notre dignité. Que ces attaques vous déplussent, je le comprends; car, à peine les aviez-vous censurées avec amertume, que vous donniez vous-même une ample matière à la critique. On devrait se prosterner, avez-vous dit, devant les arrêts de la justice! Devant les arrêts de la vraie justice; à la bonne heure. Mais devant ceux de l'oppression! Ce serait une bassesse. Reprocher à la victime persécutée de ne pas fléchir le genou aux pieds de ceux qui la broient sous leurs tortures, c'est ajouter l'insulte à la cruauté.

» L'histoire nous parle de bien des supplices imposés à des innocens, de bien des crimes commis pour et par l'ambition de grands coupables; toutefois, je ne sache pas qu'aucun bourreau ait jamais réclamé les bénédictions de ceux qu'il avait ordre d'immoler. Il vous était réservé de nous offrir ce scandale, à propos d'un infortuné Prince hideusement sacrifié aux calculs des diplomaties.

» Quant à nous, nous nous félicitons des écarts du pouvoir dans la question relative au Duc de Normandie: nous avons du moins l'avantage d'avoir amené nos adversaires politiques à une dissertation contradictoire, à nous dire leur dernier mot par l'ordonnance de la chambre du conseil, par vos conclusions, et par le jugement du tribunal civil.

» Retournons à Lasne et à Gomin. — « Que peut-on opposer à ces dépositions si graves? » avez-vous dit. —

» Une seule réponse: ce sont les dépositions de deux fourbes assermentés. On n'en peut plus douter.

» Quant à Gomin, qui, *dans son âme et conscience*, a affirmé son parjure avec la hardiesse d'une effronterie sans égale, il est des observations particulières qui le concernent; car il s'est également parjuré par rapport à la date de sa nomination. Nous l'avons officielle dans les documens que j'ai copiés aux archives nationales: elle est du *19 Brumaire an III*, correspondant au *9 Novembre 1794*; et il a déclaré qu'il avait été nommé *vers le 9 Thermidor an II*, correspondant au 27 Juillet 1794. C'est *Laurent* qui fut nommé en Thermidor an II, le 11 — 29 Juillet 1794. — Que nous avez-vous dit, M. le substitut, sur la déposition de *Gomin*? Voici vos paroles:

— « Quant à la déposition de *Gomin*, on l'accuse nettement de mensonge, et l'examen de cette accusation montrera au tribunal *par quels moyens les héritiers Naundorff cherchent à surprendre sa religion.* Ils ont eu en communication le dossier criminel où se trouvent les dépositions; ils ont pu en prendre copie, et voici comment ils raisonnent. *Gomin* était pensionné par Mme la Duchesse d'Angoulême (il y a là une insinuation à laquelle je ne ferai pas l'honneur d'une réponse); il a chez lui son brevet de nomination; il le vérifie, et le lendemain, il vient dire au juge d'instruction : « *Je suis entré au Temple le 26 Août 1794;* » or, il n'y est entré que *le 9 Novembre.* Il aurait pu se tromper sur cette date, s'il avait déposé avant d'avoir vu son brevet; mais il se trompe après cette vérification; donc il ment sciemment. Or, s'il a menti sur un point, quelle foi ajouter au reste de sa déposition ?

— » J'avoue, Messieurs, qu'en écoutant ce langage, tenant dans mes mains les pièces originales, sachant qu'elles avaient été communiquées, je ne pouvais revenir de mon étonnement, car les choses se sont passées tout au rebours du récit qui vous a été présenté.

— » *Gomin*, vieillard de quatre-vingt-trois ans, est entendu par M. le juge d'instruction de Pontoise, le 7 Août 1837; il dit être entré au Temple *vers le 26 Août;* que la date n'est pas précise; que, si la justice le désire, il apportera son brevet de nomination qui est resté dans sa maison de Paris; on le lui demande, et il l'apporte à M. le juge d'instruction le 10 Septembre 1837.

— » Ainsi, il a fait sa déposition un mois avant d'avoir vu son brevet; *il aurait pu faire une erreur, ce vieillard de quatre-vingt-trois ans, et il ne la fait pas, car il dit seulement:* « *Je suis entré au Temple VERS le 26 Août, et non LE 26 Août,* comme on le prétendait.

— » Qui se trompe de *Gomin* ou des héritiers Naundorff? Voilà la pièce originale; voici la copie des héritiers Naundorff. Pourquoi cette copie n'est-elle pas conforme à l'original ? *Quand on argumente sur un mot devant des juges, il faut que ce mot soit exact;* il faut le faire copier par une main qui ne soit pas distraite ou infidèle. S'il y a de l'inexactitude ici, elle n'est pas dans la déposition de *Gomin;* elle est dans les critiques qu'on lui adresse. *Gomin n'a donc pas menti!*..... Il en résulte ceci:

c'est que cette déposition reste debout avec toute sa puissance et son énergie, *et qu'en présence de ses termes*, la cause de Naundorff est insoutenable. » —

» Irritez-vous tout à votre aise, M. le substitut; faites de l'indignation tant qu'il vous plaira; je ne m'en émeus point, et je répète ce qui a été dit à l'audience: *Gomin* a menti, il a menti sciemment. J'ajoute que M. le juge d'instruction a édifié son ordonnance de la Chambre du Conseil sur les mensonges du témoin, dont il avait la preuve à son dossier.

» *Gomin* dépose: « je suis entré au Temple *vers le 9 Thermidor an II* en qualité de gardien du Prince *Charles-Louis* »

» Or il n'a été nommé que le *19 Brumaire an III* — 9 Novembre 1794 — *c'est à dire 3 mois 13 jours plus tard.*

» Il dit encore: « j'étais assisté pour la garde du Prince d'un Sieur *Laurent.* »

» Mais son brevet de nomination porte qu'il est installé dans les fonctions *d'adjoint au citoyen* LAURENT. A-t-il menti? Oui ou non? Répondez logiquement au lieu de vous indigner à faux.

» Vous prétendez que ce *pauvre vieillard* n'ayant pas vu son brevet avant sa déposition aurait pu faire une *erreur;* et vous concluez qu'il ne la *fait pas.* Singulière aberration d'esprit, dont le bon sens public fera raison, comme il convient! Avez-vous donc perdu toutes les notions du vrai et du faux, à ce point que vous ne voyiez pas même une erreur dans ce qui est une imposture réfléchie? J'avoue qu'il faut avoir une bien grande propension à l'indulgence en faveur d'un parjure, pour supposer une telle absence possible de mémoire de la part d'un témoin, qui a si minutieusement combiné ses paroles et ses autres prétendus souvenirs, à l'effet de faire croire à une identité mensongère. Comment! *Gomin* avait besoin de son brevet sous les yeux pour se rappeler qu'il n'était pas entré en fonctions *vers le 9 Thermidor*, époque si mémorable, mais *plus de trois mois après?* Pour ne pas oublier que *Laurent*, déjà en exercice depuis long-temps, était du nombre des Commissaires qui l'avaient installé; en un mot qu'il était adjoint à *Laurent*, et non pas *Laurent* à lui! Une opinion aussi déraisonnable se réfute d'elle-même, aussi bien que votre argumentation en faveur du faux témoin. Quand il s'agit d'un fait de la plus sérieuse importance, vous vous amusez à nous faire une chicane de mots et vous vous écriez:

— « Les choses se sont passées tout au rebours du récit qui vous a été présenté. *Gomin* dit être entré VERS le 26 Août et non LE 26 Août comme on le prétendait. Quand on argumente *sur un mot* devant des juges, il faut que *ce mot* soit exact. » —

« En vérité, M. le substitut, si vous aviez pris à tâche de livrer la cause et la justice à la dérision publique, par la discussion d'un système ridicule de votre façon, vous pouvez vous en glorifier; vous êtes constamment resté dans votre rôle. Quoi! nous avons argumenté sur *un mot !* Laissons de côté, je vous prie, cette mauvaise plaisanterie; parlons sensément, et rendons à l'imposture son caractère réel. Que font à la cause les mots LE ou VERS, ou, selon qu'il est écrit dans l'ordonnance de la Chambre du Conseil, *à l'époque du 9 Thermidor?* Il s'agit de *mois* et non pas de *mots*, et puisque vous voulez vous indigner, indignez-vous de toute l'énergie dont une âme honnête est capable, en voyant M. le juge d'instruction et les membres de la Chambre du Conseil écrire et signer, comme acte de justice, que LES DEUX SEULS GARDIENS DONNÉS AU DAUPHIN APRÈS LE 9 THERMIDOR FURENT LASNE ET GOMIN; tandis que le premier nommé avait été *Laurent*, entré en fonctions le 11 Thermidor an II — 29 Juillet 1794. — Indignez-vous, et alors vous serez dans votre droit, de ce que *Laurent* n'est pas même désigné dans cette inique sentence.

» Comprenez-vous à présent l'utilité du mensonge? En écartant *Laurent* de la garde du Temple, on fait mentir le Prince qui dit l'avoir eu pour gardien, et que c'est lui qui a facilité les moyens de son évasion.

» En faisant entrer *Gomin* au Temple, à l'époque du 9 Thermidor, temps auquel le fils de Louis XVI était encore dans son ancienne prison de la Tour, en lui faisant affirmer que, depuis son entrée en fonctions, il n'a pas perdu de vue un seul instant l'enfant confié à sa surveillance, la substitution devenait mensongère, et conséquemment l'évasion, telle qu'elle est rapportée par le Duc de Normandie; puisqu'il est certain que la première substitution de l'enfant muet, annoncée par *Laurent* dans une de ses lettres, a dû avoir lieu avant le 7 Novembre 1794, *trois mois* après le 9 Thermidor et *avant l'entrée de Gomin au Temple.*

» Ce fut là, ainsi que vous serez contraint de le reconnaître, si l'esprit de bonne foi vous revient, une bien traîtresse combinaison de la part de magistrats, dont chaque parole en justice devrait être une vérité, et qui l'ont sanctionnée, cette odieuse combinaison, *le brevet de nomination de Gomin sous les yeux.* Je sais qu'on a eu la précaution de le faire disparaître du dossier correctionnel avant de nous le communiquer. Mais un second interrogatoire que le juge instructeur a fait subir à *Gomin*, à Paris, le 5 Septembre 1837, et qu'on a par inadvertance, je présume, laissé subsister parmi les pièces de la procédure, m'a appris ce qu'on n'aurait pas voulu que nous sussions. Une note qui précède l'interrogatoire est ainsi conçue :

» Pièces déposées par M. *Gomin* dans l'instruction de l'affaire Naundorff.

« Vient ensuite l'interrogatoire dans lequel *Gomin* dépose :

» Conformément à votre invitation, je vous représente et dépose ma nomination en qualité de surveillant du Temple, et la lettre qui me fut adressée pour m'en donner avis, et quelques notes et pièces que j'ai conservées concernant le fils de Louis XVI, et des événements qui se sont passés au Temple pendant mon séjour.

» Lecture faite, ont signé :

» Gomin, Zangiacomi, J. Chevalier. »

« On ne s'attendait pas que la Providence, qui déjoue les conseils de l'iniquité, permettrait que, pour contrecarrer un mensonge judiciaire devenu une ordonnance de justice, je découvrisse aux archives nationales un document rendu décisif au profit de la vérité par l'audace de l'imposture avec laquelle on s'efforçait de la combattre ; car les argumens perfides d'une insigne mauvaise foi de l'autorité suffisent seuls pour éclairer la légitimité des droits du personnage, auquel on ne saurait opposer en justice que de fausses allégations. »

Pour en finir sur ce chapitre, je signalerai en dernier lieu un mensonge de Lasne mis en concordance avec les appartemens des Tuileries, avec les combles de la Tour, avec la fausse date de l'entrée de Gomin au Temple, et conséquemment avec la substitution de ce dernier à Laurent, dont on s'est débarrassé en taisant frauduleusement son nom ; c'est son affirmation *de n'avoir quitté le corps de l'enfant décédé au Temple que lorsque les derniers devoirs lui ont été rendus, et qu'il a été enterré dans une fosse séparée.*

En donnant pour témoin de l'enterrement un des gardiens du Temple, qui nie l'évasion du Dauphin, on fait encore donner un démenti au Prince qui a déclaré qu'on le retira du cercueil, où on l'avait mis à la place du cadavre, dans le trajet du Temple au cimetière. Toutes les combinaisons de la perfidie ont été calculées, comme on le voit, dans cette procédure dont on s'est fait des argumens contre le Prince. Eh bien! il est faux que le corps du décédé ait été d'abord déposé dans une fosse à part et dès lors que Lasne ait assisté à l'enterrement. C'est la police qui va nous l'apprendre et, qui plus est, en rejetant comme une imposture le témoignage de Dusser, seule autorité qui fut chargée de constater le décès du 8 Juin 1795; circonstance bien grave, et de nature à faire suspecter la sincérité de sa déclaration au sujet de l'acte mortuaire.

M. de Beauchesne, vous le savez Monsieur l'évêque, raconte dans son Histoire de Louis XVII les détails les plus circonstanciés d'un enterrement impossible au temps de la mort de l'enfant du Temple : et cela, sur la foi des paroles de Lasne et de Gomin dont vous ne pouvez plus admettre la véracité.

Sa confiance en eux est si aveugle qu'il va préalablement nous certifier l'identité du mort avec le Dauphin, et produire, avec une assurance puérile, à cet effet, un document sorti de la même fabrique que l'enterrement auquel nous allons assister tout-à-l'heure.

Suivons-le donc dans son récit.

« Le matin, dit-il, 21 Prairial (9 Juin), à huit heures, quatre membres du Comité de sûreté générale sont venus à la Tour pour vérifier le décès du *Prince*. Introduits dans la chambre par Lasne et Damont, ils ont affecté la plus grande indifférence :

« *L'événement*, ont-ils répété plusieurs fois, *n'a aucune importance;* le commissaire de police de la section viendra recevoir la déclaration du décès; il le constatera et *procédera à l'inhumation sans aucune cérémonie. Le Comité va donner des ordres en conséquence.....* »

» Comme ils se retiraient quelques officiers de la garde du Temple demandèrent à être admis à voir les restes du petit Capet. Damont ayant fait observer que le poste ne laisserait point sortir la bière sans en exiger l'ouverture, les deputés décidèrent qu'à midi les officiers et sous-officiers de la garde descendante et de la garde montante seraient invités à venir constater la mort de l'enfant.

» Darlot, commissaire civil, qui devait relever Damont, arriva bientôt pour prendre son service; il fut suivi des sieurs Bigot et Bouquet, ses collègues, qui avaient été convoqués extraordinairement pour ce jour; mais leur camarade Damont, maintenu de service à la Tour par ordre du 8 Juin, ne s'est pas retiré à leur arrivée. *Il est resté à la visite qu'il avait provoquée*, et, tous les officiers et sous-officiers du poste ayant été réunis dans la chambre où le corps était exposé, il leur a demandé *s'ils reconnaissaient ce corps pour être celui de l'ex-Dauphin*, fils du dernier Roi des Français. TOUS CEUX qui avaient vu le jeune Prince aux Tuileries ou au Temple, ET C'ÉTAIT LE PLUS GRAND NOMBRE, *ont attesté que c'était bien le corps du fils de Louis XVI*. Descendu dans la chambre du conseil, *Darlot y a rédigé le procès-verbal de cette attestation, qui fut signé d'une vingtaine de personnes*.

» Ce procès-verbal fut inséré dans le journal-registre de la Tour du Temple, qui plus tard fut *déposé au ministère de l'intérieur.* »

Il faut, en vérité, Monsieur l'évêque, que M. de Beauchesne ait une bien pauvre idée de l'intelligence de ses lecteurs, pour essayer de leur faire accroire que toutes les paroles oiseuses que nous venons de lire, et le procès-verbal qui en est le complément, établissent l'identité de l'enfant mort avec le Dauphin. Il présente cette pièce, avec une triomphante satisfaction, comme un document inédit; mais tout ce qui est inédit pour lui a été dit et redit par tous ceux qui ont contesté l'évasion du Duc de Normandie. M. le substitut, qui s'est imaginé détruire les témoignages de la vérité en s'écriant : « *Je n'y crois pas!* » a fait comme M. de Beauchesne, donné de la consistance à cette fable, en multipliant beaucoup plus que lui les reconnaissances d'identité; car il a débité avec animation cet amas d'allégations chimériques.

» On a trouvé l'acte de décès trop simplement rédigé; il aurait fallu des précautions spéciales pour constater le décès du représentant du principe monarchique.

» Ces précautions, on les a prises. Le corps de l'enfant fut présenté *aux gardes nationaux de service, à tous les geôliers, à tous les habitants du Temple; ils reconnurent que c'était bien le Dauphin;* le procès-verbal fut rédigé par les commissaires Damont et Darlot, et signé par de nombreux gardes nationaux.

Ainsi tous les actes qui servent à constater le décès d'un homme ont été réunis. *A tous les momens de la captivité du Prince, et jusque sur son lit de mort, son identité a été constatée par des témoins aptes à la connaître. Leurs dépositions demeurent nombreuses et positives.* La France apprit l'événement, et parmi les sentiments divers qu'elle éprouva le doute n'a pas trouvé sa place. »

Il est étrange, Monsieur l'évêque, comme la méconnaissance du fils de Louis XVI fait tomber ses dénégateurs dans un abîme d'absurdités ! il n'en saurait être autrement ; le trop d'éclat de la vérité les aveugle. Nous voyons, dans cette circonstance le magistrat, sans le secours de Lasne et de Gomin, par sa propre clairvoyance, être plus fort de discussion, plus démonstratif que l'historien ; puisqu'il fait reconnaître le Dauphin par TOUS les gardes nationaux de service, par TOUS les geôliers, par TOUS *les habitans du Temple;* excepté toutefois PAR LA SOEUR DU DAUPHIN, à laquelle on s'est abstenu de faire voir le mort, et signer le procès-verbal de Darlot et de Damont. C'est ici certainement un phénomène des plus prodigieux que celui qu'il présente à notre esprit, en énumérant une foule de personnes qui, n'ayant jamais vu le Prince, l'ont cependant identifié avec l'enfant décédé. Aussi a-t-il fait des frais d'éloquence et d'imagination en pure perte, dont le tribunal n'a pas daigné lui tenir compte.

J'affirme, sans craindre un démenti justifié, qu'il n'y a pas un mot de vrai dans cette longue tirade de non-sens. Que M. de Beauchesne les ait consignés dans son histoire, ce pouvait être considéré comme des assertions d'écrivain sans importance ; mais la conscience de l'homme probe s'attriste de les voir figurer dans un procès solennel sous l'autorité d'un magistrat. C'est vouloir repousser des droits sacrés avec des paroles qui n'ont pas même l'apparence d'une réalité plausible ; car si ce procès-verbal, qu'on n'a pas eu, qu'on n'a pas pu avoir la témérité de produire, n'était pas une création récente, soit par *les deux autorités parjures* de M. de Beauchesne, soit par tout autre fabricateur d'histoire, et qu'il eût existé au ministère de l'intérieur, il y a bien long-temps que la politique, la justice et les Bourbons l'eussent opposé aux prétentions du fils de Louis XVI, comme complément de l'acte de décès, auquel l'impartiale opinion publique ne croit plus.

Mais si l'on veut, par une supposition bizarre, admettre pour un moment la réalité de cette pièce, et qu'elle fût mise sous nos yeux, *légalement reçue par une autorité compétente*, elle ne constaterait l'identité, et n'aurait de valeur pour étayer l'acte de décès, qu'autant qu'il serait officiellement établi que les signataires du procès-verbal avaient connu le fils de Louis XVI et étaient aptes à le reconnaître. M. de Beauchesne et M. le substitut de la république ne feront prendre à aucun homme sensé leurs divagations par une démonstration de vérité.

Hâtons-nous d'assister à l'enterrement :

« Sur ces entrefaites sont arrivés à la porte extérieure du Temple les chirurgiens chargés de faire l'autopsie..... L'autopsie terminée, les hommes de l'art s'étaient retirés.

» Le 22 prairial (mercredi 10 Juin), à six heures du soir, *le citoyen Dusser commissaire de police*, accompagné des citoyens Arnoult et Goddet, commissaires civils de la section du Temple, se présenta à la Tour pour procéder, conformément à un arrêté du Comité de sûreté générale, *à la constatation du décès du petit Capet, et à l'inhumation de ses restes*.

» Ils montèrent *avec les gardiens* au second étage de la Tour; *un rayon de soleil glissait par la fenêtre*, et éclairait sur un bois de lit sans matelas le drap taché de sang qui recouvrait les restes du petit-fils de Louis XIV. Ce drap enlevé, aux regards des nouveaux commissaires apparut la victime portant les traces que les hommes de l'art avaient laissées sur leur passage : le scalpel de la science avait mutilé ce corps déjà défiguré par les tortures..... *L'acte mortuaire fut rédigé..... signé.....*

» L'un des commissaires demanda : est-ce que tout n'est pas prêt? Que fait l'homme qui a été envoyé? — « J'attends, répondit une grosse voix dans l'ombre. » C'était celle de l'employé aux inhumations qui, debout près de la porte, *tenait un cercueil sous le bras*. « Approche, et dépêchons. » Et l'homme des funérailles posa ses voliges sur le carreau. *Il prit le corps de l'enfant royal et le mit dans la bière.*

» Tiens, voici pour lui mettre sous la tête, dit le plus jeune des commissaires en donnant son mouchoir; *et ses collègues le regardèrent, d'un œil équivoque*, étonnés de sa faiblesse, peut-être de son audace, et de sa piété pour les morts. *Cet exemple encouragea les bonnes dispositions de Lasne :* il s'empressa d'aller chercher un drap de lit qui servit de linceul, je veux dire de manteau royal, à ce dernier roi de la monarchie; *car ce n'est qu'avec ce linceul indigent et humilié qu'il apparaîtra dans l'histoire;* et quatre clous scellèrent les planches de sapin.....

» *La bière fut descendue dans la première cour, posée sur des tréteaux et recouverte d'un drap noir.....*

» Il était sept heures lorsque le commissaire de police ordonna la levée du corps et le départ pour le cimetière; on était aux plus longs jours de l'année; *l'inhumation n'eut donc pas lieu en cachette et la nuit, comme quelques narrateurs mal informés l'ont dit et écrit; elle eut lieu en plein jour à la face du soleil.* Elle avait attiré un grand concours de monde devant la porte du palais du Temple. Un des municipaux voulait faire sortir le cercueil secrètement par la porte qui donnait dans l'enclos du côté de la chapelle; mais *M. Dusser, commissaire de police, plus spécialement chargé de diriger la cérémonie, sut, à la satisfaction de Lasne et de Gomin, s'opposer à cette mesure peu convenable, et le cortège sortit par la grande porte. La foule qui s'y pressait était contenue et alignée derrière un ruban tricolore que tenaient, de distance en distance, les gendarmes d'ordonnance de service au Temple.* La commisération et la tristesse étaient peintes sur toutes les figures. *Un petit détachement de troupes de lignes de la garnison de Paris,* que l'autorité avait envoyé, *attendait le convoi à sa sortie pour lui servir d'escorte. On se mit en marche. La bière, toujours recouverte du drap mortuaire, fut portée à bras sur un brancard par quatre hommes, qui se relevaient deux à deux et par intervalles; elle était précédée de six à huit hommes commandés par un sergent. Dusser marchait derrière* avec Lasne *et les commissaires civils* déjà nommés; parmi eux se trouvaient aussi *Goddet, Biard et Arnoult, que la section du Temple avait adjoints à Dusser pour constater le décès et surveiller l'inhumation. Puis venaient encore six à huit hommes et un caporal.....* La foule escorta longtemps le convoi; un grand nombre de personnes suivirent même jusqu'au cimetière.....

» Le convoi entra dans le cimetière Sainte-Marguerite, non par l'église, comme le rapportent quelques narrations, mais par la vieille porte de ce cimetière. *L'inhumation se fit dans le coin à gauche à huit ou neuf pieds du mur d'enceinte, et à égale distance d'une petite maison* qui a depuis servi de classe à l'école chrétienne. *La fosse fut comblée; aucune tertre n'en indiqua la place ; le sol remué reprit son niveau et toute trace d'inhumation même disparut.* C'est alors seulement que se retirèrent les commissaires de la police et de la municipalité. Ils sortirent par la même porte du cimetière et *ils entrèrent dans la maison* qui fait face à l'église *pour y faire rédiger l'acte d'inhumation.* Il était près de neuf heures ; il faisait jour encore. *L'air était pur et l'auréole de vapeur lumineuse qui couronnait cette belle soirée semblait retenir et prolonger les adieux du soleil.*

» Deux factionnaires furent placés, l'un dans le cimetière, l'autre à la porte d'entrée, *afin que personne ne vînt enlever le corps de Louis XVII.* Cette précaution fut prise pendant deux ou trois nuits. »

Si l'on s'émerveille du génie de l'imposture, on ne doit pas moins s'étonner de voir un écrivain — qui se donne une sorte de mission providentielle pour écrire l'histoire de Louis XVII, — prendre au sérieux d'insignes faussetés, sans même élever le moindre doute, et les présenter comme un document qui prouve la mort du Dauphin au Temple, traitant d'erreur grossière la vérité contraire pleinement justifiée ; se vanter d'être légitimiste, et ravir aux descendans de la monarchie légitime de France, méconnus et diffamés par les proscripteurs de Louis XVII, les sympathies publiques ; maintenir ainsi cette illustre et malheureuse famille dans un état de navrante désolation, et cautériser la conscience d'un Prince de la branche cadette, usurpateur des droits de ses aînés et détenteur de leur fortune !

Tout est invention dans cette pompeuse description de funérailles ridiculement sentimentales, supposées faites au Dauphin, et qui auraient duré près de deux heures, sans même provoquer *un coup d'œil équivoque,* un murmure de la part des patriotes si peu tolérans alors, un blâme de la part des autorités républicaines, qui avaient défendu qu'aucune espèce de cérémonie présidât à l'inhumation. Il est des fourberies tellement audacieuses et déraisonnables que, pour les combattre, il suffit de les démentir en faisant appel au bon sens des lecteurs, en les reportant aux temps, aux circonstances, aux hommes et au gouvernement de l'époque historique qu'on dénature par des faits moralement inadmissibles, et impraticables sous le régime révolutionnaire de 1795.

M. de Beauchesne, après avoir placé ses sentinelles pour garder la fosse, fait ces observations :

« Le sieur Dusser revendiqua, à l'époque de la restauration, le souvenir de la conduite qu'il avait tenue dans cette circonstance. Nous croyons devoir reproduire la pétition qu'il adressa, *en Novembre 1814*, au gouvernement royal : *on y trouvera quelques détails sur les funérailles du Dauphin.* Mais nous ferons remarquer *qu'il faut lire avec précaution cette pièce.* Il avait un commissariat de police à obtenir, et les préoccupations du pétitionnaire exercent sur *le récit du témoin officiel des obsèques du Prince une influence retroactive.* »

Eh bien ! M. de Beauchesne a copié textuellement cette pièce, considérablement enrichie par lui, moins ces paroles de Dusser :

» Dès le soir je fus mandé au Comité de sûreté générale pour rendre compte de ma conduite. La plupart des membres de ce comité étaient furieux contre moi ; il fut proposé les mesures les plus sévères, c'est-à-dire, *l'arrestation immédiate et ma traduction devant le tribunal révolutionnaire ;* mais heureusement Louis, du Bas-Rhin, que je connaissais, ayant pris ma défense et calmé ses collègues, je fus renvoyé à mon poste, avec injonction de me conduire tout autrement à l'avenir sous peine d'être rigoureusement puni. »

Ce que dit là Dusser n'est pas vrai ; mais il a le mérite de faire envisager l'enterrement décrit par M. de Beauchesne, *bien autrement royaliste que le sien*, comme un contre-sens historique. Je ferai aussi, moi, Monsieur l'évêque, une remarque que je livre à votre appréciation ; c'est que Lasne et Gomin, témoins du juge d'instruction pour anéantir l'existence du Duc de Normandie, ont maladroitement oublié de faire consigner, dans leurs dépositions judiciaires, et le procès-verbal d'identité et l'enterrement, tous deux imaginés pour M. de Beauchesne, qui ne pouvait pas manquer d'accueillir le récit de funérailles dignes de son extraordinaire enfant-Roi de l'hôpital, entourées du prestige d'une considération officielle ; car on pouvait impunément, en 1852, narguer les comités sanguinaires de 1795.

Finissons-en avec le burlesque. En réponse à une lettre du ministre Decazes, à l'occasion de *feintes recherches* ordonnées, sous la restauration, pour retrouver le cercueil enterré en 1795, le préfet de police répondait le 1er Juin 1816 :

« Monsieur le Comte,

» De tous les renseignements obtenus,..... il résulte que le 24 prairial an III — 12 Juin 1795 — la dépouille mortelle de sa majesté Louis XVII *a été déposée dans la grande fosse commune.* »

M. Peuchet a exercé pendant plus de trente ans les fonctions d'archiviste de la police ; il fut par conséquent à même d'être bien informé des événemens de l'époque révolutionnaire. Voici ce qu'il dit dans ses mémoires tirés des archives de la police de Paris :

« Recherches pour l'exhumation du corps de Louis XVII, mort dans la prison du Temple le 20 Prairial an III (8 Juin 1795).

» .... La perspicacité populaire découvre qu'on a omis à dessein d'ordonner un service funèbre le 8 Juin en l'honneur de Louis XVII, et de marquer dans le calendrier le 8 Juin comme un jour de deuil aussi bien que le 21 Janvier.

» Donc Louis XVIII et toute sa famille savaient que le Dauphin n'était pas mort. Il était évident qu'on n'avait pas voulu faire dire pour un vivant des prières qui ne sont dues qu'aux morts. Tous les membres de la famille étaient parfaitement instruits de ce qu'était devenu Louis XVII ; mais chacun d'eux tenait à l'éloigner de la couronne ; Louis XVIII, parce qu'il l'avait placée sur sa tête ; les autres, parce qu'ils avaient l'espoir de la placer un jour sur la leur. Quant à Madame, elle ne voulait pas renoncer à la perspective d'être Reine un jour ; enfin, il y avait un complot flagrant d'usurpation, dont le malheureux Louis XVII était la victime..... Les conjectures étaient à perte de vue dans un certain monde.....

» Parmi ceux qui se targuent de ce que sa dépouille n'a pas été retrouvée, il y en a qui supposent qu'on a fait un simulacre de recherches.....

» Au mois de Février 1816, S. M. Louis XVIII ordonna qu'il serait fait des recherches afin de découvrir le lieu de la sépulture du Roi son auguste neveu et prédécesseur..... Le préfet de police, Comte Anglès, fut chargé de prendre toutes les mesures nécessaires pour la prompte exécution de cet ordre.....

» Il n'y avait plus de vivant que *Dusser*, qui, en sa qualité de commissaire de section, avait dû présider à l'inhumation. Voici sa déclaration :

« *Le 24 Prairial* de l'an III, je fus requis par le Comité de sureté générale de me transporter à la Tour du Temple, *pour constater le décès de la jeune et intéressante victime qui venait d'expirer. Je fus également requis de surveiller son inhumation au cimetière de S^{te}–Marguerite*, faubourg St-Antoine.

» Cette cérémonie funèbre avait attiré *un grand concours de monde* devant la porte du Palais du Temple, et l'on voulait faire sortir secrètement et sans appareil le corps de ce malheureux enfant par une petite porte qui donnait dans l'enclos du Temple. Moi seul me rendis opposant à cette mesure peu décente. Le cortège sortit donc par la grande porte ; la commisération et la tristesse qu'on aurait voulu éviter étaient peintes sur tous les visages ; mais l'ordre, ainsi que je l'avais prévu, ne fut point troublé. Arrivé au lieu de la sépulture, je pris sur moi d'ordonner que le corps de cet enfant fut inhumé dans une *fosse séparée* et non dans la fosse commune ; et cet ordre fut exécuté *en présence des sieurs Biard et Goddet*, commissaires civils de la section du Temple, qui étaient animés des mêmes sentiments que moi.....»

« Le sieur Dusser ajouta qu'il ne pouvait indiquer, même à peu près, dans quel endroit du cimetière il avait fait creuser la fosse particulière. Ce défaut de mémoire locale parut d'autant plus extraordinaire que le sieur Dusser se rappelait, on ne peut mieux, une foule de particularités très-insignifiantes, d'une époque antérieure à la circonstance pour laquelle son ministère avait été requis. De tout ce qu'il avait vu, il n'avait rien oublié, si ce n'est l'emplacement où il avait fait déposer le corps de Louis XVII. *On fut d'autant plus porté à douter de la vérité de la déclaration du Dusser* que le désir de se faire, auprès de la famille du défunt, un mérite de la manière dont il s'était comporté dans cette occasion s'y faisait beaucoup trop remarquer. Il insistait beaucoup trop sur l'énergie qu'il avait déployée pour contrecarrer le vœu de l'autorité supérieure, et sur la grandeur du péril auquel il s'était exposé. Il commit en outre une erreur de date en disant que le 24 *il fut appelé pour constater le décès.* C'était le 22, le lendemain de l'ouverture du corps et le surlendemain de la mort du Prince ; *c'est ce qui résulte de l'acte mortuaire qu'on ne saurait arguer de faux,* — quant à la forme : —

» Il y a vice de rédaction, et la date du 24 ne s'applique qu'à l'inhumation, *dont l'inexplicable retard* donna naissance dans le temps à une foule de conjectures et de versions singulières, adoptées comme articles de foi *par ceux qui supposent une évasion déguisée au moyen d'un enterrement*, et ingéniées par la secte des croyants au Dauphin vivant.

» En somme, cette fusion de deux dates n'aurait pas fait que le dire du sieur Dusser fût moins digne de confiance, *si plusieurs faits qu'il avait avancés n'eussent été reconnus faux*, et si d'autres témoignages fussent venus le corroborer. Mais loin de là; *l'affirmation du sieur Dusser se trouve formellement contredite*, excepté pourtant par Biard et Goddet, avec lesquels il s'était probablement concerté, et par Voisin le conducteur des convois funèbres à qui il avait sans doute aussi fait la leçon.....

» Le concierge du cimetière, qui occupe cette place depuis 28 ans, a affirmé que le cortège arriva le soir vers les 9 heures; qu'on alla déposer *le corps dans la fosse commune*, qu'il en fut lui-même témoin.

» La veuve d'un fossoyeur surnommé Valentin dit : « on l'enterra à la brune; il ne faisait pas encore tout à fait nuit; *il y avait très-peu de monde*. Je pus facilement m'approcher; je vis le cercueil comme je vous vois; *on le mit dans la fosse commune*..... Son mari lui dit qu'il l'avait retiré de la fosse commune la nuit même de l'enterrement et déposé dans une fosse à part, dont elle ne sait pas l'endroit.....

» Les commissaires de police Petit et Simon, chargés des instructions du préfet de police Anglès, *stigmatisèrent la déclaration de Dusser* qui avait parlé d'un grand concours de monde à la porte du Temple, *lorsqu'il était au contraire de notoriété publique que l'enterrement*, qui n'était nullement une cérémonie, *avait eu lieu presque dans la solitude; en quelque sorte* CLANDESTINEMENT, partant sans cortège de commisération et de tristesse......

» Bien que le rapport des commissaires fût de nature à motiver une fouille dans le cimetière de Ste-Marguerite, on ne s'était pas encore mis à l'œuvre lorsque, au commencement de Juin 1816, on apprit à la préfecture de police qu'un sieur Toussaint Charpentier, jardinier en chef du Luxembourg, pouvait donner des détails *de visu* sur l'inhumation de Louis XVII. Mandé le 11 Juin à la préfecture, cet homme y fut interrogé par M. le Chevalier de Chancy, chef de la première division. »

» Il résulte de sa déclaration *que le cercueil fut enlevé mystérieusement pendant la nuit et transporté dans un autre cimetière,* — malgré les deux factionnaires de M. de Beauchesne : —

» A la question, s'il n'avait pas fait déjà quelques démarches pour porter à la connaissance de la famille royale les faits dont il était instruit, Charpentier répondit que, dès le mois de Décembre, il avait raconté ces faits à Mme la marquise *de Souoy,* qui lui avait promis d'en faire part à Mme la duchesse d'Angoulème ; que dans le mois de Janvier 1815 il fut conduit, par Mme la comtesse de Riault, auprès d'un ecclésiastique qui était secrétaire du ministre de l'intérieur ; qu'il s'était entretenu avec cet ecclésiastique, qui lui avait promis d'appeler l'attention du ministre sur l'objet dont il était venu lui parler.

» *Il était impossible de suspecter la sincérité d'une telle déclaration.*

» M. Duclos de Valmer, d'après la déclaration d'un fossoyeur, le 9 Janvier 1804, assure que le corps du Dauphin, déposé dans *la fosse commune,* en a été retiré secrètement la nuit, et placé dans un trou séparé dont il désigne l'emplacement.....

» .... Dès que cette note eut été adressée à M. Decazes, on ne sut plus à quoi s'en tenir, et les fouilles qu'on avait résolues *furent définitivement ajournées.....* Je ne m'explique pas comment on a négligé de faire vérifier matériellement les différentes indications accueillies.

» Il ne faut pas perdre de vue que le décès de Louis XVII est annoncé dans l'acte mortuaire comme ayant eu lieu le 20, et que l'enterrement ne s'effectua que *quatre jours après.* On s'inquiète de la raison de ce délai. Est-ce pour laisser le temps de procéder à l'autopsie ? Elle fut terminée dans la journée du 21. Dans quelle intention cette attente de trois jours encore ? Sans doute pour préparer un semblant de funérailles. Pour *justifier* l'annonce officielle de cette mort, on éprouve plus d'embarras qu'on ne l'avait imaginé d'abord, et c'est de là que provient le retard ; les obstacles ne sont levés que le quatrième jour. Quelle devait être en pareille occurrence et en présence d'un tel événement la conduite du Comité de sûreté générale ? Le simple bon sens l'indique. La guerre de la Vendée n'était pas éteinte ; elle donnait de vives inquiétudes au gouvernement : *il fallait donc que les Vendéens fussent sûrement convaincus que la mort de Louis XVII leur enlevait leur principal espoir ;* il fallait ôter à jamais à la politique royaliste la possibilité de ranimer l'enthousiasme, par l'apparition soudaine d'un Dauphin supposé au milieu des armées catholiques et royales.....

» Dans ces conjonctures, pour tout convaincre et pour tout déjouer, pour eviter enfin les résurrections, l'exposition publique du Prince défunt, et son convoi fait au grand jour, non avec quelques témoins, mais avec des spectateurs, étaient également des mesures indispensables. On aurait dû appeler la foule et lui ouvrir le Temple et le cimetière..... Que fit-on? *On se cacha sous l'épaisseur des murailles et l'on évita la clarté du jour.* De bonne foi, tout cela pouvait donner à penser, à soupçonner du mystère; mais ce n'est pas moi qui l'éclaircirai.....

» Précisément, en raison de ces irrégularités et de cette clandestinité, le gouvernement, pour couper court à une multitude de bruits préjudiciables à sa réputation de moralité, aurait dû presser les fouilles jusqu'à ce quelles offrissent une solution..... *J'ignore pour quel motif elles n'ont pas été commencées.....* »

Si l'archiviste de la police avait voulu nous dire tout ce qu'il savait, il ne lui eût pas été difficile d'expliquer ce qu'il regarde comme un mystère. Je suppléerai ailleurs à son silence : il paraît qu'il ne doutait pas de l'évasion; car on lit encore dans ses mémoires, à propos de la pacification de la Vendée :

« M. le général Beaufort de Thorigny, qui a commandé dans la Vendée les armées de la République, était persuadé que *le 20 Prairial an III (le 8 Juin 1795) S. M. Louis XVII existait encore;* et il citait pour preuve une lettre qu'il avait reçue, *dans l'intervalle du 10 au 15 Juin,* du Conventionnel *Syeyes,* qui lui enjoignait de reprendre les hostilités, sans attendre le terme d'un armistice précédemment conclu ; car, *si on ne devance ce terme, écrivait Syeyes, nous serons alors obligés, conformément aux conventions, de remettre le jeune Capet aux chefs royalistes.*

» Je n'ai pas vu cette lettre, que M. le général Beaufort conservait, assurait-il, dans ses papiers, et dont il a parlé à toutes les personnes qui sont allées le visiter dans la prison de Corbeil, où il est décédé il y a peu de temps.

» Au reste, peu de temps avant la mort de Louis XVII, il y eut en effet un armistice pendant lequel le Chevalier de Charette et ses compagnons d'armes négocièrent, avec les commissaires des Comités de la convention, un traité qui fut accepté par le Comité de salut public, et par lequel ce Comité s'était engagé, vis-à-vis des chefs vendéens, à leur remettre l'héritier de la couronne et son auguste sœur avant le 15 Juin pour tout délai.....

» Au surplus, que S. M. Louis XVII fût vivante ou non après le 8 Juin 1795, on ne saurait en inférer qu'il soit existant aujourd'hui (1816). »

Ce témoignage nous reporte dans la Vendée, et me rappelle que je dois des explications sur le manifeste de Charette du 26 Juin 1795.

www.ingramcontent.com/pod-product-compliance
Lightning Source LLC
Chambersburg PA
CBHW071419150426
43191CB00008B/966